河北省社会科学基金项目（HB09BFX006）
河北经贸大学学术著作出版基金资助项目

中国企业经营者人力资本产权法律制度研究

郭广辉 著

中国检察出版社

图书在版编目（CIP）数据

中国企业经营者人力资本产权法律制度研究/郭广辉著.—北京：中国检察出版社，2011.8
ISBN 978 - 7 - 5102 - 0524 - 8

Ⅰ.①中… Ⅱ.①郭… Ⅲ.①企业—人力资本—产权—研究—中国 Ⅳ.①F272.92

中国版本图书馆 CIP 数据核字（2011）第 153615 号

中国企业经营者人力资本产权法律制度研究
郭广辉 著

出版发行：	中国检察出版社
社　　址：	北京市石景山区鲁谷西路 5 号（100040）
网　　址：	中国检察出版社（www.zgjccbs.com）
电　　话：	（010）68658769（编辑） 68650015（发行） 68636518（门市）
经　　销：	新华书店
印　　刷：	三河市西华印务有限公司
开　　本：	A5
印　　张：	8.875 印张
字　　数：	241 千字
版　　次：	2011 年 9 月第一版　2011 年 9 月第一次印刷
书　　号：	ISBN 978 - 7 - 5102 - 0524 - 8
定　　价：	28.00 元

检察版图书，版权所有，侵权必究
如遇图书印装质量问题本社负责调换

总　序

　　燕赵大地，人杰地灵。河北经贸大学就坐落在太行山脚下风景秀丽的滹沱河畔。它以经济、管理和法学学科为支柱，是省属综合性重点大学之一。生生不息的滹沱河水，孕育着一代代经贸学人，也孕育着法学院的法律学人和学子们。

　　正是这种无息的孕育，使法学院的学人们在这块田园里春夏秋冬不辞辛劳、辛勤耕作和无私奉献，也正是这种耕作与奉献，使得法学学科这棵幼苗得以快速成长，从1993年其前身经济法系成立到今天初具规模的法学院，经过12年的努力，已拥有民商法、经济法、国际法、刑法和法理学五个硕士点和法律硕士一个在职硕士点。年轻的法学院充满朝气与活力，集聚和培养了一群风华正茂、立志为学的年轻学者，他们分别毕业于不同的学校，汇集了全国各大重点院校的不同学术风格，吮吸着京畿大地丰厚的历史文化滋养。他们以无私无畏的精神白手起家，充分发挥着自身的后发优势，他们还利用环绕北京、贴近祖国心脏的地缘优势，关注和感受着法学前沿问题和法治社会的重大事件。他们与这个伟大的时代同呼吸、共命运。尽管他们所在的还算不上名门名校，但他们正在凭借自身的力量与智慧，努力争得一席之地。

　　法学院的发展关键在于学科建设，学科建设的基础关键在于学术成果的支撑，而学术成果的取得在于法律学人不断地发现问题、思考问题和解决问题，在于对学术价值的正确判断和刻苦追求。正是在这种理念下，法学院的学人们刻苦追求，努力奋斗，不断进取，在教学和科研上取得了可喜的成绩。为了展示和反映河北经贸大学法学院的科研实力和最新研究成果，发现和支持新人新作，鼓励和培养科研精神，加强学科建设，就要开拓一个固定的园地或搭建一个平台，给法学院学人们提供一个展示和创新的机会，这就是出版本论丛的目的所在。

河北经贸大学法学院与中国检察出版社共同组织出版这套《经贸法学论丛》。之所以命名为《经贸法学论丛》主要从两个方面考虑：其一，"经贸"是河北经贸大学之意，因为河北经贸大学是这套丛书的发起者；其二，"经贸"是经济贸易的简称，从选题范围来说，这套丛书主要包括民商法、经济法和国际经济法，同时也兼顾其他法律部门，不受部门法划分的局限。今后，我们计划每年陆续安排若干种课题的读物出版，使这套论丛更加完善和丰满。

在这套《经贸法学论丛》出版之际，我们衷心感谢中国检察出版社领导与编辑朋友们的信任与支持，是他们给我们创造了这个平台，提供了机会。我们也殷切期望这套丛书能得到社会各界的支持与关注，同时，真诚欢迎来自各方面的批评与指教，所有这些都将成为激励和鞭策我们继续前行的力量。

柴振国
2009 年 8 月

序

近年来国企高管丑闻不断，上市公司与国企高管天价薪酬引起广泛质疑，企业普遍缺乏核心竞争力，它们反映出的深层制度问题是中国企业经营者人力资本产权制度不够完善。因此，中国企业经营者人力资本产权制度成为一个亟待研究的重要课题。

本书是郭广辉教授在其博士论文初稿基础上进一步修改、充实完成的。书中主要研究了中国企业经营者人力资本产权制度安排，运用法经济学等方法，按照用经济学理论研究法律问题的思路，探讨了企业经营者人力资本产权的权能结构与特性、理论基础和实现机制等内容。首先，通过考察企业经营者人力资本产权的权能结构与特性，解决了企业经营者人力资本产权"是什么"的问题。其次，基于多种经济理论，探讨了企业经营者人力资本产权制度的理论依据，并通过历史分析和案例分析进一步验证，解决了"为什么"承认企业经营者人力资本产权的问题。再次，通过研究企业经营者剩余控制权与剩余索取权的实现机制，解决了企业经营者人力资本产权"如何实现"的问题。最后，基于上述研究提出了进一步完善我国企业经营者人力资本产权制度的政策与立法建议。

本书的理论贡献在于：

第一，尝试运用法经济学方法对企业经营者人力资本产权问题进行了交叉研究。首先，运用经济学理论与方法对企业经营者人力资本产权法律制度进行了交叉研究，并提出了政策与立法建议。人力资本理论是近年来国内外经济学界研究的热点，国内法学界也有学者对人力资本出资等具体问题进行了研究，但运用法经济学方法系统研究企业经营者人力资本产权问题的成果却很少见,作者的研究无疑是企业经营者人力资本产权领域研究的一种可贵探索。其次,运用法经济学的理论与方法,对企业经营者人力资本产权制度作了初步的效率分析。研究表明:在现代公司制企业承认经营者人力资本产权是一种富有效率的制度选择。

第二,从人力资本理论、企业契约理论、委托代理理论和交易费用理论等视角,系统地论证了企业经营者享有人力资本产权的理论依据。基于此,作者提出了包括上述四种理论的企业经营者人力资本产权理论框架体系。基于人力资本理论作者发现,企业经营者人力资本的使用价值是其享有产权的客观基础,企业经营者人力资本的外部性是其享有产权的制度基础,企业经营者人力资本的稀缺性是其享有产权的现实基础。研究表明:承认与保护企业经营者人力资本产权反映了人力资本理论的内在要求。基于企业契约理论作者发现,带有主从属性的委托代理契约不能准确反映新经济条件下企业所有者与经营者的关系,而带有平等合作属性的合资契约对两种主体的相互关系更具解释力。研究表明,企业契约理论要求企业经营者享有人力资本产权,从而与物质资本所有者平等分享企业所有权。

第三,从双重委托代理理论视角出发考察了企业人力资本所有者与经营者的关系。作者发现,在现代企业所有者与经营者的关系中,除了两种主体的合作之外,还存在物质资本与人力资本两种资本之间的合作。所有者的物质资本固然重要,但经营者的人力资本更为稀缺,也更为主动。所有者与经营者都具有委托人与代理人的双重身份,它们之间存在着双向委托代理关系,而不仅仅是单向委托代理关系。研究表明,承认企业经营者的人力资本产权,是双向委托代理关系的内在要求。

第四,对企业经营者人力资本出资法律制度进行了系统架构。作者发现,尽管我国现行《公司法》还没有确立人力资本出资制度,但是该法第27条的规定已经为其预设了制度接口。在条件成熟时人力资本出资制度应当嵌入现行公司法。研究表明，我国人力资本出资法律制度应包括以下六个组成部分：人力资本出资许可；人力资本出资的合理限制；人力资本出资的评估程序规则；人力资本股东的担保责任；人力资本退出的资本处置；人力资本股东的竞业禁止义务。它们共同构成相对完整的人力资本出资法律制度。

郭广辉教授本科研习的是企业管理专业，硕士研究生研习的是民法专业，博士研究生研习的是应用经济学专业，一直在高等学校从事企业与公司法教学与研究工作，具有深厚的学科背景和扎实的理论功底，其博士论文选题非常符合自己的学术兴趣和知识结构。博士论文的顺利完成既是他个人学术成果的一个总结，也将成为今后继续探索的新的起点。

博士生导师、教授　汪全胜

2011 年 3 月 8 日于山东大学

目 录

绪论 ·· (1)
  一、选题的背景与问题的提出 ·· (1)
    (一) 选题背景 ·· (1)
    (二) 研究的问题 ··· (2)
  二、研究目标与研究意义 ·· (3)
    (一) 研究目标 ·· (3)
    (二) 理论意义 ·· (4)
    (三) 现实意义 ·· (5)
  三、研究思路、研究方法与概念界定 ······························ (6)
    (一) 研究思路 ·· (6)
    (二) 研究方法 ·· (7)
    (三) 基本假设与概念界定 ······································ (12)
  四、研究的主要内容与本书的创新 ································ (13)
    (一) 研究的主要内容 ··· (13)
    (二) 本书的创新 ·· (16)

第一章　相关文献综述 ·· (18)
  一、企业家理论 ·· (18)
    (一) 古典经济学时期的企业家理论 ······················· (19)
    (二) 新古典经济学时期的企业家理论 ··················· (20)
    (三) 新制度经济学时期的企业家理论 ··················· (24)

（四）企业家理论的发展……………………………（28）
二、人力资本理论……………………………………………（30）
　　（一）人力资本理论的基本内容……………………（30）
　　（二）对人力资本内涵的探讨………………………（35）
　　（三）对人力资本产权含义的争论…………………（37）
　　（四）人力资本产权与最优企业所有权安排………（37）
三、简要评论…………………………………………………（39）
　　（一）对企业家理论的评论…………………………（39）
　　（二）对人力资本理论的评论………………………（40）
四、小结………………………………………………………（45）

第二章　企业经营者人力资本产权法律制度变迁……（47）

一、西方国家企业经营者人力资本产权法律制度变迁……（47）
　　（一）古典企业时代…………………………………（47）
　　（二）近代企业时代…………………………………（49）
　　（三）现代工商企业时代……………………………（52）
　　（四）创新主导企业时代……………………………（55）
二、我国企业经营者人力资本产权法律制度变迁…………（58）
　　（一）晋商企业"东伙合作制"与"顶人力股"
　　　　　的启发意义…………………………………（58）
　　（二）中国国有企业经营者人力资本产权法律制
　　　　　度变迁………………………………………（62）
三、传统国有企业产权的特征及存在的主要问题…………（64）
　　（一）传统国有企业产权的特征……………………（64）
　　（二）传统国有企业产权存在的主要问题…………（66）
四、小结………………………………………………………（67）

第三章　企业经营者人力资本产权的权能结构与特性 …………（70）

一、企业经营者人力资本的分析 ……………………（70）
　（一）企业经营者的定位 …………………………（70）
　（二）企业人力资本及其分类 ……………………（75）
　（三）企业经营者人力资本 ………………………（83）

二、企业经营者人力资本产权的权能结构 …………（90）
　（一）企业经营者人力资本产权的权能结构 ……（90）
　（二）企业经营者人力资本产权与法人所有权、企业所有权的关系 …………………………（95）

三、企业经营者人力资本产权的特性 ………………（98）
　（一）个人占有的天然性 …………………………（98）
　（二）产权残缺时的自贬性 ………………………（99）
　（三）价值实现的自发性 …………………………（99）
　（四）收益的外部性 ………………………………（100）
　（五）收益的长期性 ………………………………（101）

四、分析框架 …………………………………………（101）

五、小结 ………………………………………………（104）

第四章　企业经营者享有人力资本产权的理论依据 ……………………………………………（105）

一、人力资本理论 ……………………………………（105）
　（一）企业经营者人力资本产权的客观基础 ……（105）
　（二）企业经营者人力资本产权的制度基础 ……（109）
　（三）企业经营者人力资本产权的现实基础 ……（112）

二、基于人力资本理论的企业契约理论：从雇佣契约
到合资协议 …………………………………………（114）
（一）企业的两重属性 …………………………………（114）
（二）关于企业契约性质的理论检视 …………………（115）
（三）从委托代理契约到合资契约 ……………………（119）

三、基于人力资本理论的委托代理理论：从单向委托
代理到双向委托代理 ………………………………（120）
（一）单向委托代理理论的悖论 ………………………（120）
（二）从单向委托代理理论到双向委托代理理论……（121）

四、 交易费用理论 ……………………………………（125）
（一）企业经营者人力资本产权制度的收益 …………（125）
（二）企业经营者人力资本产权制度的成本 …………（128）

五、小结 ……………………………………………………（128）

第五章 企业经营者人力资本产权的实现机制 ………（130）

一、企业经营者企业控制权的实现 ……………………（130）
（一）公司产权关系与公司治理的关系 ………………（130）
（二）公司治理与公司治理结构 ………………………（132）
（三）现代各国公司治理的不同模式 …………………（135）
（四）我国公司法在实现经营者人力资本企业控
制权方面存在的问题 ………………………………（138）

二、企业经营者剩余索取权的实现 ……………………（143）
（一）经营者年薪制 ……………………………………（143）
（二）经理股票期权 ……………………………………（147）
（三）管理层收购 ………………………………………（152）
（四）人力资本出资 ……………………………………（154）
（五）现有法律在企业经营者剩余索取权实现方
面存在的问题 ………………………………………（159）

三、企业经营者人力资本产权实现的外部治理环境 …… （162）
　（一）公司外部治理环境 ………………………… （162）
　（二）公司外部治理环境方面存在的问题 ………… （165）
四、小结 ……………………………………………… （166）

第六章　企业经营者人力资本产权的案例分析 …… （167）

一、典型案例 ………………………………………… （167）
　（一）李·艾科卡被亨利·福特二世辞退案 ……… （167）
　（二）褚时健严重违法违纪案 ……………………… （169）
　（三）冯根生难题 …………………………………… （173）
　（四）袁隆平有偿转让姓名使用权案 ……………… （176）
　（五）孙大午案 ……………………………………… （177）
　（六）黄光裕非法经营罪、内幕交易与单位行
　　　　贿案 ………………………………………… （180）
　（七）上海浦东区与温州市企业经营者人力资本
　　　　出资立法例 ………………………………… （184）
二、对案例的评价与分析 …………………………… （187）
三、小结 ……………………………………………… （189）

第七章　基于企业经营者人力资本产权的政策
　　　　与立法建议 ………………………………… （190）

一、完善企业经营者的企业控制权 ………………… （190）
　（一）确立法人所有权制度和实现股权多元化 …… （190）
　（二）完善 CEO 法律制度 …………………………… （191）
　（三）建构和完善经营者责任保险制度 …………… （193）
　（四）完善独立董事制度 …………………………… （194）
　（五）明确规定经营者对第三人的直接责任 ……… （196）

二、完善企业经营者的剩余索取权 …………………… (196)
　（一）完善经营者年薪制和股票期权等制度 ………… (196)
　（二）系统规定人力资本出资法律制度 ………………… (197)
三、完善公司的外部治理环境 ……………………………… (205)
　（一）完善公司外部市场机制 …………………………… (205)
　（二）进行相应的宏观制度环境建设 …………………… (206)
四、小结 ……………………………………………………… (207)

第八章　结论与展望 …………………………………… (208)
一、本书的结论 ……………………………………………… (208)
二、进一步研究的展望 ……………………………………… (210)

附　录 ……………………………………………………… (212)
参考文献 …………………………………………………… (246)
后　记 ……………………………………………………… (260)

内容简介

当今国家经济实力的基础在于企业的竞争力,企业竞争力高低的决定和影响因素固然很多,但其中最为根本、最为重要的一项决定因素就是企业经营者人力资本产权的保护与实现程度。近年来尽管国内理论界和实务部门对企业经营者人力资本产权范畴的一些具体问题给予了高度关注和积极探索,但关于企业经营者人力资本产权的基础性、系统性研究还很薄弱。加上历史、发展水平与立法政策等方面的原因,我国至今尚未建立起一套有效的企业经营者人力资本产权制度,以致"59岁现象"频繁发生,国企高管丑闻不断,上市公司与国企高管天价薪酬引起广泛质疑,企业普遍缺乏核心竞争力。因此,中国企业经营者人力资本产权制度成为亟待解决的一个重要课题。

本书主要研究中国企业经营者人力资本产权制度安排,运用法经济学等方法,按照用经济学理论研究法律问题的思路,探讨企业经营者人力资本产权的权能结构与特性、理论基础和实现机制等内容。首先,通过考察企业经营者人力资本产权的权能结构与特性,解决企业经营者人力资本产权"是什么"的问题。其次,基于多种经济理论,探讨企业经营者人力资本产权制度的理论依据,并通过历史分析和案例分析进一步验证,解决"为什么"承认企业经营者人力资本产权的问题。再次,通过研究企业经营者剩余控制权与剩余索取权的实现机制,解决企业经营者人力资本产权"如何实现"的问题。最后,基于上述研究提出了进一步完善我国企业经营者人力资本产权制度的政策与立法建议。

全书共分九部分。

第一部分为绪论。首先对将要研究的问题进行了交代。在阐释研究背景的基础上，阐明企业经营者人力资本产权研究的重要理论意义和现实意义。然后交代研究思路、研究方法、研究内容及本书的创新之处。

第二部分是相关文献综述。在理论回顾的同时进行了评论，找出了文献中的研究空白点，并把它们作为本书的重点来加以研究。

第三部分为企业经营者人力资本产权法律制度变迁。企业经营者人力资本产权是企业内部分工深化即企业家职能分解的结果。从古典企业到近代企业再到现代企业直至知识企业，实际上是包括企业经营者人力资本在内的企业人力资本逐步独立和强化的制度变迁过程，其中现代企业的出现是一个重要的拐点和里程碑。中国企业制度变迁过程中曾经出现过顶人力股等制度创新，但是新中国成立后的国有企业由于产权制度不合理，特别是长期漠视企业经营者人力资本产权，致使国有企业这一传统的企业整体效益不佳。这一结论再次证实了研究企业经营者人力资本产权的理论与实际意义。

第四部分为企业经营者人力资本产权的内容与特性。本章从企业经营者的法律地位界定开始，对企业经营者人力资本产权的权能结构与特性，以及它与企业所有权的关系等问题进行了探讨，全面回答了企业经营者人力资本产权"是什么"等问题，为下一章论述作了理论铺垫。

第五部分为企业经营者享有人力资本产权的理论依据。本章运用新制度经济学的基本原理，综合运用人力资本理论、企业契约理论、委托代理理论、交易费用理论等从多个视角提供了企业经营者享有人力资本产权的理论依据。成为本书分量最大，也最为重要的部分之一。为下一章论证提供了理论与逻辑支持。

第六部分为企业经营者人力资本产权的实现机制。企业经营者人力资本产权的四项法律权能从经济学的视角可以概括为剩余索取权与控制权两项内容。它们对企业治理结构提出了新的要求，也直接决定了企业经营者人力资本产权的实现方式。具体来说其实现方式包括初级、中级与高级三个层次，分别以年薪制、股票期权和人力资本出资为代表。本章的论述是对上一章的延续和展开，两者相互依存、互相支持，共同形成了本书的核心内容。

第七部分为企业经营者人力资本产权的案例分析。通过褚时健案、冯根生案、袁隆平案等正反两方面的典型案例，以及上海浦东开发区与温州市立法例进一步通过实证资料验证了本书前述各章的分析，也为下一章提出政策与立法建议增添了实践依据。

第八部分为基于企业经营者人力资本产权的政策与立法建议。在前述各章理论与实证、必要性与可行性分析的基础上，作者在本章集中提出了完善企业经营者的控制权、完善企业经营者的剩余索取权与完善公司外部治理环境等政策与立法建议。

绪　　论

一、选题的背景与问题的提出

（一）选题背景

斗转星移、时空交错。当人类告别20世纪的时候，同时又跨入了一个知识经济凸显和经济运行全球化的新世纪。到目前为止，人类社会的发展经历了三个阶段：前工业社会、工业社会和后工业社会（知识社会）。它们分别以第一产业、第二产业和第三产业为基础，并分别以自然资源、资本与劳动、信息与知识为主要结构特征。不同社会形态中，物质资本与人力资本在财富创造中的重要性是不同的。总的趋势是，企业中物质资本与人力资本的稀缺性发生了位置转换，人力资本不仅登上了历史舞台而且日益占据主导地位。人力资本已经成为构成企业核心竞争力的关键要素。企业内部的产权结构和相对应的企业治理结构正在悄然发生着重大变化。目前美国已经具备了一些后工业社会的主要经济和社会特征，西方发达国家也正在由工业社会向后工业社会过渡。中国虽然还处于工业化阶段，但伴随着经济全球化的进程，特别是中国正式加入WTO以来国外资本大量涌入，他们在携品牌、技术、管理、薪酬等优势大举进入中国的同时，造成中国企业高端人才的严重流失。由跨国公司所发动的一场全球人才争夺战早已拉开序幕。这是一场实力竞争，更是一场制度竞争，崭新的世界竞争环境正在拷问我们的现有制度。研究企业经营者人力资本产权已经成为中国企业迎接知识经济和经济全球化挑战，应对外资竞争压力，寻求生存和发展的需要。

我国改革开放后，逐步确立了社会主义市场经济的改革目标。社会主义市场经济体制改革实践是一个包括市场化、现代化和国际化的经济转型过程。其特征是体制转型和经济发展相互作用，在转型中发展，在发展中转型。其目标是建立与社会主义初级阶段生产力发展水平相适应的混合所有制经济。（洪银兴，2004）[1]而企业改革始终是经济体制改革的核心。回顾30年企业改革的艰难历程，由于路径依赖的作用，我国的国有企业改革大致经历了三个阶段：一是放权让利的改革阶段；二是国企创新和结构调整阶段；三是用国有资产管理体制改革推动国企改革阶段。但这三个阶段都未触及人力资本产权分享企业所有权这一根本性层面。（兰玉杰，2004）[2]至今尚未建立起一套有效的企业经营者人力资本产权制度。以致"59岁现象"频繁发生、企业高管丑闻不断、上市公司和国企高管享受天价薪酬引起广泛质疑，国内企业普遍缺乏核心竞争力。

2008年以来，随着人民币持续增值、原材料价格不断上升、劳动合同法的实施以及全球性金融危机的影响，大量的中小企业陷入发展困境。这实际上宣布了过去企业依靠廉价劳动力和原料发展的道路已经走到尽头。国内企业面临新的路径选择。

（二）研究的问题

本书研究的问题是中国企业经营者人力资本产权制度安排，它本质上是一个法律问题，同时也是一个经济问题。具体来讲本书将这一问题进一步分解为三个具体问题：企业经营者人力资本产权是什么？为什么赋予企业经营者人力资本产权？企业经营者人力资本产权如何实现以及需要什么样的相应制度安排？

新制度经济学家将制度分为正式规则与非正式规则。企业经营者人力资本产权作为一项制度实际上也是正式规则与非正式规则的混合体。任何部分正式制度的出现，其作用都不是孤立与静止不变的，在其发挥作用的过程中，非正式制度的辅佐同样重要。

　　长期以来，包括法律在内的制度被排斥在经济分析之外，被视为已知和既定的外生变量。新制度经济学的出现使这一状况得以改观，他们认为经济增长源泉来自有效的制度安排。制度是使土地、劳动和资本等生产要素得以发挥作用的决定性因素，具有内生性和稀缺性。企业经营者人力资本产权制度也不例外。作为制度变迁与制度创新的产物，由最初的只承认物质资本产权，到逐步重视人力资本产权，再到人力资本特别是企业经营者人力资本发挥主导作用，是用一种效率更高的制度取代原有制度，制度主体解决制度短缺，扩大制度供给以获得潜在收益的行为。整个过程是诱致性制度变迁推动强制性制度变迁的过程。

　　当然企业经营者人力资本产权不仅涉及法学、经济学、管理学等多个学科的诸多理论，而且涉及经济体制、政治体制和思想观念等一系列问题，显然本书不可能面面俱到，逐一论及。只能以企业经营者人力资本产权为中心，围绕是什么、为什么和怎么实现这三个核心问题，从理论与实证，实然与应然的角度进行论证，系统阐述企业经营者人力资本产权制度的理论依据和实现机制。

二、研究目标与研究意义

（一）研究目标

　　本书的研究总目标探讨是中国企业经营者人力资本产权如何得到承认和充分实现的问题。具体来讲又分解为三个主要的具体目标：（1）企业经营者人力资本是企业中最高层次和最重要的人力资本。（2）为了企业的生存和发展必须承认和尊重企业经营者人力资本产权。（3）必须设计相应的制度安排使企业经营者人力资本产权得以充分实现。

(二) 理论意义

近年来，人力资本理论已成为我国经济学研究的热点和核心问题，研究企业人力资本问题的成果也较多，专门研究企业经营者人力资本产权的却不多见；已有的成果，内容也不够系统全面。"笼统地谈人力资本企业产权较多。为人力资本出资公司法立法与完善提供经济学证明，为人力资本主张企业产权的经济学观点提供法学支持，从经济学与法学的结合来研究人力资本产权实现的制度安排都是薄弱的。"（朱必祥，2007）[3]研究企业经营者人力资本产权具有重要理论意义。

首先，能够丰富和完善人力资本理论。尽管人力资本理论的出现被视为西方经济学界20世纪经济理论的重大发现甚至是"经济史上的革命"（M. J. Bowman，1996）[4]但同时我们不难发现，他们对于人力资本的研究一直都局限于比较宏观的层面上。对于企业这样一个微观层面的考虑不够充分。而面对当代经济发展中人力资本作用的不断凸显，企业的人力资本产权将如何界定？与此有关的企业所有权安排又将作何反应和调整？如何实现人力资本产权？所有这些问题，西方人力资本理论并没有给出现成的、令人满意的答案。而这恰恰是现实经济生活中一个亟待解决又极为重要的问题。对这些问题的有益探索，有利于丰富人力资本理论。

其次，能够丰富和完善我国的企业家理论。通过对企业经营者的重新界定和对经营者职能的分析，以及对企业契约关系、委托代理关系的重新解释，可以丰富和充实现有企业家理论的内容。

再次，能够丰富和完善我国的公司法理论。通过对企业经营者人力资本产权权能、年薪制、股票期权和经营者人力资本出资制度，以及对相应的公司治理结构发展趋势的分析，可以丰富和充实现有的公司法理论。

最后，能够丰富法经济学理论。目前对企业经营者人力资本产权进行法经济学分析的成果还极为少见,通过尝试使用法经济学分析方法,可以实现企业经营者人力资本产权问题的交叉研究,并在一定程度上实现经济学理论与法学理论的相互交流与互相沟通。

(三) 现实意义

尽管人力资本理论自出现以来,在世界各主要国家被推广应用于各个研究领域和应用学科,已成为"经济学中经验应用最多的理论之一",并广泛指导着各个领域的实践。但我国在企业经营者人力资本产权方面的实践还不容乐观。因此,还应加强有关方面的应用研究。

首先,可以对我国国有企业低效状况存在的产权原因予以科学解释。可以运用人力资本理论科学分析"59岁现象"、上市公司高管丑闻、国企高官享受天价薪酬等现象,并可为上述现象的出现找出深层原因。

其次,有利于企业和国民经济健康发展。研究企业经营者人力资本产权有利于扩大人力资本的专用性投资,提高人力资本供给,激发经营者的创业热情,规范其经营行为,实现物质资本与人力资本的双赢。改进企业绩效,提高企业的核心竞争力和国家的经济实力,真正实现我国以人力资本为驱动力的内涵式经济增长。

再次,可以为公司法的修改提供理论参考。通过研究企业经营者人力资本产权,特别是对人力资本出资及公司治理等法律问题的研究,可以推动企业具体制度安排的效率化,并为立法修改提供参考。实践证明,国家之间的竞争,在深层次上是一种制度竞争。特别是正式规则的竞争,作为一个后发的赶超型国家,在准确把握世界潮流和发展趋势的前提下,通过适当的超前立法,可以在一定程度上实现赶超的目标。承认企业经营者人力资本产权,并相应完善有关法律规则,无疑是一项重要制度保证。

又次,有利于加快人力资源向人力资本的转化,实现国家的社会经济发展目标。我国是一个人力资源大国,却是一个人力资本弱国。正是基于这一事实,党的十五大提出了科教兴国战略。《国民经济和社会发展"十一五"规划纲要》强调"把增强自主创新能力作为国家战略,促使经济增长由主要依靠资金和物质要素带动向主要依靠科技进步和人力资本带动转变。"党的十六大提出"确立劳动、资本、技术和管理等生产要素按贡献参与分配的原则","放手让一切劳动、知识、技术、管理和资本的活力竞相迸发,让一切创造社会财富的源泉充分涌流"。党的十七大明确提出了"优先发展教育,建设人力资源强国"的战略目标。2008年国家机构改革中又将原来的人事部与劳动和社会保障部合并改组为人力资源和社会保障部。这些都充分显示了人力资本研究的重要现实价值。

最后,还有利于保护人权和建设以人为本的社会文化。人权是产权的终极根源,产权则是人权的现实实现。现代社会通过法律规则对产权予以界定,本质上就是对人权的一种具体化和现实化,体现了人类自我驾驭能力的提高。承认和保护企业经营者人力资本产权有利于我国现代化建设。

三、研究思路、研究方法与概念界定

(一) 研究思路

本书运用包括法经济学在内的新制度经济学的基本原理紧紧围绕转型时期我国企业经营者人力资本产权制度安排来展开研究。按照用经济学理论研究法律问题的思路,探讨企业经营者人力资本产权制度安排的基本内容、理论基础和实现机制等内容。首先,通过考察企业经营者人力资本产权的基本内容,解决企业经营者人力资本产权"是什么"的问题。其次,基于多种经济理论,探讨企业经营者人力资本产权制度的理论依据,并通过历史分析和案例分析进一步验证、解决"为什么"承认企业经营者人力资本产权的问题。再次，通过研究企业经营者剩余控制权与剩余索取权的实现机制，解决企业经营者人力资本产权"如何实现"的问题。最后，基于本书研究提出了进一步完善我国企业经营者人力资本产权制度的政策与立法建议。

（二）研究方法

黑格尔说过，"世界是方法的世界"，中国有句谚语叫做"工欲善其事，必先利其器"，体现到理论研究中，可以说没有科学的方法就没有科学的结论，只有有了独到的、适用于研究对象的方法，才有可能取得有见地的成果。本书的研究主要运用了以下方法：

1. 法经济学方法。企业产权，既是一个重要的法律问题，同时也是一个重要的经济问题，围绕企业产权问题西方经济学不仅积累了大量文献，而且还形成了以科斯、阿尔钦等为代表的产权学派。因此，在研究企业产权制度的同时，也要注重从经济学的角度分析，使其研究有较充实的理论基础。对于规范企业经济行为的法律，不妨应用经济学研究企业经济行为所得的结论检视之，以判断其规范得是否达成目的。（陈彦希，1994）[5] 本书正是从法律和经济双重角度通过对产权理论和企业产权法律制度的双重考察来探讨问题的。

特别值得注意的是，除了上述产权学派以外，法经济学对产权研究也做出了很大贡献。法经济学在英语和汉语中都有多种称呼。"Economics and Law"在英语中较为常用，此外还有"Economics of Law"以及"Economics Analysis of Law"等。汉语中有经济分析法学、法和经济学、法律的经济分析等。它是20世纪50~60年代在新制度经济学的理论基础上，基于法与经济学的互动，发展起来的一门经济学与法学交叉的边缘学科，也是当代西方经济学和当代法学中的一个非常重要的学术流派。从学科研究的性质和定位来看，法经济学也像其称呼一样众说纷纭。有的学者将法律经济学明确定位为一门"用经济学阐述法律问题"

的学科。如波斯纳（1997）[6]所言，法律经济学是"将经济学的理论和经验方法全面运用于法律制度的分析"的学科。具体地说，法律经济学采用经济学的理论与分析方法，研究特定社会的产权、法律关系以及不同法律规则的效率；其研究的主要目的仅在于使产权原则更清楚地显现出来，而不是改变产权。根据尼古拉斯·麦考罗和斯蒂文·G.曼德姆（Nicholm Memuro, Stcven C. Mcdema, 2005）[7]的定义，"法和经济学是一门运用经济理论（主要是微观经济学及福利经济学的基本概念）来分析法律的形成、法律的框架和法律的运作以及法律与所有权所产生的经济影响的学科。"查尔斯·罗利则将法经济学定义为"运用经济理论和计量经济学方法检验法律和立法制度的形成、结构、过程和影响"。（Douglas Gbaird, 1997）[8]就法经济学的内容来看，存在两种不同经路，也包括两部分内容。其一是以波斯纳为代表的实证的法经济学，它是将经济学理论和方法应用于实际的法律分析，试图解释法律规则背后的经济学逻辑。其研究结论是：如果市场存在交易成本，那么，权利应赋予那些对权利净值评价最高而且最珍视它们的人；事故责任则应该归咎于能以最低成本避免事故而没有这样做的当事人。它通常被称作"波斯纳定理"。其二是以科斯为代表的规范的法经济学，他们着重分析法律系统的运行对经济系统运行的影响。其研究结论是：当交易成本为零时，财产权利的法律安排不会对效率产生影响，私人谈判总是可以实现资源的最优配置。如果交易成本为正，财产权利的法律安排就会对效率产生重要影响。它通常被称作"科斯定理"。（陈国富，2005）[9]实证的法经济学与规范的法经济学在实现法学与经济学的融合方面几乎是相向而行的。如果说后者是想借助法律界定产权，改善资源配置，从而达到以法律促进效率的目的，那么，前者则是以经济效率为法律定向，试图为法律之车铺上一条经济学的轨道。①

有些学者还将其相应地分为法学家的法经济学与经济学家的法经济学。从法律经济学的研究方法来看，它是以"个人理性"及相应的方法论的个人主义作为其研究方法基础，以经济学的"效率"作为核心衡量标准，以"成本—收益"及最大化方法作为基本分析工具，来进行法律问题研究的。加里·贝克尔（2003）[10]在谈到法律经济学成功的原因时指出，法律经济学获得成功的重要原因之一，就是它很好地运用了三个重要的经济学原则，一是个人效用最大化原则，二是市场出清（供求均衡）原则，三是效率原则。

毋庸讳言，法经济学诞生时间还不长、还不够成熟，也招致了不少批评。但无论如何我们仍认为有三点是可以肯定的：一是法经济学定位于学科互动与学科交叉，寻求法律正义与经济效率的平衡。二是它将法律制度作为经济发展的内生变量加以诠释，使经济学从黑板经济学发展为实践经济学，使书本中的法律转变为行动中的法律。（周林彬，2003）[11]三是它起因于法律问题与法学研究的现实需要，而用经济学理论与方法研究法律问题，正如波斯纳所说"经济学是因，法律体系是果"。"其方法及手段是经济分析方法和经济学，分析解决问题的最终归宿和落脚点仍然是法律和法学。即法学—经济学—法学。"（冯玉军，2006）[12]这三点足以肯定法经济学的存在价值。

图1　法经济学分析方法

法经济学最擅长、研究最为成熟的领域之一就是企业与公司法。"事实上，已有非常丰富的文献使用经济模型和概念讨论公

---

① 参见陈国富：《契约的演进与制度变迁》，经济科学出版社2002年版，第24页。

司法问题。在美国,经济分析可以说是公司法学术研究中最有影响力的学术派别。在英国、加拿大和澳大利亚也有一些学者使用了这一方法"。(布莱恩·R.柴芬斯,2001)[13]法经济学的开山鼻祖科斯就擅长研究企业,布莱恩·R.柴芬斯所著《公司法:理论、结构与运作》以及伊斯特布鲁克和菲希尔所著的《公司法的经济结构》都堪称法经济学研究的经典之作。国内夏雅丽教授的《有限责任制度的法经济学分析》,罗培新教授的《公司法的契约解释》都称得上是法经济学研究的优秀成果。现在许多学者认为,法律经济学分析是分析公司制度的根本方法。因为追求经济效率、利润最大化是公司的根本目的。(曲振涛,刘文革,2005)[14]甚至有的学者断定"实际上现在已不可能发现哪位严肃的公司法学者不是将法经济学作为分析工具的"。(Stephen M. Bainbridge,2001)[15]

具体到本书来说,企业经营者人力资本产权是什么,股票期权如何操作,首席执行官及独立董事享有哪些权利,人力资本如何出资等属于"实然"范畴的内容,法学能够回答。但上层建筑决定于经济基础,要追问一个为什么,即解释其背后的"应然"范畴的内容法学自身就显得捉襟见肘和苍白无力,这离不开经济学的分析。本书正是运用人力资本理论、企业契约理论、委托代理理论、交易费用理论等,分析企业经营者人力资本产权法律问题背后隐藏的深刻经济原因,并以此指导我国有关法律制度的修订与完善。

2. 规范的法学分析法。产权制度是一项规范的法律制度。尽管我国立法受大陆法系传统体例的影响将企业产权归入物权法体系,并习惯地使用所有权一词。但这并不影响作为本书研究对象的企业经营者人力资本产权的法律属性。另外,文中所论述的企业经营者年薪制、期权期股制度、管理层收购制度、经营者人力资本出资制度、以经营者为核心的企业治理结构及其所包含的首席执行官制度、独立董事制度都是具体的法律制度。对上述制度进行分析脱离不了法律科学所特有的权利—义务—责任的分析框架。本书不仅关注国内外有关企业经营者人力资本产权的法律规定，而且从概念的使用和逻辑的运用上都注意了法学和法律问题的特殊性，比如作者并未使用经济学界惯常使用的"企业家"的概念，而是使用了企业"经营者"的术语，以体现法学作为规范学科的要求，在分析经营者人力资本是否应当作为独立出资方式时，还着重分析了它是否符合有价值和使用价值、能评估以及能否转让的法定约束条件。并以此分析为基础提出立法建议，只有这样立法建议才具有法律上的可操作性。

3. 历史方法。任何社会科学首先是一门历史科学。产权制度本身是一项历史悠久的制度，历史分析是研究产权制度的一个重要思路。而且从经济学的角度来说，西方经济学早已形成了新经济史学派。以诺斯为代表的众多新制度经济学家，不仅构筑了较完整的制度变迁分析框架，还以其重新透视了人类的经济史，对许多公认的历史结论提出了质疑，并提出了石破天惊式的解释，引起西方史学界的高度重视。本书作者也正是运用历史分析方法，在对中外企业经营者人力资本产权制度变迁进行历史考察的基础上，划分了企业经营者人力资本产权制度变迁的不同阶段，考察了企业经营者人力资本产权制度变迁过程中的各种重要影响因素，从而得出企业经营者人力资本产权逐步得到承认与强化的结论。

4. 比较分析法。社会科学的研究除了历史的纬度以外，还有中外比较的经度。在已经出现信息社会端倪、领跑后工业社会的美国，不仅承认企业经营者的人力资本出资，而且也是股票期权制度的发源地，尽管它与中国隶属于不同法系，有着不同的政治、经济、文化和社会背景，但他山之石，可以攻玉，在经济日益全球化，法律制度也相互借鉴、移植的今天，一些诸如美国这样的成熟市场经济国家的具体法律制度无疑对我们具有重要参考和借鉴价值。

5. 理论与实证分析相结合的方法。企业经营者人力资本产权问题不仅是法学中的一个重要理论范畴，也是经济学中的一个重要理论范畴。从法学和经济学理论上对其进行探讨分析研究，可以使研究成果有较扎实的理论基础。但是法学和经济学均需要实践的滋养，我国目前又正处于改革开放的伟大探索时代，从改革实践需要来探索研究我国企业经营者人力资本产权所面临的现实问题，有助于使研究成果有更强的针对性和现实意义。

这里需要说明的是，本书在实证分析时，作者较多地使用了法学研究惯常使用的案例分析方法。通过典型个案研究，分析现有制度的缺陷和至独创性的突破方向，从个案中捕捉共同规律，从现实中挖掘理论的意蕴。实践一再证明典型案例的价值，21世纪初一场"郎顾之争"引起全社会对国企改革的反思与讨论就是例证。本书通过褚时健、冯根生、袁隆平等典型人物的典型案例阐释企业经营者人力资本产权实践成败的实际理论启示。

（三）基本假设与概念界定

经济学理论研究总是建立在一定的基本假设基础上的。概括而言，本书对企业经营者人力资本产权问题的分析主要基于以下假设：一是关于人的生存环境的假设，即环境的复杂性和不确定性以及资源稀缺性的假设。这里的不确定性既包括各国普遍存在的市场的不确定性，也包括中国转型时期突出存在的政策与制度的不确定性。二是关于人类行为的假设，即经过修正的经济人假设与正交易成本的假设。企业经营者是作为经济学意义上的人出现的，一方面其人力资本追求财富最大化，另一方面又追求非财富最大化。也正因为交易成本为正才使产权制度安排至为重要。三是关于人类认识的假设，即有限理性与企业作为不完全契约的假设。也正是由于企业是一种人力资本与物质资本间的不完全契约，才需要将人力资本与产权问题结合起来，以人力资本产权作为研究对象。

本书涉及以下基本概念：

（1）企业。通常是指依法成立并具备一定组织形式，以营利为目的的独立从事商品生产和商业服务等经营活动的经济组织。企业实质上是一个人力资本与非人力资本的特别契约组织。是一个人力资本保值增值的载体。企业存在的实质就是为了实现以经营者人力资本为主体的各类人力资本的价值。按照其资本构成和承担的法律责任分为个人独资企业、合伙企业和公司制企业，本书中主要是指公司。

（2）企业经营者。企业经营者就是接受企业所有者的委托，以自己的异质性人力资本来专门从事经营企业的人。本书中企业经营者不仅限于经理，还包括董事长、CEO 和高层经理在内。

（3）人力资本。人力资本是指产权主体为实现效用最大化，通过有意识的投资活动而获得的，并依此分享企业产权，凝结在人身上的智力、非智力、健康等无形资本价值存量的总和。

（4）人力资本产权。狭义的人力资本产权是指人力资本占有权。广义的人力资本产权是指人力资本占有权及其派生的使用权、收益权和处分权等法定权利的总称。人力资本产权是在市场交易过程中产生的，是制约人们行使这些权利的规则，本质上是人们的社会经济关系的反映。

（5）企业所有权。企业所有权是一个尚无统一定义的概念，通常是指剩余控制权与剩余索取权，但在本书中是指企业控制权与剩余索取权。分享企业所有权是企业经营者人力资本产权的实质和核心内容。

（6）人力资本出资。人力资本出资是将企业所需的重要人力资源直接资本化，也就是将人力资本量化折股并纳入被投资企业的资本金总额，形成企业人力资产或者无形资产。

四、研究的主要内容与本书的创新

（一）研究的主要内容

本书对于企业经营者人力资本产权的研究是从法学的角度切入，以制度经济学基本理论为基础，以法经济学分析、契约分析、案例分析等为手段，以法律制度安排为落脚点而展开的。全书共分九部分。

第一部分为绪论。首先对将要研究的问题进行了交代。在阐释研究背景的基础上，阐明企业经营者人力资本产权研究的重要理论意义和现实意义。然后交代研究思路、研究方法、研究内容及创新之处。

第二部分是相关文献综述。在理论回顾的同时进行了评论，找出了文献中的研究空白点，并把它们作为本书的重点来加以研究。

第三部分为企业经营者人力资本产权法律制度变迁。企业经营者人力资本产权是企业内部分工深化即企业家职能分解的结果。从古典企业到近代企业再到现代企业直至知识企业，实际上是包括企业经营者人力资本在内的企业人力资本逐步独立和强化的制度变迁过程，其中现代企业的出现是一个重要的拐点和里程碑。中国企业制度变迁过程中曾经出现过顶人力股等制度创新，但是新中国成立后的国有企业由于产权制度不合理，特别长期漠视企业经营者人力资本产权，致使国有企业这一传统的企业整体效益不佳。这一结论再次证实了研究企业经营者人力资本产权的理论与实际意义。

第四部分为企业经营者人力资本产权的内容与特性。本章从企业经营者的法律地位界定开始，对企业经营者人力资本产权的权能结构与特性，以及它与企业所有权的关系等问题进行了探讨，全面回答了企业经营者人力资本产权"是什么"等问题，为下一章论述作了理论铺垫。

第五部分为企业经营者享有人力资本产权的理论依据。本章运用新制度经济学的基本原理，综合运用人力资本理论、企业契约理论、委托代理理论、交易费用理论等从多个视角提供了企业经营者享有人力资本产权的理论依据。成为本书分量最大，也最为重要的部分之一。为下一章论证提供了理论与逻辑支持。

第六部分为企业经营者人力资本产权的实现机制。企业经营者人力资本产权的四项法律权能从经济学的视角可以概括为剩余索取权与控制权两项内容。它们对企业治理结构提出了新的要求,也直接决定了企业经营者人力资本产权的实现方式。具体来说其实现方式包括初级、中级与高级三个层次,分别以年薪制、股票期权和人力资本出资为代表。本章的论述是对上一章的延续和展开,两者相互依存、互相支持共同形成了本书的核心内容。

第七部分为企业经营者人力资本产权的案例分析。通过褚时健案、冯根生案、袁隆平案等正反两方面的典型案例,以及上海浦东开发区与温州市立法例进一步通过实证资料验证了本书前述各章的分析,也为下一章提出政策与立法建议增添了实践依据。

第八部分为基于企业经营者人力资本产权的政策与立法建议。在前述各章理论与实证、必要性与可行性分析的基础上,作者在本章集中提出了完善企业经营者的控制权、完善企业经营者的剩余索取权与完善公司外部治理环境等政策与立法建议。

第九部分为结论与展望。

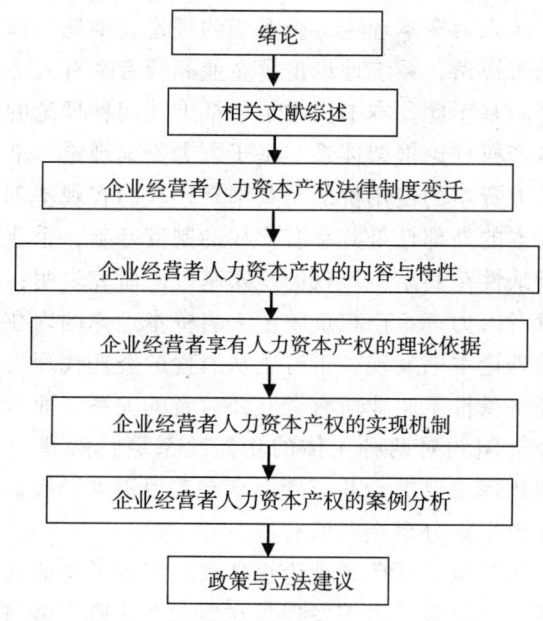

图 2　本书基本结构安排

(二) 本书的创新

第一,尝试运用法经济学方法对企业经营者人力资本产权问题进行了交叉研究。首先,本书运用经济学理论与方法对企业经营者人力资本产权法律制度进行了交叉研究,并提出了政策与立法建议;其次,运用法经济学的理论与方法,对企业经营者人力资本产权制度作了初步的效率分析,分析发现:企业经营者人力资本产权制度存在多项收益,它有利于鼓励投资和改善企业管理,降低代理成本和决策成本,节省公司参与者的缔约成本,促进高效的企业外部市场的形成,有效分散风险促使企业长远发展。同时企业经营者人力资本产权制度的确立也会带来一定的立法成本和执行成本。但多项收益与成本比较的结果是总收益大于总成本。研究表明:在现代公司制企业承认经营者人力资本产权是一种富有效率的制度选择。

第二,从人力资本理论、企业契约理论、委托代理理论和交易费用理论等视角,系统地论证了企业经营者享有人力资本产权的理论依据。基于此,本书提出了包括上述四种理论的企业经营者人力资本产权理论框架体系。基于人力资本理论本书发现,企业经营者人力资本的使用价值是其享有产权的客观基础,企业经营者人力资本的外部性是其享有产权的制度基础,企业经营者人力资本的稀缺性是其享有产权的现实基础。研究表明:承认与保护企业经营者人力资本产权反映了人力资本理论的内在要求。基于企业契约理论本书发现,带有主从属性的委托代理契约不能准确反映新经济条件下企业所有者与经营者的关系,而带有平等合作属性的合资契约对两种主体的相互关系更具解释力。研究表明:企业契约理论要求企业经营者享有人力资本产权,从而与物质资本所有者平等分享企业所有权。

第三,从双重委托代理理论视角出发考察了企业人力资本所有者与经营者的关系。本书发现,在现代企业所有者与经营者的关系中,除了两种主体的合作之外,还存在物质资本与人力资本两种资本之间的合作。所有者的物质资本固然重要，但经营者的人力资本更为稀缺，也更为主动。所有者与经营者都具有委托人与代理人的双重身份，它们之间存在着双向委托代理关系，而不仅仅是单向委托代理关系。研究表明，承认企业经营者的人力资本产权，是双向委托代理关系的本质要求。

第四，对企业经营者人力资本出资制度进行了系统架构。本书发现，尽管我国现行《公司法》还没有确立人力资本出资制度，但是该法第27条的规定已经为其预设了制度接口。在条件成熟时人力资本出资制度应当嵌入现行公司法。研究结果表明，我国人力资本出资法律制度应包括以下六个组成部分：人力资本出资许可；人力资本出资的合理限制；人力资本出资的评估程序规则；人力资本股东的担保责任；人力资本退出的资本处置；人力资本股东的竞业禁止义务。它们共同构成相对完整的人力资本出资法律制度。

第一章 相关文献综述

西方发达国家的市场经济发展较早，围绕企业经营者人力资本产权问题已提供了一些可资借鉴的资料。我国确立社会主义市场经济体制以来学术界对这一问题进行了继续研究，也积累了不少宝贵文献。企业经营者问题在经济学中是作为企业家问题研究的，并且形成了丰富多彩的企业家理论。企业家理论和人力资本理论是本研究的两大理论根基。此外本研究还涉及企业契约理论、委托代理理论、交易费用理论、公司治理理论、公司资本理论等诸多经济学及法学理论，为论述方便，本章只对企业家理论和人力资本理论集中进行回顾与述评，其他理论则留待各章节分别进行。

一、企业家理论

企业是现代经济的微观基础，企业经营者在企业中占有主导地位，很自然企业经营者也应当成为经济学研究的一条历史主线。但已有的研究成果却很少使用"经营者"即"Manager"一词，而是通常使用"企业家"即"Entrepreneur"，而且对企业家历来有不同理解。但笔者认为从事经营决策和承担风险的企业家和高层经理都是经营者，因此西方经济学中的企业家理论同样适用于经营者。企业家理论有着极其丰富的内容，由本书选题需要决定，本书中只从企业家定义和职能的视角对企业家理论予以论述。

在已有的经济学文献中最先使用企业家的概念并系统地考察

企业家角色的经济学家是18世纪的法国经济学家康替龙（Cattilon），他在1755年出版的《商业性质概论》中，把企业家置于不确定的市场环境中来考察，从而揭示了企业家与商品经济的联系，并赋予了企业家投机商的角色。① 此后的200年间企业家理论经历了古典经济学时期、新古典经济学时期和新制度经济学时期三个阶段。

（一）古典经济学时期的企业家理论

企业家理论的产生，是企业家阶层发展的必然结果。在古典经济学孕育和形成的时期，虽然工业革命已经开展，生产力飞速发展，企业家阶层的力量得以壮大，但企业家并未与资本家区分开来并获得独立的地位。

古典经济学的基本理论，以自由主义为中心，强调自由竞争、完全信息和完全市场，认为企业的发展不需要企业家的积极作用，管理和决策都是无足轻重的，而由分工和交换组成的市场经济，才是保证实现资源最优配置的制度。此时的理论界对市场作用的强调，使得其他的一切都显得微不足道，不仅是企业家，似乎企业在许多行业都显得多余。因此，我们可以说，在古典经济学时期，对企业家进行研究，并不是经济学理论的主流和主要问题。

这一时期，萨伊是第一个在经济过程图式中给予企业家以一定位置的经济学家，他在《政治经济学概论》中首先指出企业家概念包括企业家职能和企业家精神两项内涵。

萨伊最早赋予了企业家作为生产的协调指挥者的角色。② 他沿袭亚当·斯密劳动力、资本和自然资源的生产三要素分类，但

---

① 康替龙首开经济学研究企业家的先河。参见康替龙：《商业性质概论》（中文版），商务印书馆1986年版。
② 萨伊最早强调了企业家在企业中的重要地位。参见萨伊：《政治经济学概论》，商务印书馆1982年版。

突出和强调劳动力是生产过程中的关键投入,并着重对劳动力进一步研究。他提出,劳动力可以具体分为科技研究人员、企业家和工人三类,分别履行创造和提供知识、应用知识与具体目的和具体执行操作的职能。生产过程就是劳动力上述三种职能的组合。其中,企业家的知识应用职能是生产的驱动力,具体包括协调、决策制定和承担风险等。作为生产过程的总枢纽,企业家收集信息、制定决策,着重发挥着协调人、财、物、产、供、销的的作用,将经济资源从生产力和产出较低的领域转移到较高的领域。

在分配方面,他主张按市场价格支付各种投入要素的报酬。并将企业家与资本家加以区分,将企业利润的概念进行分解。认为企业家取得的是企业的剩余,即监督管理企业、掌握科学技术和承担风险的报酬。这些观点至今仍具有深刻的启发意义。

古典经济学时期的另一位代表人物是马克思。尽管在其著作中通常是用"企业主"、"产业资本家"和"经理"等,而很少使用"企业家"一词,但马克思认为企业家应是一定资本的所有者或企业家是人格化的资本。这对企业家享有人力资本产权无疑具有启发意义。

(二) 新古典经济学时期的企业家理论

新古典时期,是资本主义各国逐渐由自由资本主义过渡到垄断资本主义的时期。在这个时期,通过竞争、股份制等方式,资本日益集中于少数企业,使得这些企业的规模不断膨胀,实力不断加强。此时,随着企业规模的扩大与竞争的加剧,市场的自发调节作用更加明显,同时对企业家也提出了更高的要求,从而促使企业家职能也发生了改变,所有权和经营管理权逐步发生了分离,经理制风靡世界。

新古典经济学并不强调企业家的作用。它通过边际效用的分析,将供求相结合,形成局部均衡的厂商理论使得人们认为:在新古典理论图式内,根本没有企业家的位置,新古典的最优选择，根本不需要企业家。但这正好为企业家理论的自由发展创造了优越的条件，使新古典时期的企业家理论不拘一格，获得了更充分和深入的发展。

1. 马歇尔的企业家理论

经济学大师马歇尔虽然没有专门探讨企业家理论，但在他的《经济学原理》等论著中却不乏关于企业家的论述，而且论述得非常全面。马歇尔赋予了企业家多重角色。[①] 有企业组织的领导协调者、中间商、创新者、不确定性承担者甚至企业家特殊禀赋的所有者。相应地论证了企业家充当上述角色应具备的两方面能力：一是作为"商人和生产组织者"应具备的洞察力、创造力和统率力；二是其作为企业管理者必须天生就具备领导他人的能力，包括选人用人的能力、决断能力、应变能力和统驭能力。

马歇尔始终从市场均衡的角度论述和把握企业家的作用，认为企业家是那些凭借创新、洞察力和统率力，发现和消除市场的非均衡性、创造机会和效用，给生产指出方向，使生产要素组织化的人，从而使企业家更易于融入整个经济学体系。但是，同时由于他的论述是在其均衡理论的框架中进行的，且论述方法是综合性的，因而显得不够突出，使他的企业家理论观点不够鲜明，缺乏应有的深度。

不可忽视的是，马歇尔还明确地在土地、资产和劳动三生产素之外，提出"具有利用资本的经营能力"的一个生产要素。相应地在其分配理论中，他把早期的"三位一体"公式扩大为"四位一体"的公式，即劳动—工资，土地—地租，资本—利息，企业家才能—利润。这种承认企业家是特殊人力资本的所有者的论述，至今闪耀着新思想的光芒。

2. 熊彼特的企业家理论

熊彼特的企业家理论是最具鲜明色彩、影响最为广泛、至今

[①] 马歇尔承认企业家的特殊价值，但却反对承认其人力资本。参见马歇尔：《经济学原理》（中文版），商务印书馆1997年版。

仍最具时代意义的。如果说马歇尔认为企业家是从市场不均衡到均衡的过程中获得利润，则熊彼特正好相反，他认为，企业家是从市场均衡到不均衡的过程中获取利润。

熊彼特（2000）[16]在他的《经济发展理论》中给企业家赋予了创新者的角色。他透过经济发展的表象，揭示了企业家在这一过程中举足轻重的地位，令人钦佩、给人启迪。他认为企业家是资本主义发展的发动机，是最具活力的因素。其创新就是建立一种新的生产函数，把一种从未有过的生产要素和生产条件的新组合引入生产系统。具体表现在五个方面：(1)引入一种新产品或一种产品的新质量；(2)采用一种新的生产方法；(3)获得一种原材料或半成品的新的供应来源；(4)开辟新市场；(5)实行一种新的企业组织形式。

熊彼特从三方面归纳企业家的动机。他认为企业家从事"创造性破坏"工作的动机在于"建设私人王国"、"对胜利的热情"、"创造的喜悦"，而不在于物质财富的回报。

关于企业家的报酬，他认为通过创新，实现企业生产、经营、管理等各方面的新的组合。企业家的这种创造性工作，是企业利润的主要源泉。企业家是通过获取企业家利润作为对其创新活动回报的。由于企业家利润是在实施创新以后才能实现和取得，而且由于其他企业家的模仿和竞争，创新引起的企业优势将消失，企业家利润也将消失，因此企业家利润是暂时的。

关于企业家的能力，他认为包括处理各项繁琐事务的特殊体力和魄力，善于说服他人并能获得支持及具有能通过巧妙的交涉操纵他人的谋略和胆识等。而且认为，企业家能力具有稀缺性，能力越强，越是稀缺。

关于风险承担，他认为由于资本来自外部的资本市场，风险应由外部资本市场的资本所有者单独承担，企业家自身并不承担资本风险。

熊彼特的企业家理论的上述内容，对后人进行这一领域的研究具有重要的启迪意义。但是瑕瑜互见，他的企业家理论也存在着明显的不足：

第一，他认为企业风险由资本家完全承担，企业家与企业风险无关，这与现实情况不完全符合。第二，他对企业家利润的分析是不足的。他认为企业家的创新活动以企业家利润为回报，但企业家利润如何计量却是一个问题。第三，他对企业家动机的分析是不全面的。他认为，企业家从事创新活动的动机在于上述精神因素，显然这种认识具有片面性。第四，把企业家看成个人主义的英雄，没有把企业家和企业组织联系起来。

3. 柯兹纳的企业家理论

奥地利学派经济学家柯兹纳继承了马歇尔和康替龙的传统，从市场交易和市场结构的角度来讨论企业家，赋予了企业家中间商的角色。形成了企业家理论的又一重要分支。

关于企业家的作用，柯兹纳（KirznerIM, 1973）[17]认为企业家是具有常人所不具有的、能够敏锐地发现市场获利机会的人，他"发现哪里购买者的买价高，哪里销售者的售价低，然后以比售价略高的价格买进，以比其卖价略低的价格卖出。"这种典型的中间商投机行为使市场逐渐趋于均衡，从而使企业家成为市场的均衡器。

关于企业家的能力，柯兹纳认为应包括精算能力、发现能力以及敏锐的洞察力。他特别强调企业家的洞察力，认为以深刻而敏锐的洞察力去发现时机，才是企业家精神的本质。从而使企业家的角色个性更鲜明。

关于企业家利润，柯兹纳认为企业家以其敏锐的洞察力，迅速发现对买卖双方都有利的交易机会，并作为中间人参与其间，促进交易的实现。企业家因此获得的价差就是对其洞察力的回报，但这种利润会随着竞争作用的加剧而逐步消失。

柯兹纳的企业家理论，一方面不仅生动、成功地描述了企业家的形象，而且对于平稳运转的经济体所具有的复杂协调计划重要性的认识，促使人们重新思考市场的现代理论表达。另一方面，他尚未阐明企业家作为组织存在的意义，也未阐明资本的作用,从而仍存在一定局限。

4. 奈特的企业家理论

奈特(F. Knight,1964)[18]是依据不确定性来展开他的企业家理论的。他区分了风险和不确定性这两个概念,认为风险是可能推测和可以通过保险来抵消的,而不确定性则是难以推测和不能通过保险来抵消的。最优风险分担原则应当是让风险规避度高的人承担小的风险,让风险规避度低的人承担大的风险。并给企业家赋予了"不确定性决策者"的角色。

关于企业家的作用,奈特把它与处理不确定性的能力相结合,认为企业家的首要职责是"决定干什么,以及如何去干"。

关于企业家的能力,奈特认为应包括洞察他人能力的能力、使他人相信自己有能力的能力、特别是处理不确定性事件的能力。并认为发挥这一能力,必须具有对各生产服务契约收入的保证能力。

关于企业家的报酬,他认为企业家获得的回报不应该固定合约收入,它是其他人的收入"被确定"了之后所"剩下的部分"。

关于企业家与资本的关系,他认为,企业家要发挥处理不确定性事件的能力,拥有资本是其直接条件,但若能获得人们信任,拥有资本的制约则变为间接条件。

奈特开创了企业的企业家理论,不仅正式地将企业与企业家确定在一起,还区分了风险和不确定性,从不确定性的角度研究企业家及企业内部的权益配置,其视角独特,具有启迪意义。而且充分肯定了企业家的特殊价值,为人力资本理论提供了有力支持。但是,他只关注产品市场的不确定性,忽视了要素市场的不确定性,从而使得他对企业家功能及企业内的权利配置的分析不够全面。

(三) 新制度经济学时期的企业家理论

新制度经济学产生于19世纪60-70年代的美国,此时的美国，跨国公司正繁荣发展，为了寻找更有效的管理企业的方法，新制度经济学提出了一系列核心概念，构筑了一套完整的理论体系，用于企业和企业家的理论之中。使得企业家理论在近几十年中得到快速发展，呈现出方兴未艾的空前繁荣局面。

新制度经济学的代表人物科斯的《企业的性质》可以说是现代企业理论的奠基之作。科斯在这篇文章中提出的有关企业性质的学说为人们提供了崭新的视角。从此，企业理论的研究进入了一个崭新的发展阶段：企业的契约理论指导着许多优秀的经济学家的研究，而这些研究工作反过来也使企业的契约理论得到了完善和发展，以至于成为现代企业理论的主流。

新制度经济学时期，对企业与企业家问题的研究出现了前所未有的兴盛局面。新制度经济学跳出新古典经济学假定价格体系协调资源配置的框架，把企业看做是组织经济活动的方式，解释企业内部有关的问题，使得企业理论在近几十年中得到快速发展。同时，新制度经济学强调企业与企业家的关系，将二者联系起来加以讨论。

新制度经济学的企业家理论，多与企业理论相辅相成，而这也恰好解释了这个时期企业家理论获得巨大发展的原因。严格地说，企业理论的奠基人是科斯，他1937年的文章具有革命性的意义。在哈特提出不完全契约这一概念，威廉姆森提出资产专用性的基础上，企业家理论又获得了一个突破性的进展。

1. 科斯的企业家理论

新制度经济学的代表人物科斯（Coase，1937）[19]的《企业的性质》可以说是现代企业理论的奠基之作和企业家理论发展历程中的重要里程碑。科斯在这篇文章中提出的有关企业性质的学说为人们提供了崭新的视角。从此，企业理论的研究进入了一个崭新的发展阶段。

借助于交易成本概念，科斯认为企业家是决定企业制度形成的重要力量。并从全新的视角阐述了企业家在企业制度形成中的作用，赋予了企业家交易成本节约者的角色。在科斯看来，交易成本是选择通过市场实现交易还是通过企业组织实现交易的决定因素。

科斯的企业家理论的具体内容主要包括两个方面：一是"企业的显著特征就是作为价格机制的替代物"，"在企业之内，市场交易被取消，伴随着交易的复杂的市场结构被企业家所取代，企业家指挥生产"，其前提是企业家的指挥组织成本低于市场交易成本。二是"在边际点上，在企业内部组织交易的成本或是等于在另一个企业中的组织成本，或是等于有价格机制'组织'这笔交易所包含的成本。"企业的边界受企业家指挥、组织能力的限制，因此可以说，企业的边界也就是企业家的能力边界。

2. 诺斯的企业家理论

以诺斯为代表的新经济史学家对企业家在制度变迁中的作用予以了充分重视，并赋予了企业家制度变迁催化剂的角色。在其早年的著作中并未对制度变迁过程中的企业家作用进行分析，20世纪90年代后，从熊彼特的企业家理论中得到启发，诺斯重新修正了自己的理论，并将广义企业家概念引入到制度变迁模型中。诺斯认为"变迁一般是对构成制度框架的规则、准则和实施的组合所作的边际调整"，"制度变迁的原因是相对价格或偏好的变化"，那么，对制度框架进行边际调整的主体是谁呢？诺斯认为，"企业家和他们的组织会对（可观察的）价格比率的变化直接做出反应，通过将资源用于新的获利机会或（在现有规则内变化无法实现时）间接地通过估计成本和收益以将资源用于改变规则或规则的实施"[①]。企业家在制度变迁中的作用就是发现潜在的获利机会，并通过组织去改变制度框架的规则或准则。

在诺斯看来，制度变迁绝大部分是渐进的，长期的制度变迁

---

① 诺斯：《制度、制度变迁与经济绩效》，上海三联出版社1994年版第111、116页。

是企业家短期决策积累的结果。尽管企业家不是制度变迁中基本性的作用力量，但却是制度变迁的催化剂。诺斯强调了制度与组织之间的交互作用对制度变迁的影响，无疑具有经典意义，但却忽视了作为组织发动机的企业家的能动性和能动力量。

3. 阿尔钦和德姆塞茨的企业家理论

阿尔钦和德姆塞茨（A. A. Alchian & H. Demsetz, 1972）[20]将研究视角从外部市场又转移到企业内部结构，并赋予了企业家"监督者"的角色。他们认为，企业实质上是一种团队生产方式，每个成员的边际贡献不可能精确地分离与预测，为了克服由此而产生的"搭便车"问题，就必须让部分成员专门从事监督其他成员的工作。为了保证其监督的积极性，剩余索取权必须交于监督者，为了使监督有效率，监督者还必须掌握修改合约条款及指挥其他成员的权利，否则他就不能有效地履行他的职能。另外，监督者还必须是团队固定投入的所有者，因为由非所有者的监督者监督投入品的使用成本过高。

阿尔钦和德姆塞茨的企业家理论，有力地解释了古典企业中的不对称的合约安排，但把企业家的功能仅归结为"监督"，就大大忽视了企业家的经营决策等其他的更重要职能，似有以偏赅全之嫌。

4. 舒尔茨的企业家理论

舒尔茨（1994）[21]运用其创立的人力资本理论分析企业家的有关问题。他认为，基于企业家异质性人力资本，企业家能对经济条件的变化做出反应，发现潜在的利润，并能打破常规，重新配置可利用的资源，使经济恢复均衡。因此在整体和抽象意义上说，企业家扮演着经济从非均衡到均衡恢复过程的关键角色。由于企业家恢复经济均衡的职能，是在整体和抽象意义上说的，而对于单个经济主体而言，却难以在很长时间跨度内始终表现出企业家的行为和作用，因此，舒尔茨认为企业家不是一个固定的职业。这种界定就离经营者更远。但舒尔茨在肯定企业家部分能力来自天生外，更强调企业家能力可以通过后天的教育、经验积累、保健等人力资本投资获得,这无疑丰富了企业家研究的内容,而且对研究经营者也同样适用。

(四) 企业家理论的发展

在新制度经济学发展的同时或之后,还有许多经济学家对企业家进行了研究,他们采取了更多样的方法,在不同经济学流派、不同学科的渗透中,使企业家理论得到了更为全面的发展。

1. 莱宾斯坦的企业家理论

美国经济学家莱宾斯坦(H. leibenstein, 1968)[22]在引入"X低效率"概念的基础上,把企业家定为"克服组织中的X低效率"的角色。他抨击了新古典厂商理论,重新审视了企业内决策制定过程。在决策的制定中引入了个人的心理和生理活动。并认为决策的制定可能依靠习惯、常规、道德规范、模仿或惯性,这常常具有非最大化的性质。而信息的不完备和惰性就会产生相对于资源配置的帕累托效率而言的非配置性低效率,即X低效率。他在其《企业家精神和发展》一文中认为,企业家就是避免别人或他们所属的组织易于出现的低效率从而取得成功的人。

莱宾斯坦的理论因具有独特的视角和分析方法而独树一帜,但同时他却将企业家、资本家和创新者等混为一体,从而难以和其他企业理论进行交流。

2. 卡森的企业家理论

英国经济学家卡森(Casson)[23]在引入"企业家判断"这一新概念的基础上,把企业家界定为"判断性决策者"的角色。他对各种企业家观点进行了综合,试图寻找一条贯穿企业家研究的主线。在其《企业家:一个经济理论》中他将企业家定义为"就稀缺资源的协调作出判断性决策的人。"判断性决策的本质在于,在决策中不可能采用一条明显是正确的、而且只使用公开可获信息的规则。其精髓在于决策的结果取决于由谁来作出这一决策。

卡森还借鉴心理学、社会学等其他社会科学对企业家行为的认识，强调文化与个性因素对激发企业家行为的重要性，在企业家行为分析的基础上，卡森以企业家的决策是理性的为前提，保留了新古典主义的最大化和均衡分析方法，得出了企业家市场供求均衡模型，具有一定启迪意义。但他显然忽视了企业家人力资本的开发对企业家供求的影响。

3. 张维迎的企业家理论

张维迎在《企业的企业家——契约理论》中，按照资本雇用劳动的逻辑，剖析了古典企业中经营者—企业家—资本家合三为一的现象，建立了企业家的一般均衡模型，把经营能力、个人财富和风险厌恶作为三个变量函数，说明了均衡状态下企业家、工人、管理者和资本家的特征，认为显示企业家才能又同时拥有足够资本的人才能够被认为是合格的企业家。他假设不同个人的经营能力至少部分的是天赋的，无法全靠后天培育，因此，一开始就是水平不一的。正是个人间经营能力的这种差别，为人们相互合作建立企业创造了机会。企业家的重要性来源于企业面临的不确定性。资本雇佣劳动是一种保证具有真正才能的人被选做企业家的方法。把剩余索取权授予经营者可能会给企业以至每个企业成员带来更小的福利损失。

张维迎在将企业家界定为"从事经营管理并取得经营收入的人格代表。这样定义的企业家是作为一个责权利的统一体而存在的。"在私人企业里，所有者自负盈亏，自己经营，它无疑是一个完整的企业家；而在股份制企业中，所有者承担盈亏，聘请经营者负责经营，企业家职能被分解了。因此，他主张"从私人企业向股份企业的转化与其说是所有权与经营权的分离，不如说是企业家职能的分解"。这种敢于挑战传统经典理论的勇气令人钦佩，而且，企业家职能分解的思想，也确实比所有权与经营权分离的描述更深刻、更具说服力与现实解释力。

表1 各种企业家理论

代表人物	企业家的含义	企业家的能力
萨伊	生产协调者	生产协调指挥能力
马歇尔	多重角色	多方面能力
熊彼特	创新者	创新能力
柯兹纳	中间商	洞察力
奈特	不确定性决策者	选择、决策能力
科斯	交易成本节约者	指挥能力
阿尔钦、德姆赛茨	监督者	修改合约与指挥能力
舒尔茨	高级人力资本所有者	发现潜在利润等能力
莱宾斯坦	克服组织X低效率者	组织整合资源能力
卡森	决策性判断者	判断性决策能力

二、人力资本理论

(一) 人力资本理论的基本内容

人力资本理论是一个崭新的理论。说它崭新是因为人力资本理论的系统发展和广泛应用,不过是20世纪60年代之后的事;但是有关人力资本的思想却源远流长。"人力资本"的思想肇端于17世纪70年代英国古典政治经济学家威廉·配第,其后,著名的古典政治经济学家亚当·斯密明确提出了人力资本的概念,但是,由于物质资本是当时生产中的决定性因素,人力资本在很长时期并未引起人们足够的重视。1935年,美国经济学家沃尔什(Walsh)在其《人力资本观》一书中,通过对历史上多位经济学家有关人与固定资本的研究之后,大胆地提出:自己的研究结论可以归纳为所有的人都是资本。而且认为在培养和培训中的所有费用都可以作为他们的成本。(B. F. Kiker, 1966)[24]这一思想成为后来舒尔茨提出总括性资本的重要基础。直到20世纪知识经济时代的到来，人的智力逐渐成为生产中起主导作用的因素，人力资本的重要性才得到前所未有的彰显。1960年，美国著名经济学家、被誉为"人力资本之父"的西奥多·舒尔茨在美国经济年会上发表了题为《论人力资本投资》的著名演讲，轰动了西方经济学界，并宣布人力资本理论的诞生。

人力资本理论的开创者和代表人物主要有舒尔茨和贝克尔，可以说前者完成了对人力资本理论的宏观构建，而后者则完成了对人力资本理论的微观分析，他们两人也都因为对人力资本理论的开拓性研究而分获1979年和1992年的诺贝尔经济学奖，这一事实充分说明人力资本理论作为经济学的重要分支的地位得到确认和强化。此外一个重要人物是雅各布·明赛尔。自人力资本理论诞生后，逐渐发展成为现代经济学的重要内容。归纳起来，人力资本理论主要包括三个重要领域：人力资本增长论、人力资本分配论和人力资本产权论。

1. 人力资本增长论

舒尔茨原本是一位农业经济学家，他是从探索经济增长和社会财富的积累开始而逐步走上人力资本研究道路的。舒尔茨研究的主要特点是他没有孤立地去研究农业经济，而是将农业经济作为经济体的一部分。在研究战后农业发展问题时，舒尔茨发现传统古典经济学单纯从自然资源、土地和资金的角度出发，已经不能解释生产力提高的全部原因，一定有一个重要的生产要素被忽略了，这个要素就是人力资本。

舒尔茨首先批判了传统经济学关于资本同质性的假定，主张引入"总括性资本"（general capital）即一般广义资本的概念并使其同时包括物质资本和具有广泛异质性、不同形态的人力资本。通过概括，给人力资本做出了经典性的界定。即人力资本是体现在人身上的知识、技能、经历、经验和熟练程度等，还将人力资本投资分为医疗保健、在职培训、正式教育、成人教育项目及就业迁移等五项。他还指出人力资本是经济增长和社会进步的主要源泉。人力资本除了具有收益递增的重要特点外,还能改善物质资本的生产效率。贝克尔则通过微观经济分析,使人力资本理论实现了数学化、精细化和一般化。

在两位大师构筑的理论框架基础上,不少学者又做出了新的贡献。阿罗(Arrow)于1962年提出了"干中学"的经济增长模型。主张人们通过生产过程中的交往,致使与技术的渗透,提高了人力资本水平,促进了经济增长。20世纪80年代以来,美国经济学家罗默(Paul Romer)、卢卡斯(Robert Lucas)以及英国经济学家斯科特(M. Scott)发表了一系列研究成果,主张将人力资本因素作为一个独立变量引入经济增长模型,来解释经济增长。形成了目前流行于西方国家的"新经济增长理论",将人力资本理论推向了新的阶段。

人力资本增长论的许多观点和思想,构成了人力资本理论的基本内核。

2. 人力资本分配论

对人力资本分配论做出突出贡献的是明赛尔。他于1957年完成了题为《个人收入分配研究》的博士论文。首次将人力资本投资与收入分配联系起来,并给出了完整的人力资本收益模型。威利斯(Willis. R. J.)于1978年提出了个人收益结构理论,使人力资本分配论得以深化和发展。正是由于人力资本分配论的影响,人力资本参与企业收益分配已经成为各国企业界流行的企业收益分配方式。由于剩余索取权属于分配范畴,也是实现产权的必要方式,因此人力资本分配论对于研究企业经营者人力资本产权也具有支持和启发作用。

3. 人力资本产权论

人力资本产权论主要内容包括人力资本产权的定义,人力资本的产权特征,人力资本与非人力资本的契约关系等。

舒尔茨(1968)[25]在创立人力资本理论时,意识到了人力资本产权关系的存在,并在1968年发表的《制度与人的经济价值的不断提高》一文中概括阐述了自己的思想。他指出:"人的经济价值的提高产生了对制度的新的需求,一些政治和法律制度就是用来满足这些需求的。他们是为适应新的需求所进行的滞后调整,而这些滞后正是一些重大的社会问题的关键所在,经济理论是阐明和解决这些问题的一个必要的工具。"在回顾已有的经济理论的基础上,他还指出"在李嘉图和马克思做出贡献的时期的那些支配土地和其他形式的物质资本的所有权制度,已远不适合于进行巨额资本投资的当代社会了。经济学可能是由于费雪的无所不包的资本概念与康芒斯对这一资本概念所赋予的法律依据的密切结合而被神圣化了。"另外还强调"产权的法律安排仍是一个很重要的制度"。上述表述,我们认为至少可以归结为两点:一是应关注人力资本产权问题;二是应从经济和法律这两个方面关注人力资本产权问题。舒尔茨的思想给我们深刻的启迪,也为后来的研究指明了方向,可谓高屋建瓴。

在经济学领域,第一次把人力资本理论应用于企业内部产权研究的学者是施斯蒂格勒和弗里德曼。针对著名的伯利·米恩斯假说,[26]即两位著名公司理论学者描述的"控制权和所有权的分离"的说法,施斯蒂格勒和弗里德曼(Stigle. G. & C. Friedman, 1967)[27]主张,大企业的股东拥有对自己财务资本的完全产权和控制权,他们通过股票的买卖行使其产权,而经理拥有对自己管理知识的完全产权和支配权,他们在高级劳务市场上买卖自己的知识和能力。因此股份公司不是所有权与控制权的分离,而是财务资本和经理知识这两种资本及其所有权之间的复杂合约。在国外,人力资本产权论主要是围绕着谁拥有企业所有权的问题展开的。企业所有权包括剩余索取权与剩余控制权。通常认为剩余索取权依赖于剩余控制权。剩余索取权与剩余控制权高度互补,把它们配置给同一个人才是合理的。概括而言,围绕着谁拥有企业所有权的问题有两种相互对立的代表性观点:一种观点主张企业所有权应当属于物质资本所有者。可以称之为企业所有权的一元论,西方产权学派的大多数经济学家都或明或暗地持这一观点或者以此作为立论出发点,虽然他们的依据不尽相同。另一种观点则主张企业所有权应该由多方分享，可以称之为企业所有权的多元论。

近年来，人力资本产权论又有新的发展。Darious Palia 和 Frank Lichtenberg（1999）[28]从实证的角度分析了企业经理人资本所有者拥有企业所有权与企业经营绩效的关系，指出经理所有权比重的变化将大大改变公司绩效并进而影响企业的市场价值，从而探讨了企业家人力资本产权的重要性。Gerrod 探讨了环境变化对企业治理结构的影响，Lemma 和 Senbet 较为系统地研究了企业治理结构中的各方权利问题。

4. 人力资本产权理论在我国的发展

尽管人力资本理论的出现被视为西方经济学界20世纪经济理论的重大发现甚至是经济史上的革命，但同时我们不难发现，他们对于人力资本的研究一直都局限于比较宏观的层面上。对于企业这样一个微观层面的考虑却不够充分。而面对当代经济发展中人力资本作用的不断凸显，企业的人力资本产权将如何界定？与此有关的企业所有权安排又将作何反应和调整？如何实现人力资本产权？所有这些问题，西方人力资本理论并没有给出现成的、令人满意的答案。而这恰恰是现实经济生活中一个亟待解决又极其重要的问题。

在西方人力资本理论研究成果的基础上，国内学术界在积极引进和传播的同时也结合国内的现实进行了有益的探索。由于人力资本理论引入正好与我国的体制转型和国企改革的时代相契合，在传统的计划经济体制下，所有的人都是社会人或公共人，人力资本由国家投资形成，自然也属于国家所有。而改革开放逐步打破了人力资本统一由国家负责的原有模式，呈现出人力资本多元投资的格局并逐步向以个人投资为主的方向发展，尤其是高层次的人力资本投资。这种情况下，人力资本产权必须重新定位，国内人力资本产权理论的研究自然成为一个持续的研究热点，而且成了人力资本理论研究的主战场。取得了显著成果，下面阐述的就是其几个主要方面。

(二) 对人力资本内涵的探讨

研究和运用人力资本理论分析问题时,首先一个起点是如何理解人力资本的内涵。另外,随着人力资本理论的兴起和广泛传播,"人力资本"已经成为普遍使用的经济学术语和日常用语。现实中人力资本的外延被无限扩展,已经出现了人力资本概念被滥用的局面。要克服这种问题,也需要对人力资本的内涵加以限定。(汪丁丁,2001)[29]关于人力资本内涵,国内学术界概括起来主要有以下六种观点:

第一种观点是沿着舒尔茨的思路从人力资本的内容定义人力资本。舒尔茨(1990)① 认为人力资本是体现在人身上的知识、技能、经历、经验和熟练程度等。有学者认为,人力资本具有不同的生产力形态,提出了同质性人力资本和异质性人力资本的概念。前者指在特定历史阶段具有边际报酬递减生产力形态的人力资本。后者指在特定历史阶段边际报酬递增的人力资本。(丁栋虹,1999,2004)[30]

第二种观点是沿着贝克尔的思路从人力资本形成的角度定义人力资本。贝克尔(Becker)② 主张"人力资本是通过人力投资形成的资本","用于增加人的资源、影响未来的货币和投资能力的投资为人力资本投资。"因此,国内一些学者主张人力资本是指人们花费在人力保健、教育、培训等方面的开支所形成的资本。(李元宝,2002,2007)[31]有的学者从外生与内生两个角度提出了人力资本的概念,并主张,从外生的角度看,人力资本是投资的产物,同时从内生的角度看,它又是劳动力在一定条件下转化而来的。因此可将人力资本界定为"在知识、技术、信息

---

① 舒尔茨是人力资本理论的创始人,代表成果是《人力资本投资》(中文版),商务印书馆1990年版。

② 贝克尔成果甚丰,代表作是《人力资本》(中文版),北京大学出版社1987年版。

与能力同劳动力分离成为独立的商品,且在市场交换中起主导作用的条件下的高级劳动力,它主要由知识、技术与信息组成"[32]。同时也有些学者认为人力资本概念中无须包含其获取途径的内容。(李友根,2004)[33]

第三种观点是从人力与资本两方面结合的角度定义人力资本。《新帕尔格雷夫经济学大辞典》中这样表述:"作为现在和未来产出与收入流的源泉,资本是一个具有价值的存量。人力资本是体现在人身上的技能和生产知识的存量"[34],因此,国内有些学者认为人力资本是依附于人身上,具有可投资性和增值性的价值存量。

第四种观点是从人力资本与人力资源两者关系的角度定义人力资本。如有的学者认为,人力资源与人力资本是"一体两面"的关系。(郑仁伟,2007)[35]有的学者认为"按照经济学的理论,人力资本是人力资源的资本化",我们应当把人力资源观转为人力资本观。(刘福垣,2008)[36]

第五种观点是从个人和群体角度定义人力资本。如有的学者从组织粘性的视角第一次提出了共有人力资本这一概念,并将人力资本划分为个体人力资本和社会人力资本。他沿着科斯的思路,把企业理解为一种人力资本使用权交易的粘性组织。指出当且仅当代理人同时进行专业化和专用化的双重人力资本投资时,代理人才能与企业粘在一起,企业对于代理人而言才有组织粘性。(聂辉华,2003)[37]

第六种观点是从产权的角度定义人力资本。如国内有些学者主张,"人力资本是指产权主体为实现效用最大化,通过有意识的投资活动而获得的,凝结在人身上的知识、技术、信息、健康、思想文化、意志品德、团队协作力和社会合作力、道德、信誉和社会关系的总和"。(张同全,2003)[38]40 钟庆才(2004)[39]认为"人力资本是指人力资本产权主体通过投入一定费用可以获得的并能够实现价值增值的,为实现效用最大化,并依附于产权主体身上的价值存量的总和,并以此分享收益的价值。"

（三）对人力资本产权含义的争论

人力资本产权是"人力资本"与"产权"两个概念的复合体。如前所述，目前不仅对"人力资本"的含义缺乏统一的认识，"产权"也是一个非常不确定的概念，尽管这种不确定性来源于现实生活中产权的存在及其运动的复杂性，但它却不仅导致研究上的深刻分歧，而且表明产权问题在经济学和法学研究上的不成熟性。

目前，国内对于人力资本产权含义的理解并不统一，代表性的论述主要有以下几种：

第一种是从企业产权的角度来理解。如有的学者认为人力资本产权是人力资本所有者能否拥有企业所有权，即企业控制权和剩余索取权。（张维迎，1996）[40]

第二种是把人力资本产权解释为人力资本所有权。如有的学者认为人力资本产权是存在于人体之内，具有经济价值的知识、技能乃至健康水平等的所有权。（李建民，1999）[41]

第三种是将人力资本与其人力资本产权等同起来。如有的学者认为"资本，严格来说是一项产权，是投资者获取利润收入以及为确保利润收入而拥有的权利"。（刘小蜡，李鸣，1998）[42]

第四种是从经济与法律的角度定义。如有的学者认为，在人力资本的生产、积累和使用中，交易主体之间会形成和不断发生相认可或强制实施的各种关系——既有经济性又有法权性的权利和义务关系，这种关系就是人力资本产权。（王建民，2001）[43]

第五种是从产权的可交易性定义。如有的学者将其理解为市场交易过程中人力资本所有权及其派生的使用权、支配权和收益权等一系列权利的总称，是制约人们行使这些权利的规则，本质上是人们的社会经济关系的反映。（黄乾，2000）[44]

（四）人力资本产权与最优企业所有权安排

人力资本产权与企业最优所有权安排的关系是人力资本产权

理论最为核心的内容,在人力资本产权与企业最优所有权安排关系的问题上,20世纪90年代,以《经济研究》为主要平台,我国经济理论界展开了一场高层次的、影响深远的学术争论。主要形成三种代表性观点。

1. 人力资本与非人力资本共享企业所有权

周其仁(1996)[45]从企业的合约性质和人力资本与其所有者不可分离的特性的角度研究企业的最优所有权安排。一方面他认为企业合约的一个特性是,在事前没有或不能完全规定各参与要素及其所有者的权利与义务,而总要把一部分留在契约的执行过程中加以规定。企业合约的这个特别之处,来源于企业组织包含着对人力资本的利用。市场里的企业是一个人力资本与非人力资本的特别合约。另一方面,人力资本具有与其所有者不可分离的特性,即使奴隶主也不能无视努力的积极性,因而企业的逻辑不应是"资本雇佣劳动",应尊重人力资本所有者的产权要求,企业所有权的最优安排应当是"人力资本与非人力资本分享企业所有权"。杨瑞龙和周业安(1997)[46]从产权的内涵和产权行使的受限制性及人的有限理性论证了企业契约主体多元化,人力资本是企业契约的主体之一,从而可能但并不必然是企业所有权主体,这种可能性要转化为现实,必须需要加强人力资本的谈判力。

2. "资本雇佣劳动"的观点

张维迎(1996)[40]主张剩余索取权与控制权的对应是最优企业所有权安排。然后提出,由于非人力资本与其所有者的可分离性意味着非人力资本具有抵押功能,人力资本与其所有者的可分离性意味着非人力资本具有抵押功能,而人力资本与其所有者的不可分离性意味着人力资本不具有抵押功能。人力资本与其所有者的不可分离性意味着人力资本所有者容易偷懒,而非人力资本与其所有者的可分离性意味着非人力资本容易受到虐待。进而得出"资本雇佣劳动"的观点。

3. "劳动雇佣资本"的观点

方竹兰（1997）[47]认为，非人力资本社会表现形式的多样化和市场化趋势，大大减少了非人力资本作为实物型投资时的抵押的性质，使非人力资本所有者进出企业的自由度大大增加，同时非人力资本社会表现形式的证券化趋势，使非人力资本所有者与企业的关系逐步弱化和间接化，从而非人力资本所有者日益成为企业风险的逃避者。而与此同时，随着社会生产力的发展，人力资本专用性加强成为人力资本所有者进入和退出企业的客观性制约，人力资本群体性形成的有形财产和无形财产也构成了人力资本所有者退出企业的障碍，这使人力资本所有者具有一种退出企业的惰性，以及承担企业经营风险的自觉性和主动性，而且人力资本所有者是企业财富的真正创造者，因此从人力资本是企业风险的真正承担者和企业财富的真正创造者看，人力资本雇佣资本是企业制度发展的必然趋势。

与人力资本参与企业所有权安排相关的是公司法人治理结构应作相应调整的观点。魏杰（2003）[48]同样强调了人力资本的重要性，指出技术创新者和职业经理人这两种人力资本构成企业核心竞争力。所以现代生产力的发展，已使公司法人治理结构从界定所有者与经营者的关系转向界定人力资本与货币资本的关系。具体来讲，就是公司的权力中心进一步从董事会向经理转移，CEO大量出现，独立董事的作用日渐加强。

三、简要评论

（一）对企业家理论的评论

通过上述企业家理论的回顾，不同时代，不同的经济学家对企业家的角色和定义作了不同的概括。萨伊赋予了企业家生产协调者的角色，马歇尔赋予了企业家多重角色，熊彼特赋予了企业家创新者的角色，柯兹纳赋予了企业家中间商的角色，奈特赋予了企业家不确定性决策者的角色,科斯赋予了企业家交易成本节约者的角色,阿尔钦和德姆塞茨赋予了企业家监督者的角色,舒尔茨认为企业家是高级人力资本所有者,莱宾斯坦赋予了企业家克服组织 X 低效率的角色,卡森赋予了企业家判断性决策者的角色。上述表述各有特色,为认识企业家的内涵提供了宝贵和丰富的资料。但是本书认为他们存在两点不足:

一是除了舒尔茨的界定之外,都是从企业家的角色和职能来认识企业家的地位,尽管都抓住了企业家的某些方面的本质的因素,但有失具体,难以相互包容,形成统一的认识,不利于进一步深入研究。

二是企业家概念过于抽象,固然这一概念已得到广泛应用,并具有不可否认的解释价值,但它难以直接与法学术语沟通更无法作为法律术语使用,来规定其权利与义务。在经济学与法学之间缺乏通约性。因此,应当在便于经济学与法学沟通的基础上寻找使用其他概念。

(二) 对人力资本理论的评论

1. 人力资本产权理论的的理论贡献与面临的批评

人力资本产权理论的理论贡献是多方面的,就其要者而言主要有以下几方面:

首先,人力资本产权理论使人在物质生产中的作用得到充分表现,并使人力资本的产权性质逐步得到承认,从而使企业理论及其他一些相关理论得到划时代的发展。

其次,人力资本产权理论以资本异质性和总括性资本概念为认识起点,不但使人认识到人力资本也是资本,而且是更重要的资本,从而使人们的认识从物质世界又回到人本身,开阔了理论视野,加强了理论深度。

再次,人力资本理论作为一种新的理论体系或研究范式,开辟了当代经济研究的新领域,给经济研究注入了新的活力。马克·布劳(M. Blaug, 1997)[49]则认为所谓人力资本"理论"不能被归为一种单一的理论，它实际上是一种新的研究范式。人力资本理论作为一种新的理论体系或研究范式为经济学研究带来了全新的观念，还带来了资本理论、增长理论、收入分配理论的革命性变化。

最后，人力资本理论作为一种新范式，被推广应用于各个应用学科和研究领域。使其已成为"经济学中经验应用最多的理论之一"。

人力资本理论从诞生之日起，在得到各方面广泛认同的同时，也受到来自各方面的批评和挑战。

首先是来自道德方面的批评。以联合国开发计划署1994年《人类发展报告》为代表的观点认为"把一个生命的价值只限于生产利润——人力资本方法——具有明显的危险。"进而认为，把人视为资本，把人与物等同，很容易导致贬低人的价值的思想和做法，而且研究的理论视角是狭隘的，应当补充超越。

其次，对人力资本如何计量的批评。如企业家人力资本就难得到准确计量。

再次，抽象分析的方法使其带有某种片面性。因为单纯的人力资本投入不可能成为单独的生产能力，还必须与非人力资本结合起来，才能对生产活动产生影响。因此，把人力资本与非人力资本及其作用抽象地从这个"集体产品"中分离出来，难免夸大或缩小一些因素的作用。

这些批评和挑战将成为人力资本理论今后努力完善的方向，也是本书应努力克服的问题。

2. 国内人力资本产权理论研究的问题与缺陷

人力资本理论兴起于西方世界，其在人力资本增长论和人力资本分配论等方面的成果，已经充分肯定了人力资本在经济发展中的积极作用。但其人力资本产权理论发展得却不够成熟和充分。"没赋予人力资本的产权地位，从而使人力资本理论得不到根本性的发展。"（肖兴政，彭礼坤，2006）[50] 中国经济转型和国企改革，为人力资本产权理论提供了理想的试验场，也为中国经济学家提供了创造和发展新理论的天赐良机。他们肯定了人力资本的产权性,丰富了人力资本的内涵,揭示了人力资本的产权特性,特别是为人力资本产权与企业所有权安排进行了开创性研究。使人力资本的研究呈现出方兴未艾的局面,使人力资本的研究达到了新的高度和深度。

但是毕竟我国人力资本产权理论的研究历史很短,目前还存在以下问题:

首先,由于受传统经济学个体主义研究方法的影响,人力资本理论更关注个体人力资本的研究,这至少与企业的契约性质是不一致的,特别是研究经营者人力资本,如果只关注经营者个人,就与其企业资源组织者的身份相矛盾。因此,应加强对团体和社会人力资本的研究。

其次,国内的研究更多地集中于人力资本分享企业分配权,很少将它与人力资本分享企业控制权结合研究,因此从产权的角度说研究视野还不够宽阔和全面。

再次,人力资本产权,本来是个法学和经济学共同研究的问题,但现在却因方法论上的局限,被分隔在两个不同领域,缺少学科交叉的法经济学研究。

最后,对马克思劳动力产权理论的学习、研究和吸收不够,整个思想方法、理论框架都难以摆脱传统资本理论的束缚。

研究人力资本产权理论,中国的学者不能不想起马克思的劳动力产权理论。国内有的学者黄乾、钟庆才、张同全等都对马克思的劳动力产权理论作了系统梳理①,将其主要内容归纳为四部分:劳动力产权的性质,劳动力产权形式与权能结构,资本主义社会的劳动力产权,社会主义社会劳动力产权的双重性。我们认为,马克思理论在以下方面对我们研究人力资本具有指导意义:首先是方法论方面,关于商品和劳动的社会属性与自然属性划分的方法,关于两点论与重点论的哲学观点,关于经济基础与上层

---

① 黄乾:《论马克思劳动力产权理论》,载《湖南社会科学》2000年第5期。

建筑辩证关系的思想等。其次，对我们研究人力资本产权更有直接指导意义和启发价值的理论，是他的劳动价值论。马克思继承和发展了古典政治经济学关于劳动创造价值的理论，主张一切价值都是劳动创造的，创造性地将资本划分为不变资本与可变资本，科学地证明了剩余价值是由可变资本带来的，剩余价值来源于剩余劳动的结论。形成了科学的劳动价值论，并使之成为其经济理论体系的基石。虽经百年风雨的洗礼，至今依然散发着理论的光芒、有着旺盛的生命力。西方经济学的经济增长理论中，从重视物质资本到重视技术，再到重视人力资本。从中我们看到了一条明晰的向劳动价值论回归的轨迹，也进一步证明了劳动价值论的现实意义。

当然，马克思的劳动价值论作为一个半世纪以前产生的理论，不能不受那个时代的局限。马克思劳动力产权中的劳动力就是劳动能力，是"人的身体即获得人体中存在的、每当人生产某种使用价值时就运用的体力和智力的总和"[①] 可见马克思定义下的劳动力是以体力为核心的概念，而人力资本是以知识和技能为核心的概念，两者强调的中心不同，具有不同的时代特征。

特别是马克思的劳动价值论对"劳动"作了一些"假定"，而这些假定同今天的经济生活已有较大距离。这就需要我们在坚持劳动价值论基本观点时，对其内容要有所发展。这些假定最主要的是两个，即只有生产性劳动创造价值的假定和劳动复杂程度不变的假定。将这两个假定放到现今的时代，前者需要将劳动由狭隘的生产型劳动扩展到管理型和服务型劳动。在劳动复杂程度问题上，马克思本来划分了简单劳动与复杂劳动，并指出"比社会平均劳动较高级较复杂的劳动，是这样一种劳动力的表现，这种劳动力比普通劳动力需要较高的教育费用，它的生产要花费较多的劳动时间，因此它具有较高的价值。既然这种劳动力的价

---

① 《马克思恩格斯全集》（第23卷），人民出版社1972年版，第190页。

值较高，它也就表现为较高级的劳动，也就在同样长的时间内物化为较多的价值。"① 但是在作了这样分析后，马克思说，为了研究上的方便和减少换算上的麻烦在今后的经济分析中不再涉及劳动复杂程度。② 这样，劳动价值论就简化成了简单劳动价值论或不变劳动价值论。这显然不能解释当今时代的现实。今天我们不仅要关注劳动数量，同时更要关注劳动的质量，要承认上述两种劳动之外的第三种劳动即创造型劳动。创造型劳动，包括技术创新和制度创新。技术创新促进了资源的利用范围和利用效率，工程技术创新提高了劳动生产率，也创造了新产品，并为产品结构和产业结构的调整创造了条件，包括制度创新在内的管理技术创新还创造了新岗位，从而促进产品结构和产业结构的调整。如果说在同一时间内，复杂劳动创造的价值是简单劳动的"倍加"，那么创新劳动所创造的价值就是简单劳动的"乘幂"。按照劳动价值论的逻辑，现代社会是上述创造新劳动创造了剩余价值，它从一个侧面支持了人力资本产权理论。所以人力资本产权理论还需要从马克思理论特别是劳动价值论中汲取营养和寻找支持。

3. 关于人力资本的几种界定，分别从人力资本的内容，人力资本的投资来源，人力与资本的结合，人力资本与人力资源的关系，个体性与社会性等不同视角反映人力资本的基本内容，丰富了我们的视野。本书认为主张界定时不应考虑人力资本投资性的观点忽略了经济学自身的逻辑要求，不能苟同。另外从产权的角度界定似乎有些因果颠倒，除此之外，其他观点都有存在价值，但又都不够完整，应当融合提炼。

4. 关于人力资本产权含义的争论。关于人力资本产权的几种定义，第三种观点除了将人力资本产权与人力资本等同起来的观点不足取外，其他几种观点都存在一定道理，也多少存在一定

---

① 马克思：《资本论》（第一卷），人民出版社 1975 年版，第 223 页。
② 马克思：《资本论》（第一卷），人民出版社 1975 年版，第 57-58 页。

缺陷。第一种观点将人力资本产权界定为所有权,虽然很深刻但有失狭窄。第二种观点把人力资本产权界定为企业所有权虽然抓住了问题的实质,具有重要解释价值,但却不适于用来解释概念。第四种观点强调经济与法律两个视角的结合诚然可贵,但将人力资本产权界定为权利义务关系,又不够准确。相比之下第五种观点将人力资本产权界定为包括所有权、使用权、支配权和收益权等的一系列权利的总称,较为合理,但将占有权能解释为所用权能,既不够准确又容易发生误解。

之所以在人力资本产权概念界定上如此混乱,也存在客观原因。一是产权是经济学和法学共同研究的问题,而这两个学科在概念使用时并不统一,如不注意随意引用和转述会造成一定混乱。二是同为法律学科,但大陆法系国家与英美法系国家又存在不同理论和概念体系。这无疑又增加了产权概念的复杂性和使用上的混乱。这是研究产权问题不可回避且应特别注意的。

5. 关于人力资本产权与最优企业所有权安排的问题。上述三种代表性观点,表面看来分歧很大。但如果退一步看,三者也有相通之处。如果从历史的角度来说,资本雇佣劳动是传统企业的逻辑,未来的知识经济社会应当是劳动雇佣资本。它们是企业所有权在不同历史阶段的反映,是人力资本与物质长期博弈的动态过程。针对现代企业,更合理的解释应当是物质资本所有者与人力资本所有者共同分享企业所有权。

四、小 结

本章对企业家理论和人力资本产权理论的研究成果进行了回顾和整理,并对已有的研究成果作了相应的评述。充分肯定了已有成果的理论贡献,并将以此为起点继续进一步的研究。同时也找到了已有研究的方法缺陷以及不足,并将以此作为自己研究的突破口。

通观已有成果，并没有为本书的研究提供现成的分析框架。如何解释企业经营者人力资本产权，以及确立企业经营者人力资本产权制度的理论依据和实现机制，还需要重新构建一个独特的分析框架。

第二章 企业经营者人力资本产权法律制度变迁

诺斯（2004）[51]说过"理解经济变迁的过程是提高经济绩效的重要先决条件"。考察企业经营者人力资本产权的制度变迁也就成了研究企业经营者人力资本产权的重要内容。秉承黑格尔和马克思关于历史与逻辑相统一的思想方法，考察这一过程应从西方国家古典企业时代开始。本章将对西方国家企业经营者人力资本产权的制度变迁、我国企业经营者人力资本产权的制度变迁，我国传统国有企业的特征与存在的问题进行全面考察。

一、西方国家企业经营者人力资本产权法律制度变迁

（一）古典企业时代

古典企业时代是自企业产生到资本主义自由竞争时期相当长的一个历史阶段，这一时代的企业形态主要是业主制企业和合伙制企业，即法律规定的个人独资企业与合伙企业，以业主制企业为代表。业主制企业是企业所有权和控制权同为一个人的企业形式。它是有史以来最古老、最原始的企业形态，这种个别劳动和分散经营的企业形式是适应简单商品经济的社会条件而产生的。有的经济学家将业主制企业的典型产权特征概括为三点：第一，产权主体是单一的，企业所有权只属于一个人。从法律角度来说，企业的主体还没有脱离个人，承担企业民事责任的仍然是自

然人。第二,企业的控制决策权都属于企业主个人。第三,所有者——管理者即企业主承担起决策的全部后果,一方面享有全部的剩余索取权,另一方面要对企业债务承担无限责任。

因此,业主制企业的产权结构呈现明显的诸权合一的集权特征。这在当时市场范围不大、个人财富有限、企业规模较小的条件下是一种富有效率的选择。

业主制企业的集权产权结构,也说明它不存在单一身份的、职业化的企业经营者,故而不存在经理问题。但原始的细胞中已经蕴含着现代的元素。正像张维迎(1999)[52]3所说"在私人企业制度下,所有者自己承担经营风险,自主从事经营管理,经营收入归己所有,所以它无疑是一个完整的企业家。"如图所示:

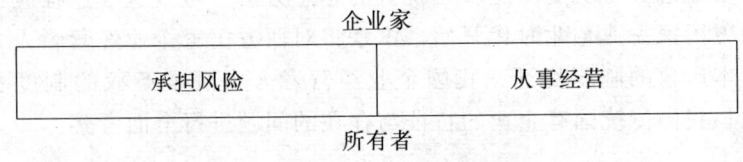

图1 私人企业下企业家职能合一

这说明业主制企业里,不是不存在经营管理事务,也不是没有经营者,只不过不存在单一身份的、职业化的企业经营者。其经营者与资本所有者的角色发生了重合,人力资本所有者与物质资本所有者实际上同为一人。周其仁(1996)[45]非常形象和准确地将此情形描述为"具有企业家才能的人力资本在非人力资本的影子里扮演着关键角色"。

合伙企业是两个或两个以上的人共同投资并分享剩余、共同监督和管理的企业形式。由于合伙企业在法律上并没有脱离个人的主体局限而成为具有独立人格和永续生命的法人组织,所以,上述对业主制企业所作的分析也适用于合伙制企业。所不同的是,通过增加合伙人,合伙制企业减轻了业主制企业在资本和财务上的约束,获得了某些生产规模上的优势,但同时由于业主制企业两种职能组合的优势有所减弱,合伙人的内部协调成本有所增加。特别是合伙人内部"相互代理"和对外"承担无限连带责任"的两套法律规则，使得合伙人越多，个人风险越大，实践的结果使得合伙企业的规模自然地会限制在一个合理的范围。

在古典企业时代以业主制为代表的企业，内部契约只有双方当事人，一方是占有主导地位的"雇主"，另一方是居于服从地位的"雇员"。雇主是具有物质资本所有者和企业家人力资本所有者双重身份的"资本家"，雇员则是一般的劳动者或者说是一般人力资本的所有者。企业运行的逻辑是所谓"资本雇佣劳动"。古典企业中各主体与企业产权的关系表示，即

表1　古典企业制度安排的内部产权特征

	物质资本所有者	人力资本所有者	一般劳动者
享有企业所有权	独享	未独立	
不享有企业所有权			是

上述两种主体，分工协作共同创造了企业剩余。但是一般的劳动者获得的是作为固定收入的工资。而联体的资本家获得的是企业利润。在这里企业家人力资本参与了企业产权分配。只不过它在物质资本的影子里，企业家人力资本的作用被遮蔽、忽视和误解了。我们认为，它的后果是相当深远和严重的，致使经济学及相应的制度安排逐渐偏离了人本的轨道，早期的公司制盛行的股东会中心主义就是其典型表现。

（二）近代企业时代

伴随着生产力的快速发展，物质财富的不断积累，物质资本供给的增加和生产组织管理的日趋复杂，传统的业主制和合伙制企业已经难以承担主型企业组织的角色，于是适应近代需要的公司制企业应运而生，并且逐步成为主导型企业形式。法国1673年颁布《商事条例》对公司进行了规范，开创了公司立法的先河，被学者们公认为是世界上最早的公司立法。该条例规定了公

司的组织形式有普通公司和两合公司两种。后来各国立法又逐渐确认了一些新的公司组织形式。

早在16世纪初,西欧各国为了争夺海外财富和市场,就成立了最早的一批由政府特许设立、具有海外某些地区贸易垄断特权的"特许公司"。直到19世纪30-40年代,股份公司制度得以在英美两国确立,企业发展史从此步入股份公司时代。(谈萧,2005)[53]股份公司是一项伟大的制度创新,正如马克思在资本论中高度评价的"假如必须等待某个单个资本增长到能够修建铁路的程度,那么恐怕直到今天世界上还没有铁路。但是,集中通过股份公司瞬间就把这件事完成了"。西方法学界通常认为,现代公司制度是由三项原则支撑的,即法人资格自由取得原则、合股原则和有限责任原则。这三项原则自然地、密不可分地结合在一起,形成并确立了现代公司制度。正是这三原则的结合才孕育成了现代公司。可以将公开公司的特征概括为四项:(1)股东的股权可以自由转让;(2)股东只对公司承担有限责任;(3)公司具有法人地位,可以作为独立于股东的实体起诉和应诉;(4)经营控制权高度集中。

本书认为,公司制度之所以是一项伟大的制度创新,是因为这一制度的设计实现了高度的辩证统一。具体来讲,一是它实现了公司无限责任与股东有限责任的辩证统一,合理处理了公司的内外关系,既鼓励了股东大胆出资,又兼顾了交易安全。二是它实现了股东多元化与公司人格一元化的辩证统一,实现了决策民主和行动一致,提高了企业的决策水平和经营效率。三是实现了股东流动与资本稳定的辩证统一,确保了公司的永续性。四是实现了物质资本与包括经营者人力资本在内的人力资本的辩证统一。实现了两种资本在企业内部的合作。

正是由于上述原理,公司制度适应了现代社会大规模生产的需要,克服了业主制和合伙制企业在筹集资本、利用人才和承担责任方面的局限。当然同时由于对人力资本的重视不够也带来了越来越严重的经理问题。难怪亚当·斯密早就高屋建瓴地关注这一问题,并直截了当地说"在钱财处理上,股份公司的董事为他人尽力,而私人合伙的成员,则纯是为自己打算。所以,要想股份公司的董事们监视钱财用处,像私人合伙成员那样用意周到,那是很难做到的。"

根据张维迎(1999)[52]4的分析,在股份制下,企业家职能分解了,无论是股东,还是职业经理人,单独来看,他们都不是完整意义上的企业家。因此,"我们认为,从私人企业向股份企业的转化,与其说是所有权与经营权的分离,不如说是企业家职能的分解"。如图所示:

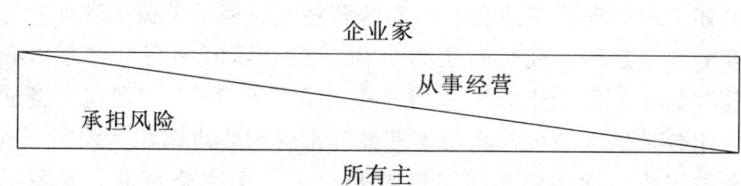

图2 股份企业下企业家职能分解

本书认为这种股份制企业企业家职能的分解的过程具有深远的历史意义和理论价值。它为经营者人力资本的实现提供了基本的制度保障和外在基础。在近代公司中,尽管企业经营者的力量还很弱小,立法还笼罩在股东会中心主义背景下,经理还只是董事会下设置的一个依附于股东会和董事会的辅助性机构。但作为一种独立于物质资本之外的人力资本的人格化代表它毕竟诞生了。这是一个新的具有重大意义的开端。从此企业将获得新的含义。

近代企业制度安排偏离了人本主义的轨道,企业各主要主体享有企业产权的关系表示,即

表2 近代企业制度安排的内部产权特征

	物质资本所有者	经营性人力资本所有者	一般人力资本所有者
享有企业所有权	是		
不享有企业所有权		是	是

(三) 现代工商企业时代

现代工商企业时代的企业制度是在近代公司制基础上发展和演化而来的，尽管其企业形态仍然是公司，但其内部结构无论在经济意义上还是在法律意义上已经发生了不容忽视的实质性变化，表现在立法上公司法已经由传统以股东会为中心发展为以董事会为中心。研究美国现代工商企业时代企业制度变迁的一位代表人物是美国经济学家小艾尔弗雷德·D.钱德勒（2001）[54]3。他在其名著《看得见的手——美国企业的管理革命》中，权威地论述了美国现代工商企业的起源和特点，揭示了美国现代企业制度的变迁过程。钱德勒认为"由一组支薪的中高层经理人员所管理的多单位企业即可适当地称为现代企业"，"现代工商企业雇用各种层次的中、高层支薪经理来管理并协调在其控制下的各单位工作。这些中、高层经理乃形成一个完全新的企业家阶层。"钱德勒阐明了现代工商企业的两个特点：它包含许多不同的营业单位，且由各层级支薪的经理人员所管理。

与其他学者一般地、笼统地认为股份公司是现代工商业的标志不同，钱德勒旗帜鲜明地提出，1840年以前，现代工商企业一直未能出现，直到有了一个支薪的经理阶层。支薪的经理阶层才是现代工商企业产生的标志。"其重要性及革命性实不亚于500年前随着商业资本主义的兴起而带来的革命"。因为支薪的经理阶层的出现还仅仅是一种表层现象，在其背后更具有深层价值的是，在企业内部实现所有权与经营权的分离，支薪的职业经理逐渐取代原来的企业主控制企业的管理权，导致企业所谓的"产权革命"。（汪建丰，2005）[55]

美国的第一个现代工商企业是铁路公司。在19世纪后期20世纪初期美国"企业的管理革命"中，铁路企业的管理创新具有非常重要的地位和相当重大而深远的影响：无论是企业内部管理层级制的构建和支薪职业经理的形成，还是企业内部所有权和经营权的分离及其管理权从企业主向支薪职业经理的转移，铁路企业作为先行者都起到了明显的示范作用,启动了美国整个企业的管理革命。

促成19世纪50年代美国铁路企业管理创新的原因是多方面的,其中既有资金和规模方面的因素,又有运营和管理技术要求的因素,还有偶然的因素等。首先是资金和规模方面因素。因为铁路公司实际上是一种由多单位构成的资金密集型企业,它在固定资产上具有整体性强、种类复杂、配置分散且不易调剂、损耗量大等特点,随着铁路规模的迅速扩展,特别是在19世纪40年代末美国"第一次铁路繁荣"的到来,铁路突破了原先地域的局限,拓展了筹资的来源,在运营里程和企业规模上都有了空前的扩展。这样,众多的股东或其代理人已不可能亲自去经营公司,初建时期铁路公司的管理已显得捉襟见肘。其次,铁路在实际运营中具有速度快、连续性强、地理范围广阔、要保证全天候运营等特点,在经营业务中又包含了众多的活动和环节,它有赖于相当规模的管理组织。它需要雇佣一群经理来监督各种职能工作,以及任命中、高层管理人员来监督、评估和协调负责日常经营活动的经理的工作。这样经营美国铁路的人员就成为第一批支薪的职业经营管理人员,而且产生了美国企业管理上最初的管理分层制。正如威廉姆森(Williamson,1981)[56]所说,公司的产生在很大程度上应归功于通讯和交通技术的发展,它使得公司内部的合作比市场合约更为有效。最后,在19世纪40年代频频发生的美国铁路由于管理失误而造成的严重事故,也成为铁路公司对其内部管理进行创新的直接诱因。1841年10月5日,两列满载旅客的列车在美国马萨诸塞州西部的铁路上相撞,造成一名列车员和一名乘客死亡,另有七人受伤。这起事故在社会上引起很大震动。人们一致认为这起事故的真正原因是铁路运输企业的业主没有能力管理这种现代化企业。批评的矛头直指传统业主制的经营模式和家长式的管理方式。于是在马萨诸塞州议会的推动下,对企业管理制度进行了改革,催生了美国第一家、也是世界第一家全部由支薪经理通过正式管理机构对企业进行管理的新型企业——公司制企业。我们在这里需要说明的是管理分层制尽管刚刚出现，但它意义深远，从人力资本角度来说，它意味着人力资本分层的出现。而经营者人力资本的价值正是在分层的基础上得到迅速提升。

钱德勒（2001）[54]98还写道"由于铁路管理人员需要特殊的技能和训练，也由于管理层级制的存在，使得铁路经理们不同于种植园的监工或纺织厂的代理人，他们把自己的工作视为终身事业。……这种把工作视为终身事业的态度以及工作的专业性，使得铁路经理越来越把自己的工作看成一种专门职业。由于他们对本企业的持续繁荣承担有极其紧密的个人义务（即使他们不承担财政义务），因而他们终于在有关财务政策和用于未来经营的资源的分配方面，几乎拥有和股东或其他代理人一样的发言权。这些对铁路经营影响重大的管理官员们开始掌握他们自己的命运。"起初，他们主要是出身于技术专家，在中层管理或职能管理，即日常运营方面发挥协调作用。高层管理仍由企业主或创始人把持。但随着企业规模扩大、金融资本的加入和股权的进一步分散，职业经理终于更加职业化并大有作为，开始进入高层管理。

对现代工商企业予以研究的另一对代表人物是美国法学家阿道夫·A. 伯利和经济学家加德纳·C. 米恩斯。他们在其被誉为"一本经典性的研究著作"——《现代公司与私有财产》中，通过对1993年美国200家最大公司进行的实证研究，得出了现代大公司的管理权将不可避免地从私人资产所有者转移到具有管理技术的人手里的结论。加尔布雷斯[34]249认为它"作为对传统经济学的一个结论，不容置疑，是与凯恩斯所作的结论媲美的。"伯利与米恩斯的学说后来被经济学界称作"伯利—米恩斯假说"。1941年，美国制度经济学家詹姆斯·伯恩汉（James. Burnham）出版了《经理革命：世界上正在发生什么》一书，对股份公司的两权分离问题作了深入研究，并首次提出了"经理革命"的概念，他认为，由于经理革命的发生，社会的统治阶级已经由过去的资本家变成了现代的企业管理者,社会的性质也产生了巨大的变迁。把"经理阶级"说成是社会上"最有权力的人",既是管理者,又是实际的所有者,这是白恩汉在公司理论方面对伯利与米恩斯观点的进一步发展。(邹进文,2000)[57]它们对传统公司法带来了巨大冲击,作为这一现象的反映,各国公司立法在公司治理制度上逐渐实现了股东大会中心主义向董事会中心主义的转变,将更多的权力下放给董事会甚至经理。"经理革命"虽然并没有改变企业的产权归属问题,没有改变企业的所有者,而只是改变了企业的控制者或经营者。但它的重要意义还是不可低估的。它不仅造就了一支利益相对独立的职业化的经营者阶层,而且造就了这些职业化的经营者得以施展才华的舞台,使得其人力资本价值得以充分展现。

但真理是具有层次的。对于已经出现的经理革命,不同的学者对此可能有不同理解。我们认为所有权与控制权的分离,是以企业家职能的分解为基础的物质资本与企业家人力资本的进一步分解过程。"从本质上看,经理革命是企业内部人力资本与物质资本博弈的产物。"(焦斌龙,2003)[58]123

现代工商企业各主体享有企业产权的关系表示,即

表3 现代企业制度安排的内部产权特征

	物质资本所有者	经营性人力资本所有者	一般人力资本所有者
享有企业所有权	是	是	
不享有企业所有权			是

(四)创新主导企业时代

以信息技术为代表的第三次科技革命给人类社会带来了深刻而广泛的影响。1996年联合国经济合作与发展组织(OECD)首次提出了知识经济的概念,并认为OECD组织各国已经进入知识经济阶段。所谓的知识经济是相对于农业经济、工业经济而言的,它是建立在对知识进行生产和消费基础上的经济。每种经济

形态都有与之相适应的企业形态：与农业社会相对应的是古典企业，与工业社会相对应的是现代工商企业，与知识经济社会相对应的是创新主导型企业。如同上述现代工商企业一样，创新主导企业尽管仍然未能突破公司这种企业形态，但它已经在经济和法律两重意义上赋予了公司制度创新的内涵。

社会形态变迁的过程实际上也是人力资本的价值逐步提升的过程。"如果说，古典企业向现代工商业的转变，支薪阶层分享企业经营管理权是企业制度演进的第一步，那么，随着知识经济到来，企业向创新主导型企业转向，人力资本在企业中作用将得到全面提升。"（胡静林）[59]在知识经济时代创新主导型企业的组织机构将朝着扁平化、柔性化、虚拟化和无边界化的方向发展。（杨春华，2001）[60]企业中人力资本的分量将更加明显，专业型人力资本将发挥主导作用，其人数将大为增加，相应的一般人力资本的人数会大为减少。专业性人力资本和经营性人力资本将与物质资本一起分享企业产权。物质资本的地位将进一步削弱，经营者人力资本的地位将进一步得到巩固。

创新主导型企业各主体享有企业产权的关系表示，即

表4　创新主导企业制度安排的内部产权特征

	物质资本所有者	经营型人力资本所有者	技术型人力资本所有者	一般人力资本所有者
享有企业所有权	是	是	是	
不享有企业所有权				是

从上述关于西方国家企业经营者人力资本产权制度变迁分析中，本书认为企业经营者人力资本产权法律制度的生成机理在于：

第一，企业经营者人力资本产权生成的直接原因是经理革命。即随着企业规模的空前扩大和管理问题的日益复杂导致企业所有权与管理权的分离，职业化的经营者逐渐掌握了企业管理的

指挥权与经营决策权。对于已经出现的经理革命,不同的学者对此可能有不同理解。本书认为所有权与控制权的分离,是以企业家职能的分解为基础的物质资本与企业家人力资本的进一步分解过程。"经理革命"的重要意义还是不可低估的。它不仅造就了一支利益相对独立的职业化的经营者阶层,而且造就了这些职业化的经营者得以施展才华的舞台,使得其人力资本价值得以充分展现,并催生了企业经营者人力资本产权制度。美国第一家由职业经理人管理的铁路公司的诞生,是企业经营者人力资本产权制度生成的标志性事件。

第二,导致企业经营者人力资本产权生成的内在原因和动力源泉,是企业经营者异质性人力资本即经营者所具有的特殊能力价值的不断提升。美国第一批职业经理人产生于铁路这一技术和管理含量很高的行业,并非偶然,第一批职业经理人来自懂得管理知识的技术专家也非偶然。是因为经营者的特殊人力资本在这一特殊行业具有无可替代的特殊价值。而第一批职业经理人分享企业控制、管理权,就是其分享企业所有权的最初形式。

第三,企业经营者人力资本产权的生成与变迁过程是物质资本与人力资本长期博弈与谈判的结果。"从本质上看,经理革命是企业内部人力资本与物质资本博弈的产物(焦斌龙,2003)[58]123。"在社会生产过程中,因稀缺而占主导地位的资源就是核心资源,制度变迁的实质,就是对核心资源在社会生产过程中主导地位的承认和在剩余价值分配中向其所有者倾斜(黄鹤等,2001)①。尽管企业经营者人力资本产权制度制度的变迁,受到制度、技术等多种要素的影响,但企业经营者人力资本价值的不断提升所导致的谈判能力的变化是引导其发生制度变迁的基本原因。

第四,企业经营者人力资本产权的生成,还依赖于公司制的

---

① 黄鹤,李仕明,兰永:《论制度变迁的实质》,经济体制改革,2001年第4期,第63-66页.

现代企业制度提供的制度平台。公司制是迄今为止人类最伟大的发明之一，它科学、辩证地设计了企业制度。具体来讲，一是它实现了公司无限责任与股东有限责任的辩证统一，合理处理了公司的内外关系，既鼓励了股东大胆出资，又兼顾了交易安全。二是它实现了股东多元化与公司人格一元化的辩证统一，实现了决策民主和行动一致，提高了企业的决策水平和经营效率。三是实现了股东流动与资本稳定的辩证统一，确保了公司的永续性。四是实现了物质资本与包括经营者人力资本在内的人力资本的辩证统一。实现了两种资本在企业内部的合作。是现代公司制度为企业经营者人力资本产权制度提供了基本的外在制度保障。

最后，企业经营者人力资本产权制度的生成，终极意义上是社会生产力发展的结果。企业经营者人力资本产权制度的生成与变迁是与职业经理层的出现与壮大以及企业制度的变迁同时进行的，或者说它们是同一问题的不同方面。它是社会生产力推动经济基础与上层建筑作出相应调整的过程。

二、我国企业经营者人力资本产权法律制度变迁

（一）晋商企业"东伙合作制"与"顶人力股"的启发意义

发迹于宋代，明朝时与徽商南北并峙，到清朝时达到鼎盛并在全国独占鳌头，成为中国十大商帮之首的晋商，曾经给历史留下了深刻的印记，也出现过一批以日升昌票号大掌柜雷履泰为代表的优秀企业家。晋商企业首创的"顶人力股"（身股）至今都有非同寻常的价值。有学者认为，"日本企业普遍采用的分享制（全员分红）就是由晋商的身股制演变而来的。"（梁小民，2007）[61]甚至有的学者认为，晋商创造的身股制类似于西方公司经理股权激励制度。（李勇，2002）[62]

《诗经.唐风》云："土瘠民贫，勤俭质朴，忧思深远，有尧之遗风焉。"山西土地贫瘠，人口稠密，难以维持生计，所以自古就有外出经商的风俗。依靠自己长期的经商经验和创业精神，晋商创造了"东伙合作制"。

据考证，东伙合作始于明末。当时陕西延绥镇驻军依靠商人输纳粮食中盐。晋商将资本交给延绥本地商人经营，双方共分利息，叫做"朋合营利"，也就是早期的东伙合作。朋合营利中出资者不出力，经营者出力不出资，实行资本所有权与经营权分离。这种新的商业体制创设以后在清代得到逐步发展，晋商开设的工商业逐渐都采取这了一形式。中央电视台专题片《晋商》也对此予以了高度评价，认为"山西商人是中国商业史上最先做到所有权与经营权分离的经商者"[63]。至迟到了嘉庆年间，东伙合作制已经比较完善。它具有以下三个特点："第一，属于众资本主合营的性质，即使蔚泰厚原来是侯姓独资的，也演变为众资本主合营的。……第二，属于众资本主合营的企业，可以说属于股份制企业，但却是无限责任制，而不是有限责任制。……第三，对经理人赋予经营的权利和责任，有利于企业的发展。按照一般规矩，东家与经理签约后，一切经营事宜，是否设分庄或设多少、企业职工的聘用辞退等等权利，皆归经理，东家一般不予干涉，有的甚至还从某些方面限制资本家的权利。"（黄鉴辉，2002）[64]353正是东伙合作制不仅使晋商中孕育了富可敌国的大商人和大商家，而且还催生了"顶人力股制"。

顶人力股制是指在东伙合作制的基础上，资本家与经营者按比例分配利润的一种制度安排。人力股也称"身股"，它与银股相对。银股，即货币资本，是开设企业时资本家投入用以增值的货币资本，股数不变，但每股资本额通过分红倍本是逐渐增加的。人力股，即人力资本，是职工以自身劳动加入的股份（如当今企业的技术股等一样），不缴纹银，却享有与纹银等量分红的权利。倘若企业亏损，人力股也不负亏损的责任，但是人离开企业，人力股也就不存在了。与同时对一般职工（包括经理在内）实行的作为雇佣职工价格的"薪金制"不同,顶人力股制适用的对象是以经营者为代表的高级职工,它们不再是领取薪金,而是直接参与利润分配。从其产生时间和途径来划分,顶人力股包括两种类型:一种是资本家开设企业之时,对其聘请的经理和重要职工,实现一定顶人力股若干,以合约的形式规定下来,或者记入万金账;另一种方式是企业在经营过程中,遇账期分红,由经理根据职工劳绩,向资本家推荐,经认可,即登入万金账,写明顶人力股的人名、起算时间、具体股数,享受顶人力股待遇。

顶人力股的内容和特点主要有四点:第一,顶人力股者仅限于高级职工中的老职工,而且相互之间有很大差别,充分体现了从严掌握、优中奖优,以贡献为依据的原则,新请进的高级职工没有顶人力股的资格。第二,顶人力股的人数与股数是变化的,变化的结果最多时超过银股数,从而出现利润的一半多被顶人力股者分去的情况。[64]378(石涛,2008)[65]第三,顶人力股的操作兼顾了其持有者的实际需要。晋商基本上每四年一个账期,满期才结账分红。这对顶人力股者来说难免远水不解近渴,资本家为照顾顶人力股者又规定按身股若干实行年度预支红利的办法,名为"应支",待结账期满时,若分红额大于预付红利,按扣除应支后的余额发给;若分红额小于预付红利,则应支数就不再扣除,等于让顶人力股者超出应分红利数,又得到另一层优惠。(黄鉴辉,2001)[66]第四,顶人力股者,除自辞或铺辞者外,一般是终身制,因之去世后还可享受若干年(通常是两个账期6-8年)的分红权利,叫做"故股"。其设置既可解除高级职工的后顾之忧,也是东家对其效劳者死后的一种报答。"这对企业稳定、激励员工有很大好处,这一点,即使是现代的企业也很难做到。"(惠龙,2008)[67]

根据对上述资料的分析,晋商企业"东伙合作制"与"顶人力股制"具有以下启发意义:

首先,它们确实是来自实践的制度创新。虽然由于正式制度缺失,中国还没有承认股东有限责任和企业法人制度,从而使得晋商企业还不能属于股份制企业，但它完全构成了一种高级形式的合伙制，可以说是一种当事人协议下的有限合伙制。其中实物出资者承担无限连带责任，顶人力股者承担以人力资本价值为限，而且不含替代责任等契约性质的有限责任。

其次，用人力资本理论分析，企业经营者的人力资本在晋商企业中得到充分的承认。制度的创造和执行者已经实际上领悟和认识到了人力资本的价值和人力资本的层次问题，并通过建立在东伙合作制基础上的顶人力股制，构建了一个完善的制度体系。在这里不仅不同的人力资本被严格区分，而且同类人力资本在不同时期的待遇还要与业绩相联系，而且充分把握高级人力资本的特点，为其设置"故股"解除后顾之忧。这种建立在对经营者人力资本特性深刻领悟和准确把握基础上的，具有辩证、动态和系统观念的制度设计，令人肃然起敬，叹为观止。

再次，顶人力股制绝不仅仅是一项孤立的制度，它还得到一系列相关制度的有力配合。如在用人上坚持"用乡不用亲、择优保荐、破格提拔"的原则；在经营上以诚信为本，强化服务；在管理上严格"铺规"、"号规"，一旦有违规者坚决开除，而且按照晋商之间的约定，某人一旦被开除其他各家永远不得录用，惩罚严厉；（梁小民，2008）[68]在德与利、做人与做事的关系上，遵循"利以义制，名以清修"的古训；以及儒家企业文化和社会文化建设。形成了一种有利于经营者阶层健康成长的社会环境。

最后，晋商企业"东伙合作制"与"顶人力股制"的制度设计思想至今仍有启发和指导意义。但是我们在进行具体制度设计时就不应简单地对号入座。有学者认为，晋商创造的身股制类似于西方公司经理股权激励制度。如果非要作制度比较的话，根据上述材料，本书认为，晋商的顶人力股实际上分别情况具有不同性质。开始就以合约形式确定的顶人力股，更接近于经营者以人力资本出资。只有事后资本家对经营者的奖励性的顶人力股更接近于公司经理股权激励制度。

(二) 中国国有企业经营者人力资本产权法律制度变迁

目前,我国的企业可分为国有企业与民营企业两大种类。民营企业是改革开放后在市场的夹缝中自然成长起来的,其经营者人力资本产权的制度变迁遵循了上述西方国家的基本逻辑,在此不做重复。对中国企业来说,最有代表性,最不能忽视的当属国有企业。

我国的国有企业在不同历史时期有着不同称谓,在新中国成立后的较长时期被称为国营企业或全民所有制企业。随着经济体制改革的不断深化,对企业的所有权与经营权逐步实行分离,从1992年党的十四大起,不再使用国营企业或全民所有制企业的概念,而厘定为含义更准确的国有企业,现行宪法第16条就对"国有企业"作了明确规定。随着国有企业公司制改造的进行,国有企业又常常被称作国有或国有控股公司。

我国有着数千年集权统治的历史,"处于政治支配之下的我国工商业,有三个最主要的特点,一是官营形式始终占据着主导地位,这种官营体制的基本特征可以集中概括为三句话:为官所有,为官所管,为官所用……"(刘泽华,2005)[69] 早在西周和春秋时期甚至更早就有了"工商食官"的说法,早在周朝也就有了专卖措施,春秋初年管仲在齐国实行的"官山海"政策,被后世历代政府发展为盐铁专卖。官营工商业上千年的历史,作为一种政策偏好,使得新中国成立后的企业发展产生了严重的路径依赖。

1949年中华人民共和国成立后,通过没收官僚资本、改造民族资本和大规模的经济建设,国有经济迅速成为我国社会主义经济的主体力量。国有企业的国有经济主体地位形成的同时,在赶超型发展战略、科学社会主义理论信仰和"苏联模式"示范效应以及上述对官营企业的路径依赖现象等多重因素影响下,以资源的集中配置和使用为特征的高度集中的计划经济体制也逐步得以确立。集中计划经济体制是国有企业赖以生存和发展的宏观环境。国有企业是集中计划经济体制形成与运转的微观基础。在这种体制下国有企业作为一个单纯的生产单位隶属于其主管部门,没有独立的发展目标和经营决策权。企业厂长的身份是国家干部,由上级行政部门任命。企业的各项生产和经营活动从过程到结果完全由国家控制,包括要素投入、产品生产和销售、人事调整和发展计划等,都是通过接受国家或上级主管部门所下达的各项计划指令来实施的。企业生产所需要的资金、物资由国家统一计划调配,所需要的劳动力由国家计划配给,企业生产的产品由国家收购。企业的任务就是执行国家计划指令,完成国家下达的各项计划任务。难怪后来有的学者形象地描述中国只有生产车间,没有真正意义上的企业。诚然,传统计划体制下的国有企业是特定历史时代的产物,它曾为中国的经济和社会发展立下汗马功劳,但是随着时代的发展和国家社会经济制度的变迁,特别是随着我国从计划体制向市场体制的转型,传统的国有企业越来越不能适应经济发展的需要,不得不走上漫长而艰辛的改革之路。由于国有企业改革始终是整个经济体制改革的中心环节,中国的经济体制改革过程在一定意义上就是国有企业改革的过程。正如有的学者所说"到目前为止的国有企业改革,实际上是一个将剩余控制权和剩余索取权从政府分配给企业内部成员的渐进过程",而这一过程的实质就是包括经营者在内的企业人力资本产权逐步得到重视的体现。

如果把1949-1978年间的国有企业定义为传统的国有企业,那么,此后30年的以市场化为目标的国有企业改革之路,大致经历了三个阶段。第一个阶段从改革开放初期到党的十四届三中全会,用了15年时间完成了对企业扩大经营自主权阶段;第二个阶段从党的十四届三中全会到党的十六大之前,用了10年时间完成了国企制度创新和结构调整;第三个阶段从党的十六大至今,进入了以国有资产管理体制改革推动国有企业改革发展的阶段。(重华,2008)[70]实际上这一过程有的是为企业人力资本产权实现提供条件,有的是直接保证企业人力资本产权实现。国内也有学者将中国企业人力资本产权的变革概括为三次浪潮,它们分别是:从职工持股到股份合作制、管理层收购以及从股权分置改革到股权激励计划。(李宝元,2007)[31]甚至上海浦东、温州等地还进行了人力资本出资的尝试。但是无论如何划分,实际上国有企业改革都是决策机构对传统国有企业存在的主要问题的反思和解决的过程,认识的局限决定了改革的局限,认识的深度影响着改革的深度,认识的进程制约着改革的进程。

三、传统国有企业产权的特征及存在的主要问题

(一)传统国有企业产权的特征

对于传统国有企业产权特征及存在的主要问题周其仁、张维迎、刘红和马洪等学者作了创造性研究,刘红和马洪将国有企业的产权特征概括为五个方面,即"资本雇佣劳动"、人力产权丧失、法律产权与事实产权的不一致、产权成本与收益不对称以及国有产权的"廉价性"。在此基础上从本书的研究视角出发,我们认为国有企业产权的主要特征有三个:

第一,国有企业的实际逻辑仍然是"资本雇佣劳动"或者说是物质资本雇佣人力资本。现代企业理论认为,企业是人力资本与非人力资本的不完全合约,企业中的人力资本与非人力资本所有者应当平等的分享企业所有权,即剩余索取权与控制权。但是"中国国有制企业非常特别,他的特别在哪里呢?他的企业在构造的时候,没有一个原始性的市场合约。"(周其仁,2002)[71]126虽然在意识形态和理论上主张国有企业劳动者当家做主,但实际上却依附于物质资本,属于物质资本雇佣人力资本。在体制转型过程中,情况有所改善,但并没有根本改观。

第二,国有企业不尊重人力资本产权。在高度集权的计划体

制下，不承认人力资本产权。公有制的法权体系强调"一大二公"，规定全部生产资料归国家和集体，个人只能拥有非生产性的生活资料。周其仁认为在传统国有企业里"个人甚至也不准拥有其本人人力资源的法律所有权，因此，任何个人不再可能构成与他方达成利用自有人力资源的合约。"（周其仁，2005）[72]在国有企业中，企业的经营者和生产者，无权参与带有产权性质的利润分配，只能获得工资形式的固定收入。在体制转型过程中，企业经营者已经取得了企业剩余控制权，但并未取得相应的剩余索取权。

第三，国有企业天生的产权残缺。我国传统国有企业的产权制度是在高度集权的计划经济的基础上形成和发展起来的，这种产权制度不仅从产权的最终归属上属于公有，而且在计划经济条件下，形成了高度集中、行政配置色彩浓厚的产权模式。反映在国有企业身上就是，企业资产属于各个成员的国家（或集体），而不属于国家（或集体）的各个成员，在运作中具有不可分性和外部性，也就是说企业资产的剩余收益权归国家（包括各级地方政府），而剩余控制权则在企业的管理者手中，剩余收益权与剩余控制权分离。这是国有企业产权残缺的表现之一。虽然国有企业改革经历了三个阶段的改革，产权残缺有一定程度的松动，但仍然是一个普遍性的问题。同时，尽管在理论和立法层面，国有企业财产属于国家，属于全体人民所有，产权归属很清晰。但是在事实上，由于这个企业的所有者不可能单独占有企业的财产，于是人民名正言顺地委托中央政府管理企业。由于中央政府也无力直接管理全国的无数个国有企业，于是中央政府又不得不层层委托给他的代理人来行使所有者的权利。这种只有人格化的代理人而没有最终人格化的委托人的"所有者缺位"的产权结构，是产权残缺的另一种表现。另外，国有企业财产属于全民所有，本身蕴涵了一个逻辑矛盾，"出现了一个具体个人的双重身份，它既是所有者，又不是所有者……这种权利界定的基本矛盾，造成了权利义务界定的随意性，……至于在何种情况下选择那种权利,完全由个人根据自己的效用目标随意决定。"结果国有产权就变为"廉价"产权,当国有企业盈利时各层代理人和内部人都有权以所有者身份要求分利,但一旦企业亏损,他们又以非所有者身份推脱责任,最终只能由国家承担无限责任。正像周其仁所说,我们的国有企业"有着最便宜的企业家和最昂贵的企业制度",(周其仁,2002)[71]123这又是一种产权残缺的表现。这种产权残缺是导致国有企业企业家人力资本有效供给不足的重要原因。(周明,何炼成,2003)[73]

(二)传统国有企业产权存在的主要问题

由上述国有企业的产权特征所决定,国有企业产权主要存在以下两个问题:

第一,竞争领域企业普遍效率低下。由于传统国有企业产权高度集中统一,即国有资产的所有权与经营权不可分割,且集中在国家及其代理人手中。企业没有独立的产权,既无责任,更无激励,结果国有企业普遍效率低下,造成大量的资源浪费。

第二,国有企业公司化改制普遍存在行政干预下的"内部人控制"现象。"内部人控制"问题是青木昌彦与钱颖一于1995年对转型经济中的公司治理结构问题进行深入的研究后提出的。他们认为这是从计划经济向市场经济转型过程中的必然产物。但是与其他转型经济国家(如俄罗斯、东欧各国)中常见的法律上的内部人控制不同,我国国有企业中的内部人控制,主要是事实上的内部人控制。(万敏,2004,刘祚祥,2003)[74-75]造成国有企业内部人控制的原因一方面是中国国有资产复杂的委托—代理关系。我国国有资产至少具有两个层次的委托—代理关系:第一层是国家(政府)作为委托人将资产委托给作为代理人的机构(官员);第二层是作为委托人的机构(官员)将资产再委托给代理人——企业董事会。在这个委托代理系统中,既存在上述国有企业事实上的"所有者缺位"问题,同时还存在各级代理机构和政府官员的"廉价投票权"问题。国有企业的经营者的约束不是来自内部和外部市场,而是来自上级(政府)主管部门。造成国有企业内部人控制的另一个原因就是控制权与剩余索取权在国有企业内部的不匹配和非统一性。国有企业改革中的"内部人控制"问题的实质是企业经理人员在激励和约束不对等的条件下经营者的行为扭曲。它既表现为过度的在职消费,又表现为"59岁现象",还表现为最近在媒体上备受关注的国企高管薪酬失控,国企高管自定高额薪酬等(邓聿文,2008)[76]在内的各种侵吞国有资产的现象,其普遍和严重程度令人触目惊心。(周志轶,2007)[77]

上述分析说明,我国国有企业改革存在严重的路径依赖现象。"国有企业的根本缺陷在于人力资本产权虚置"。有的表现为不尊重和重视企业人力资本,有的表现为对经营者人力资本产权的配置不当。国有企业改革的根本方向在于从企业产权这个根本上入手,重视人力资本的价值和产权,特别是合理配置经营者人力资本产权。这一方向本身又决定了国有企业改革的困难性、艰巨性和长期性。

四、小　　结

制度变迁是制度通过替代、转换与创新从制度不均衡状态实现新的制度均衡的过程。制度变迁理论认为,任何制度变迁都包括制度变迁的主体、制度变迁的源泉以及适应效率等因素。制度变迁是在各主客观因素和变量的约束下,追求自身效用最大化的制度变迁主体发现了在旧的制度中存在着无法取得的"潜在利润",当与其制度变迁的收益大于变迁的成本时而出现的一种新的制度安排。诺斯认为"变迁一般是对构成制度框架的规则、准则和实施的组合所作的边际调整","制度变迁的原因是相对价格或偏好的变化",(诺斯,1994)[78]"如果预期的净收益超过预期的成本,一项制度安排就会被创新"。(诺斯,1994)[79]

本章通过对西方国家企业经营者人力资本产权法律制度变

迁、中国企业经营者人力资本产权法律制度变迁以及我国传统国有企业产权特征及存在问题的分析,可以初步得出以下结论:

首先,企业经营者人力资本产权制度的变迁过程是诱致性变迁与强制性变迁相结合的产物。企业经营者人力资本产权制度的变迁过程实际上与占主导地位的企业形态的更替过程是一致的,同时也是一个诱致性变迁与强制性变迁交替发生的过程。与诱致性变迁过程相同步的是企业经营者人力资本提升在量的方面的积累,当量积累到一定程度时则引发强制性变迁,一种新的企业形态将得到立法确认。人力资本价值提升所引起的要素价格比率的根本性变化是制度变迁的最重要原因,公司法的颁布及其对公司制的确认是意义最为重大和深远的事件,正是它为企业经营者人力资本产权制度提供了制度平台和外在基础。

其次,企业经营者人力资本产权制度的变迁过程是物质资本与人力资本长期博弈与谈判的结果。在社会生产过程中,因稀缺而占主导地位的资源就是核心资源,制度变迁的实质,就是对核心资源在社会生产过程中主导地位的承认和在剩余价值分配中向其所有者倾斜的现象。(黄鹤等,2001)[80]尽管企业经营者人力资本产权制度的变迁,受到制度、技术等多种因素的影响,但企业经营者人力资本价值的不断提升所导致的谈判能力的变化是引导其发生制度变迁的基本原因。

再次,一些具有创新精神的企业经营者成为诺斯意义上的"制度企业家"。正像诺斯(1994)[78]111所说"企业家和他们的组织会对(可观察的)价格比率的变化直接做出反应,通过将资源用于新的获利机会或(在现有规则内变化无法实现时)间接地通过估计成本和收益以将资源用于改变规则或规则的实施"。企业家在制度变迁中的作用就是作为初级行动团体(制度企业家),发现潜在的获利机会,并通过组织去改变制度框架的规则或准则。

第四,企业经营者人力资本产权制度的变迁过程就是用一种更有效率的制度替代原有的制度。企业既是市场扩大的动因,也是市场扩大的结果。在市场上不同的交易方式会产生不同的产权结构，不同的交易方式都是剩余索取权与剩余控制权在当事人间的不对称分布，这种不对称分布对应的正是不同类型的企业。现代工商企业能够替代近代企业、近代企业能够替代古典企业占据主导地位，都是因为它们能够节约成本、增加收益，比原有企业更能发挥核心资源的价值，更富有效率。

最后，传统国有企业是与高度集中的计划经济体制相适应的企业组织，它在市场体制下是低效的。这不仅因为它在物质资本产权方面存在严重的问题，更为根本的是它不尊重企业经营者为代表的人力资本产权。解决国有企业的效率问题的根本出路在于产权改革，只有承认人力资本产权特别是企业经营者人力资本产权，才能抓住国有企业改革的关键。

第三章 企业经营者人力资本产权的权能结构与特性

上述研究表明,企业制度变迁过程就是随着企业经营者人力资本价值的不断提升,企业经营者不断强化产权要求并推动制度变迁的过程。那么如何界定企业经营者人力资本、企业经营者人力资本产权以及如何把握企业经营者人力资本产权的特性就成为本章应当研究的内容。

一、企业经营者人力资本的分析

(一)企业经营者的定位

在现有理论文献中,经营者(Manager)是相对于所有者而言的,但相对于能够明确清晰界定的股东、合伙人与出资人等所有者而言,"经营者"更经常是作为一个抽象、笼统的概念,未确指是企业组织架构中的哪些参与者。相当多的涉及经营者的有关理论假定,对经营者是否进行清晰具体的界定与理论本身关系不大,"经营者"作为一个抽象的概念就足以满足研究的需要。(赵玉洁,王平心,2008)[81]但这并不意味着任何时候在理论上和实践中都不需要对经营者进行清晰界定,特别是直接以经营者为研究对象时,首先应当对其做出明确界定。

从经营者概念的产生来看,它以"所有权与经营权"的分离为前提,是经营权的行使主体。随着所有权与经营权的分离,企业的所有者不再直接参与企业的经营管理活动,企业的主要经营管理决策权逐渐转移到经营者手中,经营者以独立的民事主体身份行使经营权,与所有者之间形成委托代理关系。对内履行经营者职权并享受一定回报,对外代表企业为所有者服务。

目前经营者一词还未见诸正式的法律规定,但我国一些地方性法规早已使用经营者一词。最有代表性的是推行国有企业经营者年薪制的法规。如浙江省政府颁布的《企业经营者年薪制试行办法》,河北省政府颁布的《河北省管国有工业企业经营者年薪制试行办法》等。以上述规范性法律文件为依据,可以说"经营者"已成为一个法律概念。不可否认,它是从理论概念转化而来的。

对经营者进行界定首先涉及的一个重要概念是"企业家"(entrepreneur)。企业家是目前经济学和管理学文献中使用频率最高的概念之一。"entrepreneur"一词最早出现于16世纪的法文文献,当时这一词汇用于指称武装探险队的领导,包括远航海外开拓殖民事业的冒险家。如前所述,1755年康替龙(Catillon)赋予了企业家投机商的角色,将其引入经济学理论。后来经济学家通常通过其职能来界定企业家并赋予了企业家不同的角色。在企业家与经营者两个概念的关系上,学者们见仁见智,意见不一。大致分为三种观点。一种认为两个概念是等同的,西方经济学者多数持此观点。另一种观点则认为企业家是经营者中的优秀者,国内不少学者持此观点。如焦斌龙(2003)[58]认为"企业家是理念化的、抽象的概念,更多的是一种符号,是对那些具有创新精神、敏锐的市场洞察力、敢于和善于做出判断性决策,并能够通过这些努力使企业获得成功的人的一种称谓"。企业家必然是经营者,但并不是所有的经营者都是企业家。第三种是张维迎(1987)[82]的观点。他认为"所谓企业家,就是承担经营风险,从事经营管理并取得经营收入的人格代表……从私人企业向股份制企业的转化,与其说是所有权与经营权的分离,不如说是企业家职能的分离……基于上述认识,我愿用'所有者企业家'与'智能企业家'来代替'所有制'与'经营者'这两个容易发生歧义的概念"。其论述中，可以看到经营者除了不承担风险外，保留了企业家的其他全部经营职能。与此相似，汪丁丁也主张"企业家的功能是把各种资源沟通到那个核心的观念周围，实现资源组合。这一原理通常被经济学家描述为：Y＝F（H，K），这里Y是企业的总价值，H是所谓'的人力资本'，K是价值形态的物质资本。"比较上述三种观点，尽管他们各有不同，但有一点却是相同的，即在研究企业经营者人力资本产权的意义上，完全有理由对两者不加区分。

对经营者进行界定涉及的另一个重要概念是"经理"。经理既是一个法学概念又是一个经济学概念。我国现行公司法明确规定了经理的设置，但却没作定义。法学家们基本上是根据法定的经理权利和义务对其作出界定。如赵旭东（2006）[83]399界定为"是由董事会聘任的、负责组织日常经营管理活动的公司常设业务执行机关"。公司法学者对经理的定义远没有经济学学者来得具体和深刻。最为经典的论述当属提出了经理革命命题的美国著名企业史学家A.D.钱德勒[54]，他认为经理的产生是技术革命的结果，伴随着企业层级制度的建立和有效地实现协调功能，使"各级工作的支薪经理这一职业，变得越来越技术性和职业化。"经理是专门从事经营管理并从提供这种经营管理技能中支取报酬的人。国内学者焦斌龙（2003）[58]从与企业家比较的角度对经理做了比较系统的阐述。他认为：（1）经理是一种职业和角色，是指现代企业中那些从事经营管理的人员，不是一种称谓或称号，在古典企业中不存在经理。（2）经理是通过"干中学"和教育、培训的人力资本投资产生的，特别是以MBA为代表的管理教育和培训是当代经理产生的主要途径。（3）一般来说，经理在企业中拥有部分或全部经营权，在一些现代企业，甚至有的经理还拥有企业的控制权，但经理永远不可能获得企业的全部所有权。（4）经理处于公司组织架构的较低位置，是董事会决策的具体执行者，只负责企业管理的部分工作而不是全部，而且在企业制中，每个层级都有经理，① 一个企业通常可以有多个经理。（5）经理处于层级之中，通常采用正规的层级制管理，按规定的程序办事。（6）经理处于代理人的地位，将经营管理作为自己的职业，与企业所有者既有利益一致的一面，也存在一定利益差别，有时会采取机会主义行为。

对经营者进行界定涉及的第三个重要概念是"首席执行官"即人们通常说的 CEO，由于它可以理解为是随着公司治理理念的变迁，对经理权力的一种扩张，所以在此不再单独论述。

在对上述企业经营者相关概念分析的基础上，应当对经营者作出如下界定。

首先，经营者是以经营企业为职业，行使企业经营权，并对企业的生存与发展负有直接责任者。企业家尽管是经营者中的优秀者，但由于其更侧重于强调一种精神、理念，因此与法学本身所要求的规范性不一致，从而难以成为法学术语。但企业家却可以纳入经营者范围予以研究。本书行文时，如果没有特别说明，就是将企业家与当做经营者看待。

其次，经营者存在个人利益，但其个人利益要与企业利益相容。这既是两权分离经营者职业化的结果，也成为经营者存在的原因，同时也说明经营者需要激励和约束。

再次，经营者应当是异质性人力资本和最高层次人力资本的所有者。所谓人力资本的异质性是从劳动的异质性借用过来的，

---

① 从美国企业家协会誓言，也可以加深我们对企业家的全面了解。其内容是：
我是不会选择去做一个普通人的。如果我能够做到的话，我有权成为一位不寻常的人。我寻找机会，但我不寻求安稳。我不希望在国家的照顾下成为一名有保障的市民，那将被人瞧不起，而使我感到痛苦不堪。
我要做有意义的冒险，我要梦想，我要创造，我要失败，我要成功。我拒绝用刺激来换取施舍；我宁愿向生活挑战，而不愿过有保证的生活；宁愿要达到目的时的激动，而不愿要乌托邦式毫无生气的平静。我不会拿我的自由去与慈善做交易，也不会拿我的尊严去与发给乞丐的食物做交易。我决不会在任何一位大师的面前发抖，也不会为任何恐吓所屈服。我的天性是挺胸直立，骄傲而无所畏惧。
我勇敢地面对这个世界，自豪地说："在上帝的帮助下，我已经做到了。"

其本意是指不同性质,由于具有不同性质所以可以分为不同层次。经营性人力资本呈现边际报酬递增趋势。

以上三个方面互为条件、相互促进又相互制约,共同构成了经营者的一般规定。其中经营企业是前提,利益相容是基础,拥有异质性人力资本是核心和关键。前两项是经营者的外在特征,最后一项是经营者的内在和本质特征。

在此基础上,可以概括地说,企业经营者就是接受企业所有者的委托,以自己的异质性人力资本来专门从事经营企业的人。

在完成了对经营者的界定后,现在还存在一个如何与现有公司组织架构对接的问题。

第一个问题是经营者究竟包括董事会与经理中的哪些人。在这个问题上存在三种不同观点。第一种观点主张,董事会与经理是两个不同层级,经理只是管理者,只有董事会成员才是经营者。第二种观点来自日本,有的学者认为,尽管从法律上说公司是股东的,但实际上是经理支配一切,只有经理是经营者。(Watanabe, Shigeru and Isao Yamamoto. 1993)[84] 第三种观点主张,董事会成员与经理都是经营者,但各有侧重。丹姆和纽鲍尔(Demb, Neubauer, 1992)[85] 对发达国家跨国公司的董事进行抽样调查后,得出了董事会与经理是合伙关系,不存在单方面负责的情况。问题的关键是"确立董事会与总经理的权力均衡,有时是董事会说了算,有时是总经理说了算。"我们同意上述第三种主张,即董事会成员与经理都是经营者。只不过董事会是主要的经营者,而经理是分享经营者角色的管理者。董事会与经理是一种动态的互补关系。

第二个问题是经营者究竟能否包括董事会与经理之外的人。在早期我国推行企业经营者年薪制的实践中,有些地方政府在企业经营者年薪制的规定中,甚至将党委书记、职工持股企业的工会主席都作为经营者。本书认为这显然是不妥的,它是泛行政化和大锅饭意识的一种再现。

第三个问题是经营者能否包括所有经理人员。本书认为一般来说一个大企业经理人员是由多层组成的，其成员是否属于经营者应结合企业规模、个人的作用作综合考虑，不应一概而论。但一般的原则是经营者通常应是企业的高层经理，不可泛指所有经理人员。它可以是群体，也可以是个体。

第四个问题是经营者与法定代表人的关系。在西方的公司中，实行董事会集体负责制，在法律上董事之间承担连带责任，经理则实行个人负责制，不存在法定代表人的问题。但受传统治理观念影响，我国原实行厂长经理负责制的国有企业中的法定代表人制度，一直被保留到现行公司法中。实际上它是一种既要董事会集体负责，又要法定代表人个人负责的自相矛盾的制度安排，曾得到有的学者的尖锐批评。但从现行法角度看，我国目前公司法实行的仍然是法定代表人单一制，公司章程中可以约定董事长或总经理担任公司法定代表人。可见法定代表人的范围小于经营者，法定代表人是一个人，经营者不限于一人，法定代表人必然属于经营者。

（二）企业人力资本及其分类

企业人力资本是人力资本的一种类型，对它的研究应当从人力资本开始。

1. 人力资本的内涵

基于上述不同经济学家对人力资本作出的不同定义，本书认为，一个完整、科学的人力资本定义，应该包含以下几个方面：首先，应当比较全面地反映人力资本所包含的知识、能力、健康等基本内容，反映出人力资本是个"集体"和"总括"性的概念，这是一个定义的最起码要求。其次，应能反映出人力资本区别于其他任何形式资本的最本质特性，即人身依附性。再次，应能够反映人力资本外生性与内生性的双重属性。前者指通过投资形成的知识、能力、健康等，后者指人的思想观念、智力水平努力程度等各种因素的集合。最后，应能够反映人力资本的社会性、经济性、个体性与团体性。

按照这一思路,出于对人力资本产权分析的需要,本书将人力资本界定为:产权主体为实现效用最大化,通过有意识的投资活动而获得的,并依此分享企业产权,凝结在人身上的智力、非智力、健康等无形资本价值存量的总和。

企业的有效运行都必须是人力资本和物质资本的有效结合。从两种资本相互关系的角度来说,把握人力资本特别是企业人力资本内涵的一个重要视角是全面理解人力资本与物质资本、人力资本所有者与物质资本所有者的相互关系。两类资本并非是泾渭分明的,一方面以股票期权为代表的激励兼容机制就是物质资本要搭人力资本的便车;另一方面,人力资本所有者通过股票期权等方式成为物质资本所有者。(段兴民,张志宏,2005)[86]还有,两种资本的所有者既可以是相互独立的,也可以是重叠在一起的。

2. 人力资本构成要素

人力资本包括智力要素、非智力精神要素和健康要素等三项要素。智力要素主要包括人的知识、技能等,它是人力素质最基本的反映,是人力资本的核心内涵。非智力精神要素主要包括:意志品德、职业精神、自我激励精神、团队协作精神等。健康要素主要指人的体力。三者之间存在着内在统一的辩证关系,可用公式化方式表述如下(李序南,1999)[87]:

$$r = (1 + \Delta a) \times \Delta b \times c \qquad (3-1)$$

式中,r 为人力资本的价值量;Δa 为由投资而形成的人的体力增量;Δb 为由投资而形成的人的智力增量;c 为人的精神动力和职业基本素质状态水平。

当 $\Delta a = 0$ 时,人的体力处于没有进行额外投资的一般水平,此时人力资本价值主要取决于智力和精神要素,随着人在生理上的衰变,Δa 则向负值方向增大。为了延缓和改善这种趋势,就需要医疗保健投资。如果健康状况不佳,人力资本价值将发生缺损。

当 $\Delta a = -1$ 时,$r = 0$;

当 $\Delta b = 0$ 时,人处于没有或受教育程度低下的状态。则不会形成人力资本价值,即 $r = 0$;

当 c = 0 时,人在主观上缺乏创新动力和奋斗精神,人力资本价值也不可能发挥出来,亦即 r = 0。

式(3-1)主要用来说明个体人力资本价值关系,对团体人力资本价值则要考虑系统性功能要素,如企业领导力、人才资源配置使用结构以及运营机制等,其表达式为:

$$R = D\sum (1+\Delta a) \times \Delta b \times c \qquad (3-2)$$

式(3-2)中,R 为企业整体人力资本的价值;D 为决定企业人力资本价值开发利用效率的系统性功能要素状态系数。[1]

为形象起见,我们把个体人力资本的要素构成比喻为三个同心圆的关系。其中智力要素是个体人力资本的最基本要素,处于同心圆的最里层。非智力要素在很大程度上决定着智力要素的发挥程度,处于同心圆的中间层。而精神乃至智力要素最终在很大程度上取决于个体的身体状况,也即精神决定于物质,又反作用于物质。故此健康因素处于同心圆的最外层,保护和承载智力和非智力因素。

如下图所示:

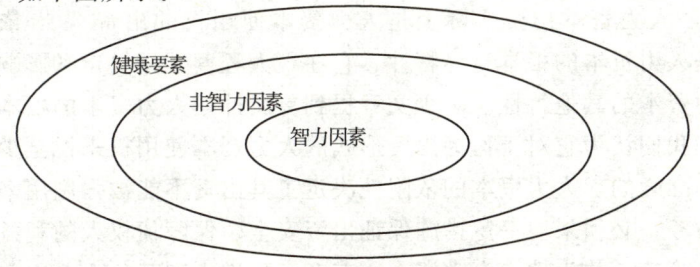

图1 人力资本的内在结构

---

[1] 肖兴政、彭礼坤等将人力资本分为效率性人力资本(E)、动力性人力资本(P)、和交易性人力资本(M),效率性人力资本包括知识、技能、体力和心理素质等,动力性人力资本包括需要、兴趣、动机、情感等非智力因素,交易性人力资本包括道德、声誉和社会交易资本等因素。并将人力资本价值量(Vh)写成公式 Vh = P(E+M)。这种划分方法也具有重要解释价值,并与本书观点存在相通之处。参见肖兴政、彭礼坤主编:《人力资本论》,西南交通大学出版社2006年版,第7-8页。

3. 人力资本的特性

人力资本的特性取决于人力资本的属性。顾名思义，人力资本具有"资本"和"人力"的双重属性。（饶年华，2004）[88] 就像马克思以其深刻的洞察力经典地将商品与劳动的属性划分为自然属性与社会属性这两重属性一样，本书认为实际上"资本"的属性就是人力资本的社会属性，"人力"的属性就是其自然属性。就前者而言，人力资本与物质资本一样，也是一种生产要素，客观存在且具有价值和使用价值，通过投资可以实现收益的最大化。但是真正使人力资本区别于物质资本的是人力资本的"人"的属性。这使它有别于作为被动资本的物质资本，从一开始就只能以主动资本的形式存在，并衍生出下列特性（郭广辉，2008）[89]：

第一，依附性。舒尔茨（1987）[90] 说过："人力资本的显著标志是它属于人的一部分。它是人类的，因为它表现在人身上，没有人能把自己同他所拥有的人力资本分开。"正是由于人力资本与其载体的不可分性决定了人力资本的所有权不能成为出资对象，"人力资本出资实际上是人力资本使用权的出资。"[41] 依附性是人力资本的根本自然特性，它在很大程度上还决定和影响着人力资本的其他特性。不少文章提到专属性是人力资本的根本特性，我们认为它对于作为出资形式的人力资本使用权来说至少是很不准确的。人力资本的依附性决定了其出资不能被强制用来清偿债务，必须采取一定措施保证出资安全，保障债权人的利益。

第二，共生性。人力资本所有者一旦进入到某一企业，并且长期服务于该企业，他与其服务的企业就会产生一种共生关系。一方面，人力资本所有者在该相关企业与领域才能更好地实现效用的最大化，因此产生对组织的依赖性；另一方面，人力资本作为企业的最重要的无形资产，对人力资本所有者的重新选择或人力资本所有者的流失都会增加企业的成本，甚至会导致企业陷于破产境地。这就要求在企业充分尊重人力资本价值的同时，人力资本的所有者也应对企业承担一定的义务。

第三,无形性和综合性。人力资本是无形的,它是内化在出资者身上的知识、技能、体力等因素,只有通过生产劳动才能得以表象。尽管专利等无形资产也具有无形性的特点,但它与人力资本还是有着区别。专利等无形资产也是由人力开发出来的,但这种智力成果一旦开发出来,就能独立于开发人,因而具有商品的一般属性。但人力资本却始终依附于人身,并且只有当人力资本所有者运用它时,才可能发挥其效用。另外,人力资本不是某种单一性资本,而是若干类资源束(知识、技能和体力)的集合,是一种集合性资本。这些无疑增加了人力资本的复杂性。

第四,动态性。尽管在公司设立之初,人力资本可以被量化为一种静态的"财产",从而使其出资成为可能,而且在一段较短时间内其价值也保持相对的稳定。但是,从一个较长时期来看,人力资本本身不是固定不变的,人力资本在其价值生成过程中和一旦作为出资进入到企业,在生产经营过程中必然会或多或少地发生价值增值与减损,呈现出动态的特性。(Christophe Boone, Arjen Witteloostuijn, 1996)[91]因此有些情况下有必要重新评估其价值。

第五,能动性。人力资本本身是可以通过某种技术手段加以量化并以一定比例的"货币"形式表现出来的,而且它创造的劳动成果是现实存在的,这是人力资本客观的一面。但人力资本的载体——人,是受自己的意志支配的,因而人力资本作用的发挥与增值状况最终取决于其本人主动性、积极性与创造性的发挥,这一点又是能动的,具有自组织的特征。正是基于对人力资本能动性的认识,著名经济学家巴泽尔将人力资本称为"主动资产",周其仁(1996)[45]提出"人力资本的运用只可'激励',而无法'挤榨'"。

4. 人力资本的分类

根据不同需要,从不同角度可以对人力资本类型进行不同分类。首先根据人力资本的归属性质,可分为社会人力资本、个体人力资本和企业人力资本。

"社会人力资本"的概念是由舒尔茨提出并使用的。因此也称"舒尔茨人力资本"。它是从社会的宏观的角度,通常是把整个国家范围内的全部"人力"作为一个概括的整体的人力资本。舒尔茨在研究美国农业的发展和对美国、日本、德国的经济发展进行比较后,认为国民产出比土地、人口及再生产性质物资本的增长幅度大,很大原因在于整个国家对人力资本的投资。本书一般不在这一层面上使用人力资本的概念。

"个体人力资本"的概念是由贝克尔提出并使用的。因此也称"贝克尔人力资本"。贝克尔人力资本概念可以认为是微观层次上的"个体人力资本",每个生产要素的劳动力都对自身人力的存量进行投资,自己承担风险和获得收入。贝克尔在其《人力资本》中关于人力资本投资——受益的分析框架就是建立在"个体人力资本"概念之上的。不仅如此,贝克尔还成功地运用"个体人力资本"观念揭示了企业为什么一般不支付以通用性技能为目标的一般在职培训费用的现象。在这里,"个体人力资本"投资者、受益者和风险承担这都是家庭和个人。由于"个体人力资本"的概念最符合现代微观经济学个人本位的假设,所以"个体人力资本"的概念在理论与实务界使用最广泛,并深深地影响了对企业人力资本的理解。

企业人力资本的概念,可以说是人力资本与企业两个概念的复合。它在外延上应该包括企业中存在的各种人力资本。这些人力资本虽然由各种个体人力资本组成,但因存在于同一个企业组织内,并不是各种个体人力资本的简单相加,而是又加进了组织的元素。

企业人力资本具有以下不同于个体人力资本与社会人力资本的特征:第一,企业人力资本的大部分创造性的智力来自于"干中学"和本身难以从学校教育中获得的创新能力以及对事物和现象的洞察力、人际关系的协调能力、对风险的承担能力和决策的能力。第二,在现代企业人力资本中,由企业的团队合作性质所决定,人际关系协调能力、团队协作能力、集体奉献精神占有重要地位。第三，人力资本产权不能完全由自己控制，其使用权已经让渡给企业，其企业控制权和剩余索取权的数量与行使也需要与物质资本所有者谈判后行使。第四，人力资本向企业投资存在双重风险，既承担自身投资获取收益，如生命健康方面的风险，同时又承担作为企业生产要素参与企业生产所具有的风险，而且，人力资本专用性越强投资风险越大。

5. 企业人力资本的分类

舒尔茨把人的能力分为五类：学习能力、完成有意义工作的能力、进行各项文体活动的能力、创造和应付非均衡的能力等。在能力层次划分的基础上，李忠民将企业人力资本分为四类：一是一般性人力资本，即具有社会平均知识存量和一般能力水平的人力资本，对应的角色是一般劳动者。二是技能型人力资本。即具有某项特殊技能的人力资本，对应的角色是专业技术人员。三是管理型人力资本。即具有管理能力的人力资本，对应的角色是各类管理人员。四是企业家人力资本，即面对不确定市场具有决策、配置资源能力的人力资本，对应的是企业的主要负责人。

魏杰（2003）[48]出于资本异质性的考虑，认为企业的人力资本只包括技术创新者和经理阶层，并由企业的人力资本部门管理；一般的员工属于人力资源而非人力资本，应由企业劳务部门管理。这种观点曾引致一些学者的批评，认为不利于对普通劳动者的保护。

本人认为一些学者对这种观点的批评未必比这种观点深刻。魏杰的观点即使不能说全面，但至少深刻。上海浦东开发区以及温州市等只允许具备一定条件的技术人员、营销人员和管理人员以其人力资本出资证明了这一观点的深刻性。但是我们认为，一种学术观点应当具有一定前瞻性，未来的工人将不是体力工人而是管理工人，即工人的任务将从主要是经过优化和分解的简单过程的操作，转变为复杂问题或新问题的综合处理。企业的劳动方式将从重复性的简单生产劳动转变为非重复性的劳动，即创造性的劳动或相对复杂的劳动。我国正处于迎接知识经济时代的十字路口,今日的产业工人也早已不同于马克思时代,白领和黑领的范围都在缩小,处于两者之间的灰领人士可能会取代过去的黑领在人数上占据主导地位。适当扩大人力资本的主体范围与强调人力资本的异质性并不矛盾,而且这种主张也有利于化解转型时期的各种社会矛盾。何况,说人力资本含量的高低不同易于接受,如果说有些人人力资本含量是零恐怕比较难以立足。另外,从理论指导实践和理论追求简洁的角度来说,我们认为上述四种类说略显复杂,可以将企业家和管理型人力资本合并为一类,将一般的管理人员作为一般性人力资本看待,将企业家和高级管理型人力资本合称为经营管理型人力资本。

这样企业人力资本就可以分为经营管理型、研究开发型和生产型人力资本三种,一般型人力资本是指主要从事程序性作业的人力资本。这些作业程序基本上是事先确定的,不需要生产者个人做过多的增删和变更。研究开发型人力资本是指主要从事科学研究、技术开发工作的人力资本。经营管理型人力资本是指主要从事经营和高层管理工作的人力资本。一般型人力资本是经济发展的基础,研究开发型人力资本是经济发展的动力,经营管理型的人力资本是经济发展的灵魂。

一般地说,企业人力资本的上述三个种类,实际上也正是企业人力资本的三个层次。一般型人力资本在企业里层次最低、处于最外层,其主体具有的是一般知识和能力,人力资本投资量最小,知识含量和价值最低,稀缺性最差。研究开发型人力资本在企业里处于中间层次,其主体除了具有一般知识、能力外,必须具有专门知识、能力。经营管理型人力资本在企业里层次最高、处于最里层、最核心的位置,人力资本投资量最大,知识含量和价值最高也最为稀缺,其主体除了具有一般知识、能力和一定的专门知识、能力外,必须具有特殊知识和能力。在这种分类和分层的基础上,本书支持在广义和狭义上分别根据需要使用企业人力资本的分类,广义(理论)上企业人力资本泛指上述三种和三层的全部。狭义(实践)上企业人力资本特指研究开发型人

力资本和经营管理型人力资本,不包括一般型人力资本。见图

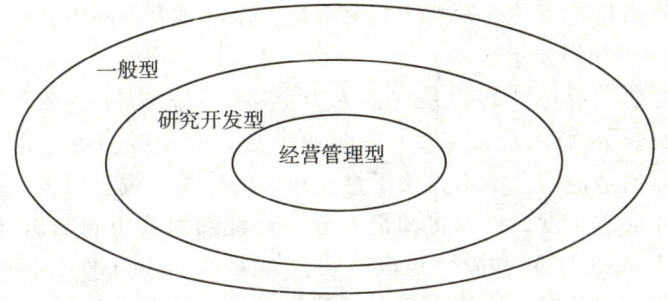

图 2 企业人力资本层次图

(三) 企业经营者人力资本

1. 企业经营者人力资本的内涵与构成

如前所述,企业经营者人力资本是企业最核心、最高层次的人力资本。它与企业人力资本是一般与特殊的关系。前述人力资本的内涵当然是用于企业经营者人力资本,只不过企业经营者人力资本还具有一些特殊性。

国内有些学者对企业经营者人力资本的内涵予以论述,如张冬梅(2006)[92]强调企业经营者的知识、能力和社会资本,杨增雄(2006)[93]主张"企业家人力资本本身是一个体系,由内到外可分为企业家精神、企业家能力和企业家过程三个层次",并认为"企业家精神作为企业家人力资本的核心,是企业家区别于其他人力资本所有者的根本所在,是企业家能力和过程得以实现的前提"。本书认为,强调企业经营者社会资本和企业家精神无疑是十分必要的,但它们在企业经营者人力资本构成中的地位却值得进一步探讨。

如同主张人力资本的内涵与结构由内到外由智力因素(包括知识与能力)、非智力因素和健康因素这三类因素构成一样。我们仍然主张企业经营者人力资本内涵与结构由内到外由智力因

素（包括知识与能力）、非智力因素和健康因素这三类因素构成，只不过这三种因素整体要求更高，而且具有不同内容。

(1) 知识要素

舒尔茨说过"知识是一种人力资本，而人力资本是增长的发动机。"（舒尔茨，2001）[94] 企业本身是一个异质的、作为知识载体的经济体。学术界关于企业知识的分类学说有很多，站在特征或形态角度，可以将知识划分为显性知识或明确知识（Implicit Knowledge）和隐性知识或默会知识（Explicit Knowledge）。从应用内容角度，经济合作与发展组织（OECD，1996）在题为《以知识为基础的经济》（TheKnowledge - Based Economy）的报告中，将知识内容分为四种，即关于知道是什么（Know - what）即关于事实的知识；关于知道为什么（Know - why）即关于自然原理和科学的知识；关于知道怎样做（Know - how）即关于如何去做的知识；关于知道是谁（Know - who）即知道谁拥有自己所需要的知识的知识。其中 know - what 与 know - why 的知识可以通过各种教育和培训获得，know - how 与 know - who 则通过实践即"干中学"获得。这四种知识中，know - how 与 know - who 类知识价值大，对企业更为重要。它们对应的是企业最高层次的、最为核心的经营者人力资本。特别是 know - who 类知识，它是经营者根据业务发展和环境变化的需要选择、培养和配置企业人力资本的能力，其高低直接影响着企业的核心竞争力。

由于经营者居于企业的核心地位，其知识具有很强的共享性或"外溢效应"，一位优秀经营者的先进知识和主张很容易通过各种有形或无形的规则影响企业的其他员工，并最终形成企业文化的一部分。张瑞敏的质量与服务意识对海尔集团的影响就是一个很好的例证。

(2) 能力要素

能力是一个人发现问题、分析问题并解决问题的本领和技巧。能力以知识为基础，是知识的恰当运用。有知识者不一定有能力，但有能力者一定有知识。从一定意义上说，所谓的经营者的人力资本实际上核心内容就是其各种能力。

由于企业经营管理是一门艺术，所以企业经营者能力的培养，主要依靠实践即"干中学"获得，这就要求成为企业经营者的人必须具备一定天赋。

正如前面评价企业家理论时所述，历史上各位经济学家因对企业家职能的不同理解，对其应具备的能力也有不同的主张。萨伊强调了经营者的生产协调指挥能力，马歇尔强调了经营者应具备多方面能力，熊彼特强调了经营者的创新能力，柯兹纳强调了经营者的洞察力，卡森则强调了经营者的判断性决策能力，等等。1998年以来中国企业家调查系统将职业经理人的能力分为十种：市场营销能力、组织技能、决策能力、预见能力、公关能力、创新能力、知人善任能力、表达能力、学习能力和其他能力。

张冬梅（2006）[92]主张，在"知识经济时代，可将经营者的能力分为核心能力和非核心能力。前者包括：决策能力、创新能力和学习能力；后者包括：组织协调能力、资源整合能力、预见能力、应变能力、市场营销能力、表达能力、公关能力及其他能力。"我们认为有必要将经营者的能力分为核心能力和非核心能力，但在两者所包含的具体内容上又不敢苟同，并认为经营者的核心能力应包括：决策能力、创新能力、组织协调能力及资源整合能力四项，其他可作为非核心能力。因为经营者的能力从时间角度来说，应该是个动态概念，不同时代对经营者的能力有不同要求和侧重；从内容角度来说，应该是个多元概念，任何时代都要求经营者具备多种能力，不同行业和企业可能对经营者的能力有着不同要求，正如木桶理论所预示的，即使其各种能力都不够突出，但至少核心的能力不能太差。再说经营者应具备哪些能力及哪些属于核心能力最终取决于经营者的职能。现代企业经营者决策、执行和承担风险的职能要求将决策能力、创新能力、组织协调能力及资源整合能力作为经营者的核心能力。

杨增雄（2006）[93]主张经营者的能力与其类型有关。创业型经营者的能力首先表现为发现市场机会的能力。这类经营者在企业生命周期的第一阶段进入企业，其主要功能在于作为中心签约人与生产要素的相关主体签订各类契约。在形式上他们是组织从无到有，使市场上各种生产要素从分散走向聚集，创造出更高的生产效率。管理型或守业性经营者的主要能力是通过有效的资源整合，降低内部管理费用。这类经营者在企业周期的第二阶段以后进入企业，其主要功能是推动企业发展壮大，延续企业生命。

（3）非智力要素

非智力要素是保证上述智力要素正常发挥作用并能激励充分挖掘智力要素潜力的精神要素。主要包括价值观、心理素质、职业道德和企业家精神四个方面。其中企业家精神是经营者非智力要素中的核心内容，也是经营者人力资本区别于企业其他人力资本的根本所在。

人作为社会成员都有一定的社会价值观。个人价值观形成个人人格的基础，经营者的价值观不仅决定本人的其他精神方面，而且还借助经营者的特殊地位对企业产生重大影响。经营者价值观是形成企业价值观的重要基础，是企业价值观的人格化代表，而企业价值观是企业文化的灵魂。

对于企业家精神不同的经济学家有着不同理解。熊彼特认为企业家精神即"经济首创精神"是实现"新组合"的原动力，是为建立以自己的家族为核心的私人企业王国而发挥出来的创造力和坚强的意志。有的学者认为，企业家从事企业经营活动是出于一种"敬业精神"，这种精神源自于对"神召"的感悟。还有的学者则认为，企业家是"人类合作的扩展秩序"的代表，企业家必须具有合作精神，并用这种精神感召别人，形成合作收益。国内经济学家汪丁丁（2007）[95]在此基础上对企业家精神的不同层次内涵进行了新的解构。他主张：企业家精神包含三个方面的因素：首先是熊彼特所说的"创新精神"，其次是诺斯在新制度经济学里提出来的"合作精神"，第三是韦伯所说的"敬业精神"这三者构成了我所说的血肉丰满的"企业家精神"。

企业家精神可视为一种意识形态,它与企业家知识一样也具有很强的共享性或"外溢效应",并最终形成企业文化的核心部分。对一个企业来说,有什么样的企业家精神,就有什么样的企业文化。

(4)健康要素

由于经营者处于企业中心位置,承担着企业决策、执行和风险承担的职责。经营者的健康就不仅仅是其个人的私事,它对企业来讲也至关重要。王均瑶的英年早逝就曾对均瑶集团产生重大影响,2008年39岁的同仁堂股份有限公司董事长张生瑜的意外离世又成为业界关注的热点。相对来讲冯根生的长寿与长期在位不能不说是正大青春宝集团的一大幸运。

2. 企业经营者人力资本的特征

企业经营者人力资本的特征对其人力资本产权有着重要影响。周其仁(1996)[45]将人力资本产权的特性概括为三点:人力资本天然属于个人;人力资本的产权权利一旦受损,其资产可以立刻贬值或荡然无存;人力资本总是自发地寻求自我实现的市场。

企业经营者是企业最高层次的人力资本,他除了具有依附性等前述人力资本的共同特征外,还有一些独有的特征。张冬梅(2006)[92]将其归纳为稀缺性、形成途径的特殊性、异质性、不可视和难以度量性、专用性和专有性以及产权的完整性六个方面。我们认为企业经营者人力资本的特征可概括为稀缺性、异质性、定价机制的特殊性、很强的专有性、一定程度的可抵押性五个方面,至于"形成途径的特殊性"可以说是企业经营者人力资本稀缺性的一个原因,"专用性"是企业经营者人力资本产权外部性特征的一个方面,产权的完整性则是企业经营者人力资本产权的特性之一,不便在此论述。

高度稀缺性。企业经营者在企业人力资本层次中处于最上端,已成为最为稀缺的生产要素,原因有三方面:首先,经营者人力资本的形成和获得并不是一个简单的过程或简单的积累。其投资量大，投资周期长，除了需要接受与常人一样的教育和MBA等培训之外，还需要一些必要的工作经历，比如，有机会在企业中进行实践和锤炼。这无论对企业来说还是对经营者来说都意味着巨大的机会成本。其次，企业经营者是一种异质性人力资本，个人特质和天赋对经营者人力资本的形成也起到至关重要的作用，最优秀的经营者都不是学校培养出来的。它要求企业经营者必须有较高的个人天赋，比如洞察能力、领导能力、沟通能力、抗风险能力、创新能力等，特别是较高的悟性和个人学习能力，能够在"干中学"中不断积累和提高自己的能力。因此，经营者人力资本的形成难度大、条件多、途径少。再次，经营者人力资本自身所应具有的独特的创新性也使其极为稀缺。杨增雄（2006）[93]认为一般人通常存在一种下意识的创新障碍，即在获得一定新知识后没有继续加以更新和投入再生产，只有极少数被称作企业家的人有毅力战胜这种习惯力量，从而实现新的组合。熊彼特认为，大约有四分之一的人口的创新精神极端贫乏，大约有一半的人具有中等水平的创新能力，只有四分之一的人具有超常的智力和意志，并且在创新性方面仍然有着强烈的、不同程度的分化，最后只有少数处在创新精神的金字塔的顶端的人才有被称为企业家的资格。尽管企业家只是经营者中的佼佼者，但与其他人群相比，其高度稀缺性可见一斑。最后，经营者具备了应有的自身条件后，还有赖于一个有利于发现和利用人才的外部环境，以便达到经营者的供求平衡，我国因长期的计划体制使得企业家人力资本形成的环境和制度至今不够成熟和理想。从社会对经营者人力资本的需求和供给的对比来看，企业对经营者人力资本的需求远远大于供给，这更加剧了经营者人力资本的稀缺程度。

典型的异质性。人力资本理论本来就是建立在资本异质性的基础上的。首先，从生产过程所提供的服务特点来看，非人力资本所提供的服务在相同的生产条件下，具有同质性和均匀性，而由人力资本所提供的服务由于不同主体的知识、经验、技能以及体力等差异还有主观努力程度的差异,即使在相同的生产条件下其所提供的服务也是异质的。其次,丁栋虹(2004)[30]又从价值创造的角度,将人力资本划分为异质性和同质性两类,前者是指在某个特定历史阶段中具有边际报酬递增生产力形态的人力资本。企业经营者的前述职能特别是创新职能,决定了企业经营者人力资本的高度异质性,由此所决定,企业经营者的报酬具有准地租性质,不同于职工工资。

定价机制的特殊性。首先,经营者人力资本属于无形资本而且是异质性资本,其价值难以事先确定。企业家人力资本的价值与对经营者的人力资本形过程中的投资量有关。在经营者人力资本市场上,一般把受教育程度作为其人力资本价值的传递信号,但这种传递的信号也可能是不十分准确的,"高分低能"的现象并不少见。另外,以受教育程度作为衡量人力资本价值的标准本身也不准确,经营者的知识与能力主要是通过"干中学"得来的。其次,经营者人力资本的价值在不断变化。由于经营者工作的性质不断地接受信息和积累经验,所以其人力资本存量总在增加;同时,其原有的知识、技能等也因社会及科学的发展而贬值。因此,经营者人力资本的价值始终处于"动态"过程,难以确定。再次,经营者人力资本的价值"事后"也难间接确定。虽然说经营者人力资本的价值与其使用过程中产生的收益有关,但由于经营者人力资本作用的发挥,主观能动性太强,难以观测,它还受其所在企业制度组织环境的影响,同一个经营者在不同的组织运用相同的人力资本获得的收益不同,同一个经营者在不同的时期其价值也有所不同,因人而异,因时而异。所以,经营者人力资本的价值难以度量。目前被广泛采用的经营者价值评价体系中,会计利润指标占相当的权重,但它所反映的各种因素容易被经营者操纵,较少受经营者控制范围以外的因素影响,更多反映的是企业自身的"信号"。(Guy Frederick, Earnings Distribution,2005)[96]在现有制度框架下,一种较为现实的方式就是以成熟的市场机制为基础通过科学制度设计对企业经营者进行间接定价。

很强的专有性。按照威廉姆森（O. E. Willianmson, 1980）[97]的解释，资产专用性是专门为支持某一特定的团队生产而进行的持久性投资，它一旦形成若改作他用其价值将大大降低，也就是说这种资产价值严重地依赖于团队的存在与集团对其他成员的行为。与此不同，资产专有性则是指其"专有的不可或缺性"，它意味着其所有者不但被其他团队成员所依赖，而且还难以被替代。不容否认，经营者既有专用性同时又有专有性，而专有性是其主要特征。

一定程度的可抵押性。人力资本总是处于特定的社会关系中。正是人力资本的社会特性决定了人力资本与其所有者并非是完全不能分离的（尽管从自然属性上看两者合而为一），也就是说人力资本具有一定程度的可抵押性。特别在现代公司中，物质资本越来越证券化，越来越容易规避风险和责任，经营者人力资本具有很强的专用性，而且声誉机制对他们的作用也越来越重要，这都使得经营者人力资本在一定程度上具有了可抵押的特性。

二、企业经营者人力资本产权的权能结构

（一）企业经营者人力资本产权的权能结构

1. 人力资本产权的界定

人力资本产权是一个内涵丰富且尚有争议的概念，不仅应该从多个视角理解，而且应把握其本质。在吸收上述观点的合理成分，并充分考虑兼顾大陆法系和英美法系法律概念体系，注意经济学与法学概念通约性的基础上，本书主张应该从广义和狭义上分别理解人力资本产权。狭义上人力资本产权就是指人力资本占有权。（有些经济学者称之为人力资本所有权）广义的人力资本产权是指市场交易过程中人力资本占有权及其派生的使用权、收

益权和处分权等一系列权利的总称以及人们行使这些权利的行为规则，其背后的决定因素是人们的社会经济关系。

同时我们还应该从静态和动态上分别理解人力资本产权。静态的人力资本产权指从人力资本投资和人力资本所有权的最终归属的角度来讲，只有作为人力资本载体的个体自由的人对自己的人力资本享有最终的占有权。即使人力资本的投资主体是多元的，也不能改变人力资本最终只能归个人占有的事实。反之从动态的角度讲，企业中的单个人力资本产权是作为企业整体权益的一部分，单个的所有者已经将人力资本的使用权、支配权等让渡给了企业，相应的人力资本产权主体的权利就变为对企业的控制权和剩余索取权。静态与动态分析的差别就在于是否考虑了人力资本交易的因素。

通过上述列举和分析，我们认为人力资本产权概念包括了三个方面本质内容：

第一，人力资本产权包括法律与经济两个层面的内容。法律的任务是进行权利配置，实现公平正义，所以偏重从静态的强调权利的最终归属。而经济强调成本收益，追求效率，所以偏重从动态上强调权利的利用。正像公平与效率需要兼顾一样，人力资本产权法律与经济两个层面的内容不可偏废。

第二，法定权利背后反映的是人们之间的社会经济关系。人力资本产权本身是个法律概念，但上层建筑决定于经济基础，人力资本产权又是社会经济要求的写照。人力资本产权实际上反映的是人力资本主体与他人之间的行为边界，这最终取决于经济的发展水平以及与此相适应的人力资本的重要程度等经济因素。

第三，人力资本产权的产生和实现以交易为前提，离开交易就不存在人力资本产权。如前所述，人力资本是资本化的人力资源，而人力资源资本化的过程是通过市场交易实现的。人的知识、才能，不进入市场，不通过交易进入企业就永远不是真正意义上的资本，也就更谈不上产权。

2. 企业经营者人力资本产权的权能结构

权能是一个法学概念，是指权利人利用其产权实现自己的特定利益，在法律规定的范围内可以采取的各项措施与手段。产权的不同权能表现为产权的不同功能和作用，是构成产权内容的有机组成部分。企业经营者人力资本产权的权能结构，动态、立体地反映了企业经营者人力资本产权所包含的占有权、使用权、收益权、处分权等内容。产权的权能与产权的定义存在密切联系，对产权的权能的理解取决于对产权的界定。如前所述，人力资本产权的界定有广义和狭义之分，又有静态和动态之别。本书主张如不是特别需要，应从广义和动态角度理解人力资本产权的定义及其权能。

产权的权能包括积极权能和消极权能。企业经营者的人力资本产权的消极权能是权利人在遭受侵害的前提下排除他人侵害的权利，它可以适用民事诉讼法规定的诉讼程序。

企业经营者人力资本产权的积极权能包括人力资本占有权、使用权、收益权和处分权等四项。它们通过一定的排列组合形成特定的权能结构。

经营者人力资本占有权，是指企业经营者本人对自身人力资本实施控制的权利。经营者人力资本占有权是经营者人力资本产权的基础，是经营者人力资本产权其他权能实施的前提条件。一般地说，谁拥有了经营者人力资本的占有权，也就拥有了实际的使用权，从而才能保证和实现他的人力资本的主体地位。由人力资本的依附性所决定，在文明社会人力资本占有权只能归其产权载体本人。

经营者人力资本使用权是经营者人力资本产权主体在权利允许的范围内以各种方式利用和为利用而支配其人力资本的权利。如果说使用价值是人力资本的属性，那么经营者人力资本的使用价值是通过人力资本的使用来实现的。使用权是实现经营者人力资本价值的基本渠道和途径。与经营者人力资本占有权只能归其主体自身不同，按照契约约定经营者人力资本使用权实际上已经转移给了企业。

经营者人力资本收益权是指经营者人力资本产权主体享有由其人力资本使用带来效用的权利，一般表现为货币或实物的享有、劳务的直接享有、精神的收益以及其他方面的满足。经营者人力资本的收益权是从使用权派生出来的。由经营者人力资本特性所决定，其收益权的实现形式应当有别于一般职工，应参与企业剩余分配。

经营者人力资本的处分权是经营者人力资本产权主体在权利允许的范围内以各种方式处分其人力资本的权利。这是在使用之外经营者对自己的人力资本进行自主支配的重大决定权。它是由人力资本的依附性、主观性等特性决定的。主要包括：一是经营者的迁移流动权。经营者有权改变人力资本的存在地点，即经营者人力资本可以在不同地区、不同部门、不同行业之间进行自由流动的权利。二是退出权。即改变人力资本存在方式的权利。经营者人力资本既可以在一定时期使其人力资本进入生产领域，处于使用状态之中，也可以在一定时期使人力资本退出生产领域而处于闲置状态。三是内容改变权。即改变人力资本内容的权利。经营者人力资本产权主体可以对人力资本进行投资，以提高其人力资本的存量。四是转让权。当允许以人力资本出资时，在一定条件下其人力资本出资可以转让。通过以上权利，人力资本处置权能够使经营者人力资本处于最佳市场位置和最佳使用状态，从而提高人力资本使用效率。

如果把企业经营者人力资本产权的权能结构看做一个完整的系统的话，则它由两个子系统组成。其中一个子系统是运行系统，由占有权、使用权、收益权和处分权四项权能组成。其中最为核心的是占有权，它只属于本人。其次是处分权，它只能限制却不可剥夺。再次是使用权与收益权。另一个子系统是由排除侵害权组成的救济系统。两个子系统一主一辅，相互作用，共同构成一个完整的系统。

3. 企业经营者人力资本产权产生的动态过程

以上对经营者人力资本产权权能的分析基本上是静态的，从个体人力资本角度进行的。这从一定意义上说只是一种抽象的分析，因为经营者如果不进入企业根本算不上真正的经营者。理论意义上的经营者成为实际意义上的经营者的条件有两个：一是现代企业业已成立，没有企业经营者就无从谈起。二是经营者个人以经营者身份进入企业。如前所述，根据进入企业的不同情况，经营者可以分为创业型的经营者，即经营者与企业同时产生。还有一种就是职业型经营者，由已经存在的企业的所有者或董事会选举或聘任经营者。不论哪种经营者在其以经营者身份进入企业前，他都只是个体人力资本所有者和潜在的经营者。这时他对个人的人力资本享有完整的四个权能的产权。就像物质资本所有者在向企业投资之前必须对其投资享有完整的个人所有权一样。因为个人对其人力或物质资本享有完整所有权是其充当独立签约人进入企业的前提。

实际上企业经营者人力资本产权利用是一个动态的、开放的、循环的过程。每一个循环需要三个环节：第一个环节是以经营者为代表的人力资本所有者和物质资本所有者同时存在，双方都对其人力资本和物质资本享有完整的所有权。这时两种资本都还处于个人所有状态，等待进入企业。第二个环节是两种资本所有者共同产生投资行为，签订契约共同组建或进入企业。进入企业后的两种个人所有权就不再具有个人性质，它们分裂为两种权利。一种是企业法人所有权（我国现行公司第三条将其称作法人财产权），包括对物质资本占有、使用、收益、处分以及对人力资本一定范围内的使用与收益，归企业享有。与此相对应，物质资本所有者享有股权，包括通过股东会参与企业重大决策，以及分取股息与红利等。人力资本所有者享有企业人力资本产权，包括对人力资本的占有、处分，以及参与决策，分得报酬等。企业人力资本产权和股权的内容都应包括特定产权与剩余产权两部分。第三个环节是经营者人力资本通过某种方式退出企业，重新回到个人人力资本产权状态。整个过程是一个从分散到集中再到分散的过程。其中第二阶段的集中本身就是集中与分散、集合产权与个体产权的对立统一。可以表示如下：

表1 企业人力资本产权产生的动态过程

投资前	投资行为	公司存续中	公司解散	公司终止后
公司	公司成立	法人所有权	公司终止	丧失法人所有权
个体物质资本所有权	权利转换	股权	权利转换	个体物质资本所有权
个体人力资本所有权	权利转换	经营者人力资本产权	权利转换	个体人力资本所有权

（二）企业经营者人力资本产权与法人所有权、企业所有权的关系

1. 企业经营者人力资本产权与法人所有权的关系

企业法人所有权是一个法学概念，是指企业法人依法对自己的财产享有占有、使用、收益和处分的权利。企业法人所有权的权属范围是企业法人的全部财产，包括：由股东出资形成的财产和企业经营过程中所增值的财产；从权能上说，企业法人对其全部财产享有完全的占有、使用、收益和处分的权利；从抽象属性上说，企业法人对其财产享有完全独立的支配权。企业法人所有权是建立在物质"资本利益至上"观念之上的现代公司制度的基石。

传统公司法理论认为，一方面，公司法人所有权源于个人所有权，离开个人所有权，企业法人所有权就成了无源之水、无本之木。离开个人所有权，企业法人所有权既不可能产生也没有存在意义。企业法人所有权是个人所有权的延伸和扩张。企业法人所有权不过是股东获利最大化的一种工具和制度设计，是调和股

东获利最大化与维护交易安全的产物。从终极意义上说,个人所有权是起点和终点,企业法人所有权是重要的中介和手段。并不是所有的个人所有权都要通过企业法人所有权来实现。另一方面,公司法人所有权是克服个人所有权局限的产物和工具,它对个人所有权具有排斥性。公司法人所有权不同于个人所有权,从法律上讲,它是一种新的所有权形式,而且是近现代社会个人资本社会化的重要实现形式。

尽管人力资本所有权的观念和制度晚于物质资本的个人所有权,但是相对于企业法人所有权来说,经营者人力资本所有权与物质资本的个人所有权性质是一样的。只不过前者不能脱离其主体独立存在而后者可以独立存在。

上述分析说明,企业法人所有权与股权和经营者的人力资本产权应该是一种伴生关系。它们相互依存,不可偏废。没有独立的企业法人所有权,股权和经营者的人力资本产权就缺少外在的保护。同样,缺少对股权和经营者的人力资本产权的保护,企业法人所有权也就缺少内在的支撑,成为一个空壳。

2. 企业所有权的内涵

企业所有权是一个特定的经济学概念,其内涵经历了一个逐步完善的过程。从最初专指剩余索取权,到专指剩余控制权,再到现今通常理解的包括剩余控制权与剩余索取权。(张维迎,1996,2005)但是不少学者对此界定提出了质疑,[1]并一致主张用控制权替代剩余控制权,将企业所有权界定为包括控制权与剩余索取权。(年志远,杨春霆2004)[98]

---

[1] 张维迎在《企业的企业家——契约理论》中认为,剩余索取权是一个不好定义的概念,因为无法确定是经营者的权力,还是对管理者本身的权力。因此他本人有时也适用控制权来解释企业所有权。杨其静在《合同与企业理论前沿综述》中也认为,剩余索取权不是一个科学的概念,如不慎重使用,会造成不必要的混乱。杨瑞龙、周业安在《企业的利益相关者理论及其应用》中主张为了避免因概念内涵的含糊性引起的理论混乱而不是用剩余控制权的表述,盖骁敏在《企业人力资本产权研究》也持相同观点。

至于控制权与剩余索取权的关系，学者们一致认为有效的企业制度一定是控制权与剩余索取权的对称安排。[99-101]这两种权利结合使用的理由是：第一，控制权与收入权是高度互补的。因此，根据严格互补资产应该统一支配的原理，把它们配置给同一个人才是合理的。不然，一方拥有资产的控制权，而另一方拥有大部分收益权，那么，前者就不会有多大激励开发资产的新利用方法，因为增加的收益大部分归后者。同样，后者也缺乏这方面的激励，因为他必须就他对新办法的权利与前者谈判。换言之，两者分离就会导致套牢问题。第二，资产使用的短期收入与长期收入分别取决于生产经营决策与资产经营决策。如果资产的使用者只有生产决策权，并通过高额激励契约获取短期收入，那么，他们就可能会有短期行为，甚至滥用资产；相反，如果将他们的收入与长期决策权结合在一起，那他们至少就会在短期和长期行为之间平衡他们的活动。第三，有时，这两者根本就不能分离。第四，两者分离还会导致公司控制权市场的低效率，使具有较高个人利益但较低总价值的经理班子，在与个人收益较低，但却可为全体股东创造较高价值的经理班子的接管竞争中获胜。

至于两者如何对应，还存在不同观点。主流观点认为剩余收益权依赖于控制权。(Hart and Moore，1990)[102]从法学角度分析，剩余索取权属于自益权和目的性权利，控制权则属于共益权和手段性权利。它也从一个侧面证明了剩余收益权依赖于剩余控制权的必要性。此外，两者互为补充，在一定程度上还具有很强的替代性，共同构成一个统一的整体。

3. 三者的关系

一方面，企业所有权与法人所有权存在密切联系。法人所有权是企业所有权的前提，法人所有权控制着企业所有权。企业所有权是法人所有权内涵的延伸。剩余索取权是财产所有权中收益权在企业治理结构中的延伸；而控制权则是控制给定财产的占有权、使用权和处置权。(杨瑞龙，周业安，2000)[103]

另一方面，企业所有权与法人所有权也存在一定区别。郭金林（2002）[104]将企业产权分为两种：一种是完全企业意义上的特定产权，另一种是不完全企业意义上的剩余产权。特定产权是指契约明确规定的产权，剩余产权则是指契约没有规定的产权。按照这一分法，在内涵上，企业所有权至少没能包括法人所有权内涵中包含的特定索取权，这是应当予以说明的。但是企业所有权却已包括了法人所有权最核心、最实质的内涵。企业所有权概念更能展示它的丰富内涵，更容易分析它的协调和激励作用，也更易于融入主流经济学框架。（费方域，1998）[105]

由于企业所有权是一个具有重要分析价值和解释意义而且被经济学界普遍接受和经常使用的概念，本书在接受将企业所有权界定为控制权与剩余索取权的定义的同时，也使用企业所有权的概念来分析企业经营者人力资本产权。这样企业经营者享有人力资本产权也就可以表述为分享企业所有权。

企业经营者控制权的分享主要是通过公司治理制度安排中规定经营者的法律地位和权利义务来实现，企业经营者剩余索取权的分享则主要通过年薪制、经理股票期权、人力资本出资等形式实现。

三、企业经营者人力资本产权的特性

人力资本产权的特性与人力资本的特性既有密切联系，在表述上也应注意加以区别。前者是由后者所决定的，是后者在产权方面的反映。企业经营者人力资本产权的特性主要有：

（一）个人占有的天然性

人力资本产权具有人身权与财产权的双重法律属性。如前所述，经营者的人力资本只能天然地由载体个人占有。经营者人力资本的形成，无论投资主体是国家、企业组织还是经营者个人投资都将天然地归属于经营者个人占有。这是由人力资本的人身权法律属性所决定的。通过载体个人自我投资形成的经营者人力资本，存在于载体个人体内，由其载体占有、使用收益、处分，这种主张易于接受。对现实社会中存在的国家和企业组织对经营者人力资本的投资行为，国家和企业作为人力资本的投资主体，即使有权主张其所投资的人力资本的使用权，也不可能违背人道地直接占有经营者的人力资本。人力资本投资者的权益只有通过使用权方式实现。这就对契约和法律制度提出了很高的要求。

（二）产权残缺时的自贬性

在经营者完整的人力资本的占有、使用、收益和处分等权能中，有一部分权利可能由于违背市场交易法则或无效、低效的制度安排而被限制或删除，从而导致经营者人力资本产权的"残缺"。当经营者人力资本产权发生残缺时，会自动贬值或将自己相应的人力资本关闭起来，通过自贬和关闭人力资本达到效用享有的均衡。人力资本是一种"主动财产"，这种财产的开发利用完全由占有者本人控制。发生残缺时，被经营者所关闭起来的人力资本根本不可能被集中到其他主体的手里而做同样的开发利用。经营者天然拥有其人力资本，他和企业组织订立契约，按既定契约与企业进行人力资本产权交易，各自让渡相应的权利，经营者凭借其人力资本，依据契约享有让渡人力资本的利益。对于让渡给企业的人力资本，企业可以根据自身的愿望，要求经营者使用其人力资本，并按契约支付报酬。如果因为组织问题或企业安排不当等原因，使得经营者人力资本产权受损，即企业没有按照契约规定使用经营者的人力资本，此时经营者就可能采取自贬办法，将相应部分的人力资本封闭起来，出现工作责任心低下的现象，使经营者人力资本价值下降。由于经营者的行为会影响到企业的生存和发展，经营者人力资本产权发生残缺所造成的损失是无法估计的。

（三）价值实现的自发性

基于人力资本的主观或主动性，人力资本总是自发地寻求实现自我的市场。在经营者人力资本产权受损、出现产权残缺时，其人力资本会顽强地表现自己，发现市场，实现自己的价值。作为私产的人力资本，从来没有"干净彻底"地被消灭过。它要么"没有"了，在权利完全不被承认的时候；要么顽强地表现自己，"发现市场"，没有白市找灰市，没有灰市找黑市，"人还在，心不死"，就是要实现自己的价值。[71]21 经营者价值实现的自发性还决定于企业管理方式的变迁。在传统企业的一般岗位，企业管理的特点是一切求标准化，要做到标准化，劳资双方要重视外部承诺。即工作由他人界定，执行工作所需要的行为由他人界定，效果和目标以及目标的重要性也都有他人界定。而现代企业的经营者岗位实行内部界定，执行工作目标所需要的行为以及目标的重要性由自己界定，成效则由相关者共同界定。这种内部界定造成的监督上的困难，更方便了在产权残缺下经营者寻找其他市场实现自己的价值。

（四）收益的外部性

人力资本收益的外部性是反映人力资本产权主体的个人收益与社会收益之间的关系。如果人力资本的使用带来的个人收益小于社会收益，则称人力资本的使用产生了正的外部性，反之则称人力资本的使用产生了负的外部性。企业经营者是企业的中心签约任何企业各种资源的组织者，是企业文化的创造者和主要维护者，其行动显然具有很强的示范效应和影响力，如经营者的人力资本能得到很好的承认和保护，其积极性得以制度激励，显然有很强的正外部性。人力资本收益的负外部性有的学者将其称作专有（exclusive）性，即这种资源一旦从企业退出，将导致企业团队能力下降，组织租金减少甚至企业组织的解体。正像生活中的作用力与反作用力一样，如经营者的人力资本能得不到很好的承认和保护，其积极性不能得以制度激励，企业经营者的跳槽或非正常离任会对企业带来很大的负外部性。

（五）收益的长期性

经营者人力资本收益的长期性是与经营者人力资本使用的增值性联系在一起的。虽然经营者人力资本像普通人力资本一样有"折旧"，会随着时间的流逝而部分地或全部地变得陈旧、低效或完全丧失使用价值，但是经营者人力资本有很强的自学能力和自我积累功能，新的知识和技能不断地"凝聚"在载体中，因而总量不但不会减少，反而有日益增长之势。经营者人力资本收益的长期性还表现在代际效应和社会影响上。长期在经营者家庭中生活的人，其经营者人力资本较易形成。据楞次等人1990年的调查，在1085个美国经营者中，有一半属于第二代经营者。据石秀印的调查，我国私营经营者中，是机关、企事业干部亲戚的私营经营者占36.1%，是机关企事业干部朋友的私营经营者占47.4%，而将普通工人、农民作为关系密切的亲戚和朋友的人很少成为经营者。

四、分析框架

综合上述内容，本书构建了一个企业经营者人力资本产权的理论分析框架，并将其表述为企业经营者分享企业所有权的理论分析框架。

概括地说，企业经营者分享企业所有权的理论分析框架可表述为：企业经营者人力资本—企业经营者人力资本产权—企业所有权。企业经营者人力资本产权处于该理论分析框架的核心地位，企业经营者异质性人力资本是企业经营者人力资本产权内在原因和权利来源，而企业所有权是其实现形式。

根据田国强教授关于经济学理论分析框架的观点[①]，企业经

[①] 资料来源：田国强：《现代经济学的基本分析框架与研究方法》，http://finance.sina.com.cn，2004年12月22日。

营者分享企业所有权的法经济学分析框架,也应当由以下五个部分或步骤组成:(1)界定经济环境;(2)设定行为假设;(3)给出制度安排;(4)选择均衡结果;(5)进行评估比较。分述如下:

界定经济环境。本理论分析框架关于经济环境的界定有两个。一是企业外部治理环境。要求实行市场经济体制,具备规范的企业外部市场环境。缺少了企业外部治理环境的保障,企业经营者人力资本产权和企业所有权就不能得到正常行使,甚至被严重扭曲。二是承认法人所有权。没有法人所有权的外在保障,企业就不是规范意义上的法人,企业经营者人力资本产权与企业所有权就会直接面临来自企业外部的侵害。在界定的经济环境中,潜在的企业经营者与物质资本所有者可以通过平等地签订契约进入企业。

设定行为假设。人的行为假设,即经济人假设。企业经营者和物质资本所有者一样都是作为经济人出现的,都具有自利动机和理性行为,总是以追求自身利益最大化为目标,经济人还具有机会主义动机。作为经济人的企业经营者既需要激励与保护,也需要监督与约束。

给出制度安排。关于制度安排,涉及企业经营者(异质性)人力资本与企业经营者人力资本产权两个基本概念。一是企业经营者(异质性)人力资本,其核心要素就是企业经营者的能力。具体包括决策能力、创新能力、组织协调能力和资源整合能力等。二是企业经营者人力资本产权,具体包括占有、使用、收益、处分四项积极权能。给出的制度安排是,随着企业经营者(异质性)人力资本价值的不断提升,企业经营者开始提出产权主张,企业应当承认企业经营者人力资本产权。

选择均衡结果。上述给出的制度安排是企业承认企业经营者人力资本产权。但是在现代企业中,企业经营者不是唯一的利益主体,物质资本所有者也不会放弃一切企业产权。在利益相容基础上企业经营者与物质资本所有者长期博弈的均衡结果是共同分享企业所有权。这里又涉及企业所有权的概念，如前所述它由企业控制权与剩余索取权构成。企业经营者的人力资本产权与企业所有权的内容存在对应关系。企业经营者的收益权与企业所有权中的剩余索取权对应，企业经营者人力资本产权的占有、使用及处分权与企业所有权中的控制权相对应。

　　这样，整体来说，企业经营者人力资本构成企业经营者人力资本产权的内在原因与权利来源，而企业经营者人力资本产权则是企业经营者人力资本价值实现的手段。同时企业经营者人力资本产权是其分享企业所有权的依据和权利来源，企业所有权则是企业经营者人力资本产权实现的手段。

　　进行评估比较。通过第二章企业经营者人力资本产权制度变迁的分析，西方企业承认企业经营者人力资本产权带来的企业发展活力，以及我国国有企业不承认和没有合理配置企业经营者人力资本带来的企业发展困境，从正反两个方面评估比较了两种制度安排的不同绩效。另外，通过企业经营者人力资本特性的分析可以证明企业经营者人力资本产权是符合企业经营者人力资本内在要求的制度安排，企业合资契约性质的分析和双向委托代理关系的分析，可以证明企业经营者与物质资本所有者之间存在激励相容关系。企业经营者人力资本产权制度的效益分析可以证明承认企业经营者人力资本产权是一种可以增加收益降低成本的有效的制度选择。我国正反两方面的典型案例也从实证的角度验证了承认企业经营者人力资本产权的重要意义。

　　上述内容如图3所示。

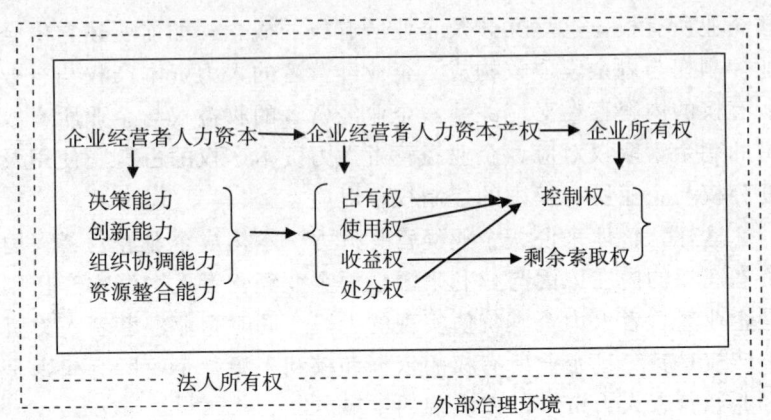

图 3　企业经营者分享企业所有权的法经济学分析框架

五、小　　结

本章对企业经营者人力资本、企业经营者人力资本产权以及企业经营者人力资本产权的特性等内容作了系统研究。得出以下结论：

第一，企业经营者就是接受企业所有者的委托，以自己的异质性人力资本来专门从事经营企业的人。

第二，企业经营者人力资本即企业经营者的人力资本，是最高层次、最稀缺、最重要的企业人力资本。企业经营者人力资本产权就是企业经营者对自己的人力资本所享有的占有、使用、收益、处分等法定权利。它通过占有、使用、收益、处分四项权能实现。企业经营者人力资本产权实现的实质就是分享企业所有权，包括企业控制权与剩余索取权。

第三，企业经营者人力资本产权具有个人占有的天然性、产权残缺时的自贬性、价值实现的自发性、收益的外部性和收益的长期性等。准确把握企业经营者人力资本产权的特性是进行有效的制度设计并使企业经营者人力资本产权得以充分实现的前提。

第四章 企业经营者享有人力资本产权的理论依据

任何一项制度设计都必须符合事物的内在逻辑与发展规律。科学的理论是人们认识事物发展规律的有力工具。在前一章完成对企业经营者人力资本的权能结构与特性的研究之后,本章就运用人力资本理论、基于人力资本理论的企业契约理论、基于人力资本理论的委托代理理论和交易费用理论,构成一个理论分析框架,分析企业经营者人力资本产权的理论依据。

一、人力资本理论

(一) 企业经营者人力资本产权的客观基础

1. 人力资本是一种越来越重要的无形财产

如前所述,尽管人们对产权还有着不同理解,但是产权通常是指基于财产而形成的人与人之间的行为关系。"这意味着,财产是产权的客体和基础。"(袁庆明,2005)[106]208 任何事物要成为财产,最基本的条件就是具有经济价值。人力资本增长理论早已证明,人力资本作为一种无形财产,不但具有经济价值,而且其经济价值已经超过其他财产的价值,随着现代社会从工业社会向知识社会的变迁,人力资本的价值还将呈现上升趋势,人力资本的投资越来越受到重视。舒尔茨采用收益率测算了教育投资(只是人力资本中的一项内容)对美国1929－1957年间经济增长的贡献,得出两个著名结论:一是教育投资增长的收益在劳动收入增长中的比例是70%,二是教育投资增长的收益在国民收入增长中所起的作用是33%。另外,人力资本理论还发现教育会产生知识与非知识两种效应。前者是指人接受了教育,有了知识,提高了技能、文化素质,会减少失业的危险,增加对新工作的适应性,提高劳动生产率;后者是指人接受教育后,可以改变不正确的价值观念,增强对工作和对社会的责任感,提高工作的积极性和主动性,激活和带动物质资本创造更多财富。可见教育投资是人力资本投资中最为重要的内容。

2. 企业经营者人力资本参与创造了企业剩余

人力资本不仅是重要的个人和社会财产,在它进入企业后也构成重要的企业财产。首先企业经营者人力资本是作为资本品投入企业的。资本首先是作为一个基本的经济学概念出现的,尽管学者们对资本的表述异彩纷呈,而且西方经济学与马克思主义经济学在对资本的理解上存在分歧甚至对立。但有两点应当是存在共识的:一是资本或资本品都是生产出来的,必须具有价值。二是价值增值是资本的基本经济属性。既然人力资本理论将企业经营者人力资本作为一种资本,那么经营者人力资本是具有生产成本的,它被投入到企业就意味着不仅要填补其成本,而且要追求最大限度的收益。

其次,企业经营者人力资本参与了企业剩余创造的过程。有的经济学家主张,应该从资产使用角度研究产权,随着资产的实用技术性的被开发,资产价值会发生变化,让最能影响资产价值变化的一方拥有所有权将是最有效的。哈特等人也强调要使对投资行动最重要的一方取得对剩余权利的所有权。英国古典经济学家关于财富创造与分配的一句名言"劳动是财富之父,土地是财富之母"对我们来说早已耳熟能详。其实西方经济学关于财富分配问题的研究可以追溯到亚当·斯密。他认为"一国土地和劳动的全部年产物,或者说年产物的全部价值,自然分解为土地地租、劳动工资和资本利润三部分。这三部分构成三个阶级人民的收入,即以地租为生,以工资为生和以利润为生者三种人的收入。"

第四章 企业经营者享有人力资本产权的理论依据

萨伊发展了斯密的理论观点,他以效益价值论为出发点,提出了被马克思称为"三位一体"的公式:资本、劳动力与土地都是价值的创造者,利润是资本的报酬形式、工资是劳动力的报酬形式,地租是土地的报酬形式,全部价值由这三种收入组成。由资本—利润、劳动力—工资、土地—地租,这三组平行关系组成的"三位一体"公式构成了西方经济学分配理论的基础。

在"三位一体"公式基础上,马歇尔用价格代替价值,并从资本要素中进一步分解出组织要素,认为土地、劳动、资本和组织的价格一起形成了产品的价值,从而将三要素论扩展为四要素论。相应地,原来作为资本的报酬形式的利润也分解为利息与利润。

在这里,组织的功能在于影响并决定最终产品的实现,包括企业组织、行业组织以及提供公共安全保障和服务的国家组织。组织的报酬形式是利润,资本的报酬形式是利息。这样马歇尔的四要素论或"四位一体"公式概括地说就是:资本—利息、组织—利润、劳动力—工资、土地—地租四组平行关系。这里的组织虽然还不是特指企业家才能,但由于企业家承担了企业内的组织与协调功能所以它已经明显地包含了企业家人力资本的因素。

如果说马歇尔认为企业家是从市场不均衡到均衡的过程中获得利润,则熊彼特正好相反,他认为,企业家是从市场均衡到不均衡的过程中获取利润。熊彼特在他的《经济发展理论》中给企业家赋予了创新者的角色。他认为企业家是资本主义发展的发动机,是最具活力的因素。其创新就是建立一种新的生产函数,把一种从未有过的生产要素和生产条件的新组合引入生产系统。关于企业家的报酬,他认为通过创新,实现企业生产、经营、管理等各方面的新的组合。企业家的这种创造性工作,是企业利润的主要源泉。

如前所述,奈特区分了风险和不确定性这两个概念,认为风险是可能推测和可以通过保险来抵消的,不确定性则是难以推测

-107-

和不能通过保险来抵消的。最优风险分担原则应当是让风险规避度高的人承担小的风险，让风险规避度低的人承担大的风险。并给企业家赋予了"不确定性决策者"的角色。按照他的理论分析，在经营决策过程中企业家自然也创造了企业剩余。

人力资本理论诞生后，以明赛尔为代表的人力资本分配论学者就开始关注资本对个人收入的影响。20世纪后期，西方经济学家对人力资本的研究逐渐深入到微观层面的人力资本参与企业收益分配。研究的成果表明，人力资本已经成为企业资本的重要组成部分，以经营者和技术人员为代表的高含量的人力资本已经成为创造企业剩余和参与企业剩余分配的一种独立因素，而且它不同于人力资本含量较低作为另一个要素"劳动者"的低级劳动力。这样企业的价值分配格局相对于上述四要素论就又发生了重大变化。参与价值分配的要素变为土地所有者、物质资本所有者、包括经营者在内的人力资本所有者和劳动力所有者。其分配格局为：

土地所有者——地租　　物质资本所有者——利息加利润1
人力资本所有者——利润2　劳动力所有者——工资

国内有些学者如冯子标教授等称其为"新四位一体公式"。另外郭飞（2002）[107]还提出了"要素财富论"，其具体内容包括生产要素的构成、生产要素的配置、生产要素的替代和生产诸要素的作用四个方面内容。"要素财富论"主张，在人类各社会，劳动力、资本、管理等生产要素都是使用价值或社会财富的源泉。社会财富的质量不仅取决于生产要素的质量，而且取决于生产要素的配置。在社会财富创造过程中，生产要素之间客观上存在多方面的替代关系，但资本无论如何也不能全部替代劳动。总体来说，在创造社会财富的过程中劳动力是具有决定性的因素。尽管"要素财富论"将人力资本特别是企业家人力资本笼统地包括在劳动力的要素中，但它从一个侧面为上述"新四位一体公式"提供了理论支持。

这里需要补充说明的是"新四位一体公式"和"要素财富

论"都不但不是对马克思劳动价值论的否定,而且可以从马克思的劳动价值论中得以验证。马克思划分了简单劳动与复杂劳动,并指出"比社会平均劳动较高级较复杂的劳动,是这样一种劳动力的表现,这种劳动力比普通劳动力需要较高的教育费用,他的生产要花费较多的劳动时间,因此它具有较高的价值。既然这种劳动力的价值较高,它也就表现为较高级的劳动,也就在同样长的时间内物化为较多的价值。"(马克思,1972)[108]本书认为按照这一逻辑,如果说在同一时间内,复杂劳动创造的价值是简单劳动的"倍加",那么企业经营者创新劳动所创造的价值就就是简单劳动的"乘幂"。按照劳动价值论的逻辑,现代社会上述创新劳动也创造了剩余价值,它从一个侧面支持了人力资本产权理论。

党的十六大报告文件中提出"必须尊重劳动、尊重知识、尊重人才、尊重创造,这要作为党和国家的一项重大方针在全社会认真贯彻。""要形成与社会主义初级阶段基本经济制度相适应的思想观念和创业机制,营造鼓励人们干事业、支持人们干成事业的社会氛围,放手让一切劳动、知识、技术、管理和资本的活力竞相迸发,让一切创造社会财富的源泉充分涌流,以造福于人民。""确立劳动、资本、技术、管理等生产要素按贡献参与分配的原则,完善按劳分配为主体、多种分配方式并存的分配制度。"从方针、观念和制度建设的高度,全面阐述了"管理"要素及经营者人力资本的重要作用。为企业经营者人力资本产权制度提供了理论和政策依据。

上述研究表明,企业经营者人力资本的使用价值是其享有产权的客观基础。

(二)企业经营者人力资本产权的制度基础

外部性是马歇尔首次提出的概念,此后不同的经济学家分别从"公共产品"、"集体行动"、"外部侵害"、"囚徒困境"以及"个人收益率与社会收益率不一致"等多个角度入手,界定外部性的内涵和实质。但总的来讲,外部性是指一个人的行为及后果,不是通过价格机制,但却直接影响到了别人或社会的事实。诺斯(1999)[109]高屋建瓴地将外部性的内涵和实质界定为"私人的收益或成本与社会的收益或成本不一致"。外部性分为正外部性与负外部性。前者是指私人的成本大于社会成本或私人收益小于社会收益;后者是指私人的成本小于社会成本或私人收益大于社会收益。当存在外部性时"搭便车"行为就出现了。

关于人力资本的外部性,从人力资本理论的奠基者舒尔茨、贝克尔到新经济增长理论代表人罗默、卢卡斯等都予以了关注并进行过论述。新增长理论就是建立在人力资本的"外部效应"基础之上的,即经济的持续增长的驱动力是人力资本的外部效应。罗默从知识资本的角度研究了人力资本的外部性。他认为,知识和人力资本是经济增长的决定性因素,知识生产的基础是人力资本的投入和原有知识的累积,知识累积量与用于生产知识的人力资本的边际生产率成正比。卢卡斯(2003)[110]认为,经济发展取决于整个社会平均的人力资本水平,人力资本的增长率与人力资本生产过程的投入产出率、私人和社会平均的人力资本在最终产品生产中的边际产出率正相关,与时间贴现率负相关。他还首次明确提出了人力资本的"内在效应"和"外部效应",前者是指人力资本能给其所有者带来收益,后者是指人力资本能促进社会经济发展,但其所有者并不能因此而获益。人力资本的外部效应从一个人扩散到另一个人,一个有高人力资本的个人能影响周围人并促进生产率的提高。他还由此估计美国的人力资本外部效应的产出弹性为 $r=0.4$,即人力资本总收益的大约40%流向他人。不仅如此,卢卡斯还敏锐地发现"不同的人力资本积累活动产生的外部收益和私人收益之比 必然是大不相同的"。从而为进一步研究企业人力资本以及分类研究企业各种人力资本的外部性提供了路标。正如杨增雄[93]所说,卢卡斯对于人力资本理论的独特贡献在于,突破了以科斯为代表的传统企业理论只涉及物质资本外部性的窠臼,将外部性的研究客体转向人力资本,为后来者研究人力资本产权的性质和功能指明了方向。

　　研究企业经营者人力资本外部性,首先,按照应以企业为边界将其外部效益分为直接的外部效应和间接的外部效应两种。前者是指在企业内部经营者对其人力资本的运用所产生的影响,其外部性或溢出效应主要在企业内部传递。由于经营者在企业中通过对一般人力资本和物质资本的合理配置和有效利用,形成组织的"协作力",能够创造比单个生产要素简单相加大得多的"合作租金",因而经营者人力资本在企业中的使用效率最高、正外部性最强。据学者统计,一般人力资本使用效率提高1%,生产增加0.75%;而企业家人力资本使用效率提高1%,则生产增加1.8%。另外,一个长期在位的优秀的企业家必然使企业打上个人的烙印。正所谓企业家的异质性决定了企业的异质性,"企业体现了企业家人力资本的特殊性,……企业家将各种必要的生产要素按照自己的意志整合为特定企业的过程,实际上也就是企业家将自己的企业家人力资本物化在特定企业的过程。"(杨瑞龙,杨其静,2005)[111]企业家的价值观还决定了企业文化。这显然也是一个外部性自然发生的过程。

　　企业经营者人力资本的间接外部效应,是指通过本企业这一载体,经营者的活动溢出效应使外部性的影响突破本企业范围,从而使整个社会经济获得发展。如福特发明的汽车流水线,通过知识传播,最终使整个行业和消费者受益。基于同样原因,在美国20世纪80年代经济处于低落的时期,艾科卡(1988)曾不无自信地说如果有50个真正的企业家,美国的经济就会振兴。

　　上述经营者人力资本很强的正外部性可能对人力资本所有者造成损害并导致人力资本使用效率低下和人力资本投资不足。人力资本外部性的解决方法除了政府加大人力资本投资,承担一部分人力资本投资成本外,明确人力资本产权也是主要手段。因为人力资本产权的一个主要功能就是将人力资本外部性内在化,使人力资本的私人收益接近社会收益。(黄乾,2004)[112]尽管解决外部性问题的方法包括征收庇古税、实现内部化和进行产权配置。但经营者人力资本受企业人力资本属性的限制，前两种方法难以奏效，由经营者人力资本依附性所决定，企业必须在经济活动中首先明确经营者的人力资本产权，通过产权明确所产生的激励内容，使其外部性在产权交易中获得补偿。这样明确产权就成为解决经营者人力资本外部性内在化的基本前提和根本方法。当然，人力资本的正外部性是无法完全消除的，人力资本产权只能使人力资本所有者尽可能多地获取他应得的权益。

上述研究表明，企业经营者人力资本的外部性是其享有产权的制度基础。

（三）企业经营者人力资本产权的现实基础

"企业"一词源于英语中的 enterprise，原意为企图冒险从事某项事业，后来用来指经营体或经营组织。日本用汉字将其意译为"企业"，后来传入中国。在汉语中"企业"两字耐人寻味。其中"企"字，由"人"和"止'构成，离开了人一切都会停止。在构成企业的各种要素中，最为重要的是"人"，特别是关键人物。目前企业的各种形态中最为重要的是公司。"公司"，在英语中通常为 comporation 或 company，公司虽为舶来概念，但其中文翻译却十分贴切。其中"公"字含有无私、共同的意思，"司"字则是主持与管理的意思，两者合在一起，就是众人共同从事或主持其事务。这同样离不开人。

企业经营者人力资本是企业最高层次、最为核心的人力资本，具有高度稀缺性。旧制度经济学家认为所有权的基础是稀缺性。应研究稀缺与产权的关系，把产权看做是资源稀缺的制度性反映。

新制度经济学的制度变迁理论认为，产权制度变迁的最终实现取决于产权制度变迁的成本与收益的比较。在一个时期，变迁的成本太高，变迁就难以实现，"如果预期的净收益超过预期的成本，一项制度安排就会被创新"，"资源稀缺程度的变化之所以能够影响产权制度的变迁就在于它必然导致这种资源价值的上升或下降，进而影响到产权制度变迁的成本和收益，并导致产权制度的变迁。"[106]209 从人类社会发展历史来看，我们已经经历了农业社会和工业社会并正在向知识经济社会迈进。在这三种不同的社会，资源稀缺程度不同。三种不同的稀缺资源分别代表了三种不同的社会形态。农业社会土地最稀缺，所以产权保护的主要对象是土地资本。工业社会最稀缺的是物质资本，所以物质资本成为产权保护的主要对象，并盛行资本雇佣劳动的逻辑。知识经济社会作为知识载体的人力资本最稀缺，所以人力资本应当成为产权保护的主要对象，并将流行资本追逐知识的逻辑。

津加莱斯（Zingaies，2000）[113]对企业的崭新定义也支持了经营者人力资本产权的观点。他将企业定义为围绕关键性资源而生成的专用性投资网络，进而认为公司治理就是在一个不完全契约中围绕准租金进行的事后讨价还价的复杂约束集。

全面理解津加莱斯对企业的定义，我们认为它至少包含两层含义：第一，从静态来讲，"关键资源"既可以是非人力资本，也可以是人力资本，它决定了企业的实质和企业的产权关系，自然也有权分享企业产权；第二，从动态来讲，企业产权安排主要取决于各要素的相对重要程度，是组成企业的各要素的拥有者在争夺权力的谈判中博弈的结果。

具体来说，在决定各自地位的博弈中影响博弈结果的最终因素是各方的实力。那么，在企业产权的争夺中，各方的实力或者筹码又是什么呢？它只能是各方所拥有的组成企业的关键要素在有外来要素市场存在的情况下的相对稀缺程度或替代难易程度。[114]那么，由于各要素的相对稀缺程度或替代难易程度不同，在企业产权争夺的博弈中，资产稀缺性强的一方，一方面由于缺乏有效的竞争，其资产价格难以通过市场竞争确定，价格信息不充分，成为提供非完备契约的一方，创造了"未知空间"，也就是企业剩余；另一方面它难以被替代，对企业的存在也较为关键，其拥有者的威胁更可信，因为一旦它退出，企业可能会因为难以在要素市场上找到新的替代要素而解散，从而在博弈中占有主导地位。相反资产稀缺性弱的一方,一方面由于存在充分竞争,其资产价格易于通过市场竞争而达到确定,其信息是完备的,因为竞争可以提供充分信息,成为提供完备契约的一方。另一方面由于企业很容易找到新的参与者来替代,其拥有者发出的威胁是不可信的。从而在博弈中占有弱势和被动地位。

由于企业经营者是企业的稀缺资源,而它对企业发展的重要性又使得需求缺少弹性,因而其在博弈中占有强势、主动地位。(Erickson Truls,2002)[115]另外,"企业控制权除了受到资产稀缺性影响外,更重要的是受到契约各方在企业位置影响,因此契约各方因各自在企业位置的不同而享有不同程度的控制权。"(柏培文,孟宪忠,2005)[116]企业经营者处于企业组织、指挥与控制的地位,而且是提供非完备契约的一方,自然需要享有剩余控制权和剩余分配权。只有允许其分享企业产权才能降低企业整体成本,最终提高企业收益。

上述研究表明,企业经营者人力资本的稀缺性是其享有产权的现实基础。

二、基于人力资本理论的企业契约理论:从雇佣契约到合资契约

如前所述,公司制企业是职业经理人的生成母体,考察职业经理人的产权特点和产权关系就必须放在企业框架内进行。企业的经济性质是什么的问题是经济学研究最为重要、最为复杂、分歧也最多的问题之一。对于这个问题的回答也是研究经营者人力资本产权的逻辑起点。

(一) 关于企业的两重属性

要回答企业的经济性质是什么的问题,首先要全面把握企业的属性。实际上经济学家对企业经济性质的不同理解都是建立在对企业属性不同把握之上的。正像人力资本具有自然属性与社会

属性一样，企业也具有自然和社会两重属性。国内学者通常称其为企业的生产性与交易性（也有的称作契约性）。企业的生产性是指企业是一种生产协作组织，是以生产活动为基础展开的，其存在的意义在于创造价值，改变自然资源的使用价值，形成新的财富形式和增加财富的总量。企业的交易性是指企业是不同于市场的地方，它是各种生产要素特别是人力资本进行行为、产权和契约交易的总和。正如焦斌龙[58]199所言"生产性和交易性是企业的两大特征，两者缺一不可。其中，生产性是企业的本质特征，而交易性是由生产性派生出来的。"

（二）关于企业契约性质的理论检视

1. 新古典理论中的企业："黑匣子"

新古典经济学的核心任务在于揭示市场经济运行的基本原理，并力图证明最能代表市场机制的价格机制这双"看不见的手"能够引导资源在众多分散的经济个体之间实现最优配置。

与此相适应，新古典的企业理论，主要从技术角度，运用边际分析方法，利用最优决策理论，在人的完全理性和有完备信息、市场完全竞争从而交易成本为零等一系列假设条件下进行分析。在这里，企业内部的产权安排无关紧要。代理问题及代理成本无从产生，企业内部也无需激励与约束机制存在。

因此，严格来说企业并没有被看做一个组织，只不过是一个生产函数而已，企业内部运行被视为一个黑箱。难怪有的学者认为，在一定意义上，与其说它是企业理论，还不如说它是一种生产理论。

新古典经济学家把企业简化成一个专业化的生产组织，尽管抓住了企业的生产属性，但却忽视了企业的交易性。几乎每一个新古典经济学家都简单化地认为，企业在本质上就是建立在"资本雇佣劳动"的逻辑之上的生产组织，从而忽视了对企业深层的复杂产权关系的挖掘。

2. 现代企业理论中的企业：一系列契约的集合

科斯发表《企业的性质》首开企业的主流契约理论之先河，之后不少学者又加以拓展。这一理论的宗旨是，企业是被视为一系列要素契约的组合。（S. Cheung1983）[117]也正是在此意义上，现代企业理论又被称为企业的契约理论。但由于各自的研究侧重点不同，该理论又形成了较多的分支。

科斯（1937）[19]认为资源配置存在市场与企业两种方式。前者以价格机制配置资源，而后者以权威方式配置资源。企业的存在是通过市场的一系列的要素所有者之间的短期合约被一个企业内部相对固定的长期合约所替代。企业存在的根源在于能够实现交易成本的节约，因而，企业的本质是一种和市场相区别的交易活动的契约形式，即"价格机制的替代物"。

阿尔钦和德姆塞茨（1972）[118]发表的《生产、信息费用和经济组织》一文，从团队生产和信息成本的角度，研究了古典企业的产生并分析了其他类型的企业，指出企业的实质是一种团队生产方式，也是一种特殊契约，这种契约能增进团队生产的效率。企业的契约设计，在本质上是一种激励制度设计和企业所有权安排。

詹森和麦克林（1976）[119]发表的《公司理论：管理行为、代理成本和所有权结构》一文，认为企业是介于生产要素所有者与消费者之间一系列契约的联结，是一种法律虚构的组织。他们还运用代理成本以及委托代理理论来研究企业，深入到企业契约的内部，探讨企业所有权安排的内部结构以及各种企业产权安排下劳动者的作用。上述两篇论文不仅产生了重大学术影响，而且成为企业契约理论的两个分支——交易费用理论和委托代理理论的代表之作。

张五常（Cheung，1983）[117]直接改进了科斯的理论，主张企业的存在是用要素市场或交易契约取代产品市场或交易契约。他认为企业与市场是两种不同的契约形式，市场交易的对象是产品，企业交易的对象是生产要素。企业并非是为取代市场而设立,而仅仅是要素市场替代产品市场或者说是一种合约取代另一种合约。

威廉姆森(1985)[120]在坚持交易费用理论和企业作为一组契约的前提下,从资产专用性这一影响交易成本的具体交易维度讨论了企业的本质。

格罗斯曼与哈特(1986)[121]明确区分了完备契约与不完备契约,从契约的不完备性角度,推进了科斯开创的企业理论——契约理论分支的研究。他们明确指出了企业契约的不完备性特征,强调企业契约的不完备性和剩余控制权的重要性,并将企业所有权直接定义为剩余控制权。

总之,与新古典主义不同,现代企业理论着重从契约的角度来认识企业,认为企业实际上是不同产权组织之间达成的一组契约关系。这样对于企业的分析就进入企业内部,特别是企业内部的各种产权关系,从而克服了新古典主义企业理论忽视企业交易性的缺陷,但有时会矫枉过正,除了阿尔钦和德姆塞茨的团队生产理论外,现代企业理论又普遍犯了忽视企业的生产属性的错误。

波斯纳(1997)[6]也认为公司是作为一种标准契约而存在。伊斯特布鲁克和费希尔(2005)[122]进一步研究了公司法与企业契约的关系,并指出,公司法是一套现成的法律条款,它可以节省公司参与者们签订契约时所要花费的成本,其中众多条款是几乎所有人都愿意采用的规则。公司从未取代事实上的谈判,它不过是做了某些补充而已。"寻求合法性的过程就是在一种不可避免地存在着强制意味的环境中,实现当事人如果完全自愿地参与所能获得的价值。"(Thomas Nagel,1991)[123] (罗培新,2004)[124]还对公司契约的属性与公司法的价值进行了研究。他认为"公司契约是长期契约和关系契约,存在诸多漏洞,仅靠契约法并不足以保障各方预期。作为公司契约的模本机制和漏洞补充机制,公司法补充而不是代替了公司参与方的合约安排。因而,立法者只有按照契约的规则和市场的路径来进行公司立法,公司法规则才能获得正当性。"公司法应当充分尊重公司契约并没有仅仅停留于理论层面,《瑞士民法典》将"公司与合作社"部分纳入第5编"债务法",可以说是立法确认公司法与契约法具有相同性质的一个典型证据。

3. 市场中的企业：各种人力资本与物质资本之间的不完备契约

上述经济学家关于企业经济性质的解释,从一个黑箱到一组契约是一个进步,从笼统的契约到不完备契约又是一个进步。但是如何解释不完备契约必须引入人力资本,没有人力资本理论的指导,契约的不完备性认识就无法巩固和深入。

詹森和麦克林（1976）[119]从人力资本产权的角度,对企业进行了新的界定。他们认为,企业作为一种组织和其他组织一样,是一种法律实体,其职能是为物质资本所有者和人力资本所有者充当"联络点"。周其仁（1996）[45]从人资本的产权特征即人力资本与其所有者的不可分离性出发,提出企业是一个人力资本与非人力资本的特别合约。他认为,正是"人力资本产权特征,使直接使用这些经济资源时无法采用事前全部讲清楚的合约模式",从而带来了企业的产生。

汪丁丁主张"企业家的功能是把各种资源沟通到那个核心的观念周围,实现资源组合。这一原理通常被经济学家描述为：$Y = F(H, K)$,这里 Y 是企业的总价值,H 是所谓的'人力资本',K 是价值形态的物质资本。"①

杨瑞龙、杨其静（2005）[125]认为：企业家是企业之母,是企业天然的逻辑起点,而且也是企业最初的中心签约人。企业体现了企业家人力资本的特殊性,是企业家人力资本的间接定价器。

值得一提的是杨小凯和黄有光（1999）[126]的间接定价理论也为上述观点提供了理论支持。杨小凯和黄有光认为企业是节约

---

① 汪丁丁：《直面现象：经济学家的实然世界》,三联书店2000年版,第374页。

市场直接定价的交易费用，替代产品交易而进行要素间接定价交易，所形成的一种权威非对称性的科层组织。"企业是一种巧妙的交易方式，它可以把一些交易费用极高的活动卷入分工，但同时却可避免此类活动的直接定价和直接交易"。由于管理知识这种产品的市场直接定价极为困难，所以通过进入企业，使其拥有企业决策权和剩余收入权，就可以解决经营者人力资本产权问题，因为剩余收入本身就是对管理知识的间接定价。

李垣（2002）[127]从企业家契约治理的角度，对企业契约的基本特征进行了概括，认为企业契约具有四个特征，即契约治理方式既是垂直的，也是协作性的；契约是一种长期契约；契约以自我实施为主而不是单纯依赖第三方介入；组织内治理是契约环境的重要部分。

（三）从委托代理契约到合资契约

上述市场中的企业是各种人力资本与物质资本之间的不完备契约的解释，固然比前述几种理论有着更强的解释力。但它并没有涉及经营者人力资本契约的法律性质。我们认为，这是一个值得重视的问题。它与不完备契约的理论并不矛盾，而且两者可以相互补充，互相支持。经营者人力资本契约的不同性质，从根本上决定着企业当事人的地位，从而进一步影响着契约不完备的具体结果。具体来说，这里需要区分委托代理契约与合资契约。按照现行理论，作为人力资本所有者的企业经营者与物质资本所有者属于雇佣性质的委托代理契约关系。这种契约尽管双方当事人权利义务相对应，委托方的权利就是代理方的义务，代理方的权利就是委托方的义务，但双方的初始地位却并不是平等的。从整个利益关系来讲（不是从信息角度）当然是委托人处于优势，代理人处于劣势，在一定程度上委托人决定着代理人的命运。但若将人力资本所有者的企业经营者与物质资本所有者定性为不是委托代理契约关系，而是合资契约关系，那么双方的权利义务不是相对应，而是同向甚至完全相同，合资甲方的权利也就是合资乙方的权利，合资乙方的义务也就是合资甲方的义务。这样企业经营者实际地位就会大为改善。正是基于这一考虑，我们主张在允许经营者人力资本出资的情况下，企业经营者与物质资本所有者之间的契约不应是委托代理契约而应为合资契约，后者更有利于保障经营者的合法权益，也更有解释力。

两种不同契约关系的区别可用表示，即

表1　委托代理契约与合资契约的区别

	甲方当事人的权利与义务	乙方当事人的权利与义务
委托代理契约	与乙方相对	与甲方相对
合资契约	与乙方相同	与甲方相同

三、基于人力资本理论的委托代理理论：从单向委托代理到双向委托代理

（一）单向委托代理理论的悖论

到目前为止，在所有解释企业所有者与经营者利益关系的理论中，最活跃也最富有研究成果的当属委托—代理理论。按照该理论，几乎所有的经济学家和管理学家一致认为，"委托权的实质是承担风险"，所有者承担了较多的风险，被定义为委托人；经营者有可能不对自己的行为承担风险，被定义为代理人。在这个不变的委托代理关系框架下，研究所有者和经营者的利益关系，总是站在所有者的立场上考虑问题，为所有者研究设计如何激励和约束经理人行为的机制。

但我们发现，这一理论存在一定的片面性和局限性。它难以解释在私营企业时常出现的企业所有者背叛及解雇经理人的现象。例如，一个私营企业所有者为了企业的发展，雇佣了经理人开发一个项目，双方谈好了业务内容和报酬条件。当业务基本开展起来，所有者感觉到自己能够掌握企业命运的时候，经常会以

各种借口"炒"掉经理人。应用上述理论解释这一问题,应该把企业的所有者定义为委托人,把雇佣的经理人定义为代理人。

事实上,所有者在雇佣经理人的一开始就知道他需要经理人的哪些智力,也知道自己对新项目的经营能力。也就是说,所有者事先就知道"炒"掉经理人的时机,一旦条件成熟,他就会把经理人"炒"掉。而这一切经理人是事先不知道的,当其被"炒"掉时,他才发现自己的利益受到了损害。在这里,所有者是知情者,具有信息优势;经理人是不知情者,具有信息弱势,他实际上为所有者承担了新项目开始的经营风险。按照委托代理理论对委托人和代理人信息状态的解释,所有者应该被定义为代理人,经理应该被定义为委托人,这岂不是与前面定义所有者是委托人,经理是代理人自相矛盾了吗?

以上悖论提出的问题是:所有者和经理人谁应该是委托人?谁应该是代理人?更具普遍意义的问题是:委托人和代理人的概念实质是什么?

(二)从单向委托代理理论到双向委托代理理论

在许多文献中经常能看到对委托人、代理人定义不一致的说法,这是导致在应用委托代理理论解释实际问题时发生误解的原因,把几个学科中的定义给予比较,我们就能找出各自定义不明确或不完全的地方。

首先来看法学对委托人和代理人概念的解释。在商事活动中,委托代理是同一法律关系的两个不同视角和称呼。我国《民法通则》第63条第2款从代理的角度规定,"代理人在代理权限内,以被代理人的名义实施民事法律行为,被代理人对代理人的代理行为承担民事责任。"《合同法》第396条从委托的角度规定"委托代理契约是委托人和受托人约定,由受托人处理委托人事务的契约"。在法学上,委托关系中的委托人也就是代理关系中的被代理人,代理关系中的代理人也就是委托关系中的受托人。从法学角度研究委托人和代理人的关系更多的是从代理人方面考虑代理权的性质，主要有两种观点：一种认为代理权是一种权利，一种形成权，委托代理关系一经建立，就意味着代理人可以以委托人的名义直接从事民事活动，对于委托人来说，意味着他要对代理权的授予及代理人在代理权限内所做的行为负责。另一种观点认为代理权是一种资格和地位。因为代理权从本质上说只是一种资格，代理人取得代理权只是意味着他得以以被代理人的名义与第三人进行民事活动，其行为后果直接归属于被代理人。

经济学家对委托代理关系的定义，有以下几种：

罗斯（Ross S., 1973）[128]认为，如果当事人双方，其中代理人一方代表委托人一方的利益行使某些决策权，则代理关系随之产生。

詹森和麦克林（1976）[119]认为，委托代理关系是指"一个人或一些人（委托人）委托其他人（代理人）根据委托人利益从事某些活动，并相应地授予代理人某些决策权力的契约关系。

博弈论对委托人和代理人的定义是：拥有私人信息的参与人称为"代理人"，不拥有私人信息的参与人称为"委托人"。代理人指知情者，是不对称信息交易中具有信息优势的一方，委托人指不知情者，是不对称信息交易中具有信息弱势的一方。哈特（1995）[129]认为，代理问题的产生原因主要有两个：一个是信息不对称；另一个是企业不完备。阿罗（1985）[130]也认为，只有在一定程度上存在不确定性时，特别是委托人与代理人的信息不对称时，委托代理问题才有魅力。比较以上几个相关学科中关于委托人和代理人的定义，可以看到法学上的定义是从权利安排角度，强调了委托代理关系中的使用权的转让，委托人转让使用权以后仍对代理人的所为承担民事责任；博弈论和经济学的定义是从信息不对称角度，强调了委托代理关系中的信息分配。本书认为，以上两类定义本身的信息都有不完整的地方，法学定义仅指出了委托代理关系中的了权利让渡，没有说明委托人和代理人对于转让权利的信息分配情况，因此不能完整解释由于权利转让和信息不对称地位两个方面带来的委托人和代理人的一系列经济学问题。相反,博弈论和经济学定义指出了信息在委托人和代理人中的信息不对称分配,却没有明确信息的主体是谁,是关于谁的信息的分配,即知情与不知情中的"情"是指谁的哪些情况,信息优势中的"信息"是指关于谁的哪些信息。可见,每个定义所包含的内容都是必要,而不是充分的,两类定义的内容不是抵触而是互相补充的。

全面理解委托代理关系,是正确理解委托人和代理人定义的关键,在考虑了谈判因素对委托权安排影响的基础上,总结委托人和代理人的资格及其关系特征,可表示为:

表2 委托代理关系特征

	权利关系	信息结构	谈判地位	合约授权	风险程度
委托人	出让权利	不知情者	信息劣势	监督对方	较大风险
代理人	获得权利	知情者	信息优势	接受监督	较小风险

通过上述分析本书认为,传统的委托代理理论需要补充,委托人和代理人的定义至少应该包含权利转让和信息分配两个不可或缺的方面。因此,较完整的定义应当是:委托人指在不对称信息交易中出让权利,并且对自己所出让的权利在双方谈判中具有信息弱势,对出让后的权利使用情况不知情者;代理人是指在不对称信息交易中获得权利,对委托人出让的权利在双方谈判中具有信息优势,对委托人出让权利的使用情况知情者。转让权利是委托权的必要条件,但不是充分必要条件,作为委托人的充分必要条件是出让权利且对出让权利后的权利使用处于信息劣势地位。信息劣势导致了委托人不得不为代理人承担风险,因此他从合约中获得了监督代理人的权利。作为代理人的充分必要条件是获得代理权利且对获得权利后权利使用处于信息优势地位。代理人因为有信息优势地位,就占有了先行动的优势,增加了背叛的可能性,因此在合约中的表现为被监督的一方。

双重委托代理理论为我们从现实重新思考公司的委托代理关系提供了重要启发。(冯根福,2004)[131] 我们认为,在企业所有者和经营者的关系中,不仅存在两种主体的合作,而且存在着两种资本的合作。所有者的非人力资本固然重要,经营者的人力资本更为稀缺、也更为能动。所有者出让了自己的物质资本使用权,同时获得了经营者的人力资本使用权;经营者出让了自己人力资本使用权,同时获得了所有者的物质资本使用权。所有者与经营者都具有委托人与代理人的双重身份,他们之间存在双向委托代理关系,需要双向激励与约束。(郭广辉,杨淑君,2007)[132] 据此,上述私营企业所有者的背叛行为可以轻而易举地得到解释。这种双向的委托代理关系如图2所示。至于在双方合作的不同阶段,一方主要呈现委托人身份,还是代理人身份,不仅仅取决于权利转让,还取决于双方在合作中的信息地位,以及从谈判契约中获得的作为风险回报的权利等因素。

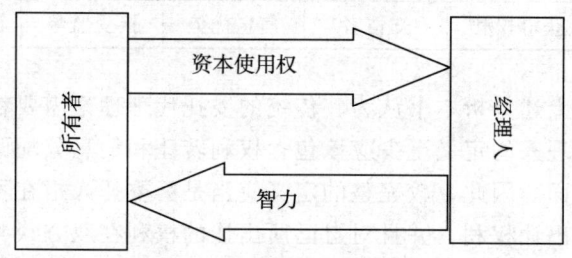

图1 所有者与经理人的双向委托代理关系

以系统的思想看待所有者和经营者之间的关系,把它视为一个系统。则所有者作为委托人对经营者的激励与约束便是这个系统中的一个子系统,与此相对应,还存在一个经营者作为委托人对所有者的激励与约束的子系统,两者不可偏废。

既然物质资本所有者与人力资本所有者是双向委托代理关系,两者都具有委托人的身份,按照传统委托代理理论的观点,双方就应当共享或分享企业所有权。

四、交易费用理论

如前所述,法律经济学是以"个人理性"及相应的方法论的个人主义作为其研究方法基础,以经济学的"效率"作为核心衡量标准,以"成本—收益"及最大化方法作为基本分析工具,来进行法律问题研究的。罗伯特·考特和托马斯·尤伦[133]说"财产、契约和侵权的法律规则对各种不同的行为会带来隐含的费用,因而可以用微观经济理论的工具加以分析"。国外不少学者甚至认为,由于追求经济效率,实现利润最大化是公司的根本目的,所以,法经济学是分析公司制度的根本方法。(B. R. Cheffins, 1997)[134]而且,在日益全球化的现今社会,各国和地区不仅体现在经济领域,而且首先体现在制度方面。公司法的竞争将成为各国和地区竞争的主要方式。谁制定出更有效的制度,将有可能在长期竞争中胜出。(Alain Marciano, Jean – Michd Josslin, 2003))[135]下面我们就运用法经济学理论和方法,对企业经营者人力资本产权法律制度作个初步的经济效率分析。

企业经营者人力资本产权是指企业经营者对其人力资本所享有的占有、使用、收益和处分的权利。它在公司中要通过公司治理来实现,具体的实现方式有多种,从低级到高级主要包括年薪制、经理股票期权和人力资本出资等。在不同的实现形式下收益和成本也不相同,但总的来说,实现形式越高级净收益也应越显著。

(一)企业经营者人力资本产权制度的收益

首先,企业经营者人力资本产权制度有利于鼓励投资和改善企业管理。(夏雅丽,2007)[136]一方面,与单纯的物质资本出资相比,作为人力资本产权制度实现形式之一的人力资本出资,扩大了有效出资的范围,使公司出资制度呈现出开放、进取的态势,能够实现物尽其用、人尽其才,使公司充分利用更多而且更为重要的资源。既有利于鼓励投资和兴业，又有利于扩大企业的实力和影响。另一方面，尽管对企业经营者的激励措施很多，但产权激励最为彻底、全面和持久，企业经营者人力资本产权制度的实施，有利于深入挖掘居于企业核心地位的经营者的潜力和创新激情，促使其不断完善企业管理，提高企业经济效率。

其次，企业经营者人力资本产权制度有利于降低代理成本和决策成本。（林秀芹，2003）[137]根据詹森和麦克林的研究，广义的代理成本由委托人的监督成本、代理人的担保成本和剩余损失等三部分组成。"委托人的监督成本和代理人的守约成本是制定和实施委托代理契约的实际成本，而剩余损失则是在契约最优但又不完全被遵守和执行时的机会成本，也可叫做企业的狭义代理成本"。（李寿喜，2007）[138]有的学者进一步将后者划分为偷懒行为、短期行为、保守行为以及控制行为等四种。出于经营者自身利益的考虑，经营者会不同程度存在偷懒行为，与公司长远利益最大化相比更愿意追求任期期间个人效用最大化，相对于股东而言，经营者往往有更高的风险规避偏好，基于手中的控制权也会存在追求不合理的在职消费和过度投资的冲动。企业经营者股票期权和人力资本出资制度使经营者获得了股东身份，形成与物质资本所有者间的双向委托代理关系，实现了外部性的内部化，使经营者的个人收益率更加接近于社会收益率，可以有效遏制经营者的这些道德风险和逆向选择等机会主义行为。另外，企业经营者人力资本产权制度带来的公司治理的变化，如 CEO 制度，更能适应市场瞬息万变、激烈竞争的需要，在不影响物质资本所有者监督等权利行使的前提下，更有利于提高公司决策的效率，而且随着经营决策和执行权以及相应责任的集中，还可以节省执行成本，避免股东会、董事会和经理间的扯皮和推诿。

再次，人力资本产权作为一项法律制度，它可以节省公司参与者们缔约的成本。公司契约是长期契约和关系契约，它不是强行加入的外生性制度安排，而是公司参与者多方博弈创造出的内生合理秩序性。但是公司契约作为长期契约与关系契约仍存在诸多漏洞,"这时,对于那些公司参与者来说,公司法就能够为他们之间的关系提供一套他们都可以一体遵守的规则及实施机制。"(罗培新,2007)[139]从而可以大大节约缔约的成本。

第四,企业经营者人力资本产权制度有利于促进高效的企业外部市场的形成。企业经营者人力资本产权制度的推行首先需要一个规范的职业经理人市场,为职业经理人的遴选、评价等提供条件;企业经营者人力资本产权制度的推行还需要一个健康、高效的资本市场通过企业并购等形式,对企业经营者能力提供市场评价机制;企业经营者人力资本产权制度的推行还需要一个规范的产品与服务市场,通过消费者的最终投票权评价企业经营者的能力。实际上企业经营者人力资本产权制度的推行与企业外部市场的建设存在着相互制约与相互促进的密切关系,企业经营者人力资本产权制度有利于促进高效的企业外部市场的形成。

最后,企业经营者人力资本产权制度可以有效分散风险,有利于企业长远发展。在物质资本主导的,企业经营者只与公司存在雇佣关系的古典和近代企业中,作为物资资本所有者的公司股东被认为是企业风险的唯一承担者。在人力资本价值凸显,企业经营者在企业中占据重要甚至主导地位的现代企业,这种理论与观念显然已经不合时宜。正是在这种理念和制度主导下发生的一些诸如恶意收购的事件,已经严重损害了包括企业经营者在内的人力资本所有者的利益。实际上在证券市场发达的现代社会,作为物质资本所有者的公司股东"不仅可以通过投资多元化化解经营风险,而且具有了方便的退出渠道,出现了物质资本出资者由投资于公司、获取公司剩余收益的投资股东转变为以赚取股票差价为主的投机股东的趋势。"(蔡立东,2006)[140]相反,由人力资本的专用性和共生性等特性所决定,包括经营者在内的企业人力资本所有者的人力资本产权更难转移,其实际承担的企业破产或被兼并的风险和损失更大。从这种意义上讲,在现代企业中,人力资本所有者不仅分担了企业风险,而且分担了企业的主要风险。确立企业经营者人力资本产权制度有利于企业的稳定和长远发展。

最后，企业经营者人力资本产权制度还有利于实现企业的经济民主和分配公平，为企业发展提供良好的环境与文化。

（二）企业经营者人力资本产权制度的成本

首先，企业经营者人力资本产权制度的确立会带来一些立法成本。目前在企业经营者人力资本产权制度方面，包括我国在内的多数国家普遍存在立法供给不足的问题，而科学合理的立法"必须按照契约的规则和市场的路径来进行，而不能依赖于国家的强制力而恣意妄为"，这就需要立法建立在实践考察与理论提炼基础上，显然需要付出一定成本。

其次，企业经营者人力资本产权制度的确立会带来一些执行成本。比如企业经营者人力资本产权制度的确立，离不开对企业经营者人力资本价值的科学评价与评估，这也需要付出一定成本。

总之，就企业经营者人力资本产权制度来讲，作为一项新制度的确立既能带来一定收益，又会发生一些成本。但总体而言，总收益大于总成本。上述企业经营者人力资本产权制度历史变迁的过程，就是随着企业经营者人力资本价值的提升，制度创新净收益不断扩大并在新制度中得以实现的过程，也是市场选出制度的过程。我们认为，企业制度演进过程中，如果说股东有限责任制度是一个伟大的法律创造，堪称现代公司法律之基石的话，（虞政平，2001）[141]那么，包括经营者在内的企业人力资本产权制度，将称得上是现代公司法律顺应经济规律的又一重大制度创新和核心制度。

五、小　　结

本章从人力资本理论、企业契约理论、委托代理理论和交易费用理论等视角，系统地论证了企业经营者享有人力资本产权的理论依据。基于此，本书提出了包括上述四种理论的企业经营者人力资本产权理论框架体系。

基于人力资本理论本书发现，企业经营者人力资本的使用价值是其享有产权的客观基础，企业经营者人力资本的外部性是其享有产权的制度基础，企业经营者人力资本的稀缺性是其享有产权的现实基础。研究表明：承认与保护企业经营者人力资本产权反映了人力资本理论的内在要求。

基于企业契约理论本书发现，带有主从属性的委托代理契约不能准确反映新经济条件下企业所有者与经营者的关系，而带有平等合作属性的合资契约对两种主体的相互关系更具解释力。研究表明：企业契约理论要求企业经营者享有人力资本产权，从而与物质资本所有者平等分享企业所有权。

从双重委托代理理论视角出发考察了企业人力资本所有者与经营者的关系。本书发现，在现代企业所有者与经营者的关系中，除了两种主体的合作之外，还存在物质资本与人力资本两种资本之间的合作。所有者的物质资本固然重要，但经营者的人力资本更为稀缺，也更为主动。所有者与经营者都承担了委托人与代理人的双重身份，他们之间存在着双向委托代理关系，而不仅仅是单向委托代理关系。研究表明：承认企业经营者的人力资本产权，是双向委托代理关系的本质要求。

运用法经济学的理论与方法，对企业经营者人力资本产权制度作了初步的效率分析，分析发现：企业经营者人力资本产权制度存在多项收益，它有利于鼓励投资和改善企业管理，降低代理成本和决策成本，节省公司参与者的缔约成本，促进高效的企业外部市场的形成，有效分散风险促使企业长远发展。同时企业经营者人力资本产权制度的确立也会带来一定的立法成本和执行成本。但多项收益与成本比较的结果是总收益大于总成本。研究表明：在现代公司制企业承认经营者人力资本产权是一种富有效率的制度选择。

第五章 企业经营者人力资本产权的实现机制

上述研究表明,企业经营者人力资本产权的实现本质上就是分享企业所有权,包括企业控制权与剩余索取权。企业控制权的实现主要依靠公司治理结构,剩余索取权的实现有年薪制、经理股票期权、管理层收购和经营者人力资本出资等形式。企业经营者人力资本产权的实现还离不开公司的外部治理环境和宏观环境。这三项内容构成一个相互渗透、互为补充的统一整体。本章就这些问题分别予以论述。

一、企业经营者企业控制权的实现

(一) 公司产权关系与公司治理的关系

1. 公司产权关系的特殊性是公司治理结构产生和存在的基础

只要将现代公司与古典企业形态作一比较,就不难得出这样的结论:公司所有与经营、物质资本与经营者人力资本的分离是公司治理结构产生和存在的前提和基础。

如前所述,公司法人所有权是原所有权的一种转化形态,其本质是对他人资产的支配权。但是,公司法人所有权一经形成便具有独立性和完整性。它突出地表现在两个方面:一方面,公司所有权不同于合伙共有财产,公司也不同于合伙组织,它没有退股和退伙的制度,只有出资转让制度。股东在公司成立后,不能凭借股权要求公司分割资产,更不能要求退股。股东只能在市场上交易其股权，并因此退出公司和收回其投资。另一方面，公司一旦成立，对多数股东来说便不可能凭股权直接支配公司行为，他们可以通过选举董事、行使质询权等实现对公司的间接支配和监督。公司的支配、监督权由董事会、监事会统一行使，个别股东只能通过股权交易实现对经营者的选择、评价和监督。

正是由于公司所有权的上述特征，使公司资产所有与支配、物质资本与经营者人力资本之间产生了矛盾，也就要求相应的公司治理作为组织和制度保障来衔接并规范诸方面的利益关系。

2. 公司治理是实现公司产权的组织和制度保证

传统公司法理论认为，公司是资本的人格化，资本支配体现为出资者主权，意味着股东享有公司的最高权利，这种权利是其他权利的源泉，相对于其他权利具有至上性。股东利益是公司的最高利益，它决定公司的一切。股东一旦将资产投入公司，即形成公司财产，股东不得随意收回，同时股东成为公司的主人，公司经营的首要目标应是实现给股东的投资回报。公司治理不过是实现股权与公司所有权分离的一种组织要求和制度安排，其基本前提是保证股东对公司命运的控制，这是投资者出资设立公司的动机和动力所在。各国公司法均把公司重要的人事任免、股利分配、公司组织形式变动和制定、修改公司章程等重要的权利留给股东会，其目的在于保证股东对公司的基本控制。

3. 公司的股权结构是公司治理模式的决定因素

尽管每个国家的公司治理模式受该国经济、历史、文化、政治制度等多种因素的影响，但"公司所有权结构是公司治理模式最重要的决定因素。"（于潇，2003）[142] 因为，公司的股权集中或相对集中，大股东将有动力和压力积极地行使股东权利，即用手表决成本小收益大；同时也意味着通过外部市场，以消极的用脚表决方式企业经营者的成本大收益小。反过来，公司的股权分散或相对分散，大股东将没有动力和压力积极地行使股东权利，即用手表决成本大收益小；同时也意味着通过外部市场，以消极的用脚表决方式企业经营者的成本小收益大。上述英美两国因股权分散,形成的外部控制为主的治理模式,以及德日两国因股权相对集中,形成的内部控制为主的治理模式,就已经从实证角度证明了公司的股权结构对公司治理模式形成与存在的决定性影响。

上述分析是以物质资本占绝对主导地位的传统公司产权结构为对象分析的,人力资本产权的介入注定要对传统公司治理产生相应的影响。

(二) 公司治理与公司治理结构

如前所述,企业经营者控制权主要是通过公司治理制度安排中规定经营者的法律地位和权利义务来实现。公司治理和公司治理结构是近年来国内外学术研究的热点问题,他们都是经济学术语,而且是从英语 Corporate Covernance 翻译而来的。一词两义本身给学术交流和研究带来了很大麻烦。以至有的学者提出将 Corporate Covernance 译为"公司治理结构"是一种误解,它缩小了 Corporate Covernance 的本来含义,使人误以为 Corporate Covernance 仅是公司内部治理结构问题,而没有涵盖公司治理中的外部市场体系。(吴淑坤,席酉民,2000)[143]因而,译为公司治理更为妥当。

由于学者们的不同理解,特别是上述一词两义的影响,对于公司治理和公司治理结构的解释众所纷纭,莫衷一是。

英国《公司法》把公司治理制度描述为由董事、股东和审计员三方构成的制度。董事是管理部门的领导者,指导公司的经营管理;股东的作用是确保董事尽职尽责;公司审计员则用来确保公司不会有财务违规现象。英国著名的公司治理报告 Cadbury 认为公司治理是经营和控制公司的制度①。1998 年 4 月召开的 OECD 理事会部长级会议曾制定了一套公司治理原则,它指出公

---

① 见 Cadbury 报告第 2.5 项,Gee and Co, 1992. From: Http: www.ecgn. ULB. ac. be ecgn codes. htm.

司治理是一种据以对工商业公司进行管理和控制的体系。

美国法学会在其引人注目的报告《公司治理结构的原则》中,将法人治理结构的内容概括为以下几个方面:公司的目的和行为;董事与管理人员的功能与权力;大型上市公司中审计委员会的作用;对董事会和监察委员会安排的原则建议、他们的谨慎义务与经营评价准则;公平交易的义务;控制权交易中董事与股东及出价者的作用等。

玛格利特·M. 布莱尔(Margaret M. Blair, 1995)[144]认为,广义的公司治理是"一种法律、文化和制度性安排的有机整合。这一整合决定公司可以做什么,谁来控制它们,这种控制是如何进行的,它们从事的活动所产生的风险和回报是如何分配的。这些制度包括公司法和董事会,也包括融资、证券法、破产法、法律对金融机构的控制、劳工关系、契约法、产权、报酬机制、内部信息和控制体系等各个方面。"狭义的公司治理是"探讨有关董事会的结构和权利,或者是股东在董事会决策中的权力和天赋特权"。

目前,国内经济学界、法学界对法人治理与法人治理结构的理解和解释也不尽一致。

张维迎(1996)认为,公司治理结构狭义是指有关公司董事会的功能、结构、股东的权力等方面的制度安排;广义上是指有关公司控制权与剩余索取权的一整套法律、文化和制度性安排。多数学者都同意"不仅要健全公司治理结构或内部治理机制,而且还要完善与公司治理结构相适应的公司外部治理机制"的观点。(冯根福,2001)[145]

公司法学界通常认为所谓公司的治理结构,是指适应公司的产权结构,以出资者(股东)与经营者分离、分立和整合为基础,连接并规范股东会、董事会、监事会、经理相互之间权利、利益、责任关系的制度安排。

通过上述列举,可以看出:公司治理应当包括内部治理与外部治理两个方面内容。本书认为所谓内部治理,实际上就是公司治理结构，它是适应公司产权结构的要求，以实现公司最大利益为宗旨，由股东会、董事会、经理和监事会所构成，通过对其权利、义务、责任的设定而协调股东、债权人、职工、政府和消费者等利益相关者之间关系的一种制度安排。公司治理结构包括公司的组织机构及其组织机构的运行规范两方面内容。前者指由公司的权力机构、业务执行机构和内部监督机构组成的完整的、科学的有机整体，即由股东会、董事会、经理和监事会组成的治理体系。后者则指股东会、董事会、经理和监事会在公司运行过程中的相互关系及以此为基础形成的激励监督和制衡机制。这两个方面相互依存，共同作用，就像人的形体与灵魂一样不可或缺。

关于公司治理的本质，学者们通常认为"传统的公司治理所要解决的主要问题是所有权和经营权分离条件下的代理问题"，(李维安，2004)[146]即资本所有者对经营者的激励与约束问题。魏杰[48]将其概括为"一个基础，一个中心，两个措施。""基础"就是以两权分离为基础，"一个中心"就是以界定企业的经营者和所有者的关系为中心，"两个措施"第一个措施叫董事长与总经理分开；第二个措施是通过完善董事会和监事会加强对经营者的约束。

由于人力资本的重要性在现代企业中日益凸显，传统的委托代理理论已经受到重大冲击。魏杰（2004）[147]特别强调"这种治理结构在国际上已经被抛弃了，在15年前遭到了国际经济学界的批判。近十年来，以美国、欧洲为首，已经放弃了这套公司治理结构。他们讲的治理结构，已不是以界定所有者和经营者的关系为中心，而主要讲两种资本的关系怎么界定。……这样一来，就不能再搞所谓的所有者和经营者的关系怎么界定，而是要把界定人力资本和货币资本的关系作为法人治理结构的中心内容。"基于企业作为人力资本与物质资本的特别合约的性质，不仅企业的内部治理结构也呈现出两种资本"共同治理"的模式，而且经营者人力资本作为企业各类人力资本中最为重要的一类，将在公司内部治理中发挥"核心"作用。这一主张为今后公司治理问题的研究和制度完善指明了方向,也增添了富有时代气息的新内容。

(三) 现代各国公司治理的不同模式

公司治理的理想模式,实质上旨在寻求公司各方利益相关者的平衡与协调。在这一宗旨下,现代各国公司治理制度几经演变,适应不同的历史、文化和经济、社会制度,逐步形成了各自不同的模式,而且各自实现了约束条件下的多重制度均衡。现代各国公司治理模式尽管各有千秋,但基本上遵从"公司所有权与经营权相分离"的理论,在法人治理结构设置上体现了分权与制衡的思想。各国公司治理尽管在一定程度上存在相互借鉴的趋势,但大致还是可以分为两种模式:一种是以英美为代表的"外部监控模式"或"市场控制型模式",其基本特点是,证券市场成熟,股权高度分散,公司治理更强调信息披露与公司接管等证券市场力量,股东往往采用抛售股票的"用脚表决"方式监督制衡公司经营者。另一种是以德日为代表的"内部监控模式"或"关系控制型模式",其共同特点是股权结构较为集中,银行持股和法人相互持股较为普遍,股东更愿意通过内部"用手表决"监督和制衡经营者。当然德国和日本又具有自身的特点。(郭广辉,王利军,2005)[148]

1. 美国模式的特点

第一,股权结构高度分散化,不存在支配性大股东,机构投资者在公司治理中行使经营者主权。尽管美国股份公司中最大的股东是机构投资者,但由于法律的限制,公司股权分布仍非常分散。银行难以在内部治理中发挥作用,公司主要依靠外部市场监督。

第二,股权具有高度流动性。这是与上述特点相联系的另一个重要特点。由于股权高度分散,多数股东不重视"用手表决"而是习惯于"用脚表决",这种持股的短期性质,不仅使股票交易十分频繁,进而造成公司接管与兼并事件频频发生,而且导致公司经营行为短期化，经理人员面对主要股东的分红压力只能偏重于追求短期盈利，相对而言就对资本投资研究和开发重视不够。

第三，法人治理结构采用单层结构，董事会履行监督职责，公司不设监事会。美国公司董事会的地位举足轻重，它通常由外部董事和内部董事两部分人员组成，而且以外部董事为主。董事会下设若干委员会，负责公司重大决策的制定、实施和监督。公司不再设监事会。"首席执行官是经理和董事中最有权力的"。（韩翼，2007）[149]

第四，注重对经理人员的长期激励和约束。股票期权制度在美国公司经理人员的报酬安排中占有重要地位。通常公司授予经理股票期权。因此，股票期权被认为是将经理人员的利益与股东利益结合起来的长期激励与约束措施。据统计，在1996年财富杂志评选的全球500家大型工业企业中已有89%的公司对经营者实施了股票期权制度。

2. 德国模式的特点

第一，股权集中程度较高，银行参与公司治理。德国的公司绝大多数是有限公司，而大企业则多为股份公司。其最大的股东是公司、创业家族特别是银行等。股权集中程度比较高，而且有关部门对持股的管制比较宽，公司交叉持股比较普遍。

第二，公司治理结构采用双层结构，对董事会与监事会的关系作了独具特色的规定。根据德国《股份法》，股份公司监事会成员由股东会选举和罢免，而董事会成员的选举和罢免权则由监事会行使。监事会是董事会之上的一个机构，其权限非常广泛。这种治理结构一方面维护董事会在公司经营上的中心地位以及相对的独立性，另一方面又使股东通过监事会这一机构，对公司经营实行有效的监控。这一模式不失为公司监督体制的典范。

第三，实行职工参与决定制。在德国的公司治理结构中，普遍实行"劳资共决制"，即企业职工通过选举职工代表参与监事会和职工委员会，来实现其参与企业管理的"共同决定制"。职工参与决定制的实行,在客观上缓和了劳资矛盾,调动了职工的积极性,保证了公司有一个相对稳定的经营环境,具有重要的意义和实践价值。

3. 日本模式的特点

第一,法人持股率高,且法人相互持股较为普遍,经营者在公司中居于主导地位。在日本,控制企业股权的主要是法人,即金融机构和公司。

第二,公司内部决策权与执行权统一,监督和约束主要来自公司外部。日本公司董事会成员通常由企业内部产生,一般是经过长期考察后选拔,在本企业中逐步升迁上来的。而且大多数董事由公司各事业部和分厂的领导兼任。这种董事和经理合一的模式使得公司经营者对公司各方面经营业务比较熟悉,而且容易对公司产生深厚的感情,注重把公司长期发展作为公司和个人的奋斗目标。日本公司并没有因决策与执行权的高度统一而忽视对公司经营者的约束,只不过这种约束主要不是来自公司内部,而是来自公司外部。具体来讲主要是两方面:一是来自交叉持股的持股公司,即一个企业集团内的企业相互控制;二是来自主银行的监督。

第三,公司注重对经营者的精神刺激。总体而言,日本公司的经理薪酬不高但工作努力。其之所以能够以相对的低薪成功地对公司经理实现有效激励,关键在于注重对经营者进行精神刺激即事业型刺激,而不是仅仅依靠物质刺激。其激励的手段主要包括职务晋升、终身雇佣、荣誉称号等。这种综合性、社会性的激励机制,与单纯物质刺激相比,对经营者更容易产生长期激励效应,也更容易在公司中产生示范效应,从而形成良好的企业文化氛围。

基于上述内容,我们认为如果不考虑两大法系国家的具体差别的话,笼统地说传统的物质资本一统天下的传统公司治理结构可以形象地概括为立式结构。即股东会处于最高层,是董事会的委托人。董事会处于中层,既是股东会的代理人同时又是经理的委托人。经理处于最底层,作为董事会的代理人。知识经济时代建立在物质资本与人力资本平等合作和相互委托基础上的新的公司治理结构可以形象地概括为横式结构。一头担的是物质资本,另一头担的是人力资本,中间就是经营者,CEO可以作为它的代表。

(四)我国公司法在实现经营者人力资本企业控制权方面存在的问题

如前所述,公司组织机构是公司治理的核心内容。我国现行公司法是1993年制定并经2005年全面修订的,现行公司法除了"总则"的一般规定之外,第二章第二节对董事会与经理的职权,第四章第三节对股份公司的董事会与经理的职权作了规定。第六章"公司董事、监事、高级管理人员的资格和义务"有关内容作了具体规定。诚然新公司法修订后好评如潮,但由于路径依赖现象的存在,以及受以往传统立法观念影响和对人力资本产权认识的局限,在保障经营者人力资本方面仍存在一些不足。具体表现在:

第一,现行公司法未承认"法人所有权",现实中公司股权有效多元化程度也不够。如前所述,企业经营者人力资本产权与法人所有权存在密切联系,形成一种相互依存、互为支撑的关系。而我国2005年修订的《公司法》第3条规定"公司是企业法人,有独立的法人财产,享有法人财产权"。这里并没有确立"法人所有权",而是规定为"法人财产权"。

规定"法人财产权",从法学意义上存在三个层面的问题:首先,在立法表述层面上,它存在表述不够准确的问题。界定产权,只需要界定所有权即可,而财产权是一个包括物权、债权的上位概念,所有权只是物权的一种。其次,在法学理论层面上,将企业产权界定为法人财产权在法学理论上还与物权理论、法人理论和民事法律行为理论存在矛盾。最后,在立法观念层面上,回避法人所有权的做法,说明立法者还存在对国家所有权的迷信。迷信的根源之一在于担忧造成国有资产流失。其实这种担忧是多余的，因为国家在出让其出资所有权的同时得到了的股权，只要将股权转让就会重新获得国家所有权，不会造成国有资产流失。（郭广辉，戎素云，2004）[150]而不承认法人所有权的危害在于，可能会为某些机构或者个人借国家所有权之名，侵害公司产权，进而损害企业经营者人力资本产权留下借口。

同时，现实中的公司特别是国有上市公司中国有股比例太高，股权有效分散程度还不够，从而导致难以形成分权制衡的治理机制，也间接影响了经营者人力资本产权的承认与保护。

第二，在对经营者的规定上灵活性不够，突出地表现在对CEO的态度上。CEO的出现及其权力扩张是公司应对激烈的商业竞争环境的必然反应，也使CEO成为现代公司的帝王。[151]魏杰[147]曾说过"现在人力资本在企业的权力和地位已经极大地增长和加强了，这种增长和加强的结果是产生了CEO，即首席执行官。CEO的产生实际上表明了企业整个治理结构的全面调整。"CEO是美国公司治理结构改革实践的创造，而且目前在国际上的大公司已普遍设置。20世纪60年代以来，随着美国公司全球业务的拓展和竞争的加剧，公司内部的信息交流日渐繁忙，传统的董事会—董事长—总经理式的治理结构存在信息传递阻滞和沟通障碍，影响了公司对企业重大决策的快速反应和执行能力，于是实践中开始了对传统公司治理结构的改革，CEO应运而生。它的出现在一定意义上意味着公司的一些决策权进一步从董事会向总经理转移。但CEO既不是董事长，也不是总经理，而是一种全新的职位设计，它的权力除了总经理的全部权力之外，还包括了一部分董事长的权力，是一种权力结合。CEO的出现有效地沟通了决策层与执行层，增强了企业的决策能力和执行能力，既提高了工作效率，又降低了管理成本。特别在经营风险较大、规模大且不易于管理的公司中，需要赋予公司执行者较大的决策权，CEO制度在此具有特别的意义。

CEO的产生意味着原来经理的地位发生了实质性的变化，

它是知识经济背景下经营者人力资本价值根本性提升或者说是经理革命的新的表现,赋予了经理革命新的时代内涵。并相应带来了公司从产权结构到治理结构、再到公司文化三个层面的深刻变革。董事会职责范围也在缩小,原来的董事会变为小董事会,主要职责是聘任、考评和决定对CEO的奖惩。尽管目前包括美国在内还没有法律正式确认CEO的地位,但是美国《商业示范公司法》(修订本)及特拉华州公司法都没有强制性的使用"经理"一词而使用"高级职员"的表述。(Robert W. Hamilton, 1996)[152]足见立法正是有意为CEO留下了操作空间。反观我国现行公司法,一方面,尽管经理的职责可以通过公司章程调整,而且有限公司中经理不是必设机构。但公司法毕竟明确规定了"经理"设置及其职责。另一方面,我国公司法按照传统治理观念规定了董事会和董事长的职权,而且这些规定属于强制性规定,不能通过章程将部分职权下放。这样目前我国公司中像美国公司那样设置CEO显然还存在法律障碍。自20世纪90年代后,CEO开始在我国的公司出现,并且得到迅速发展。如2000年海尔集团的张瑞敏率先成为中国的第一位CEO,自此,拉开了CEO这一制度引入中国的序幕。此后,春兰集团的陶建幸在产权改组之际改称CEO,倪润峰也于2001年出任长虹集团的CEO,还有深圳创维、深圳莱英达、深圳平安保险、南海能兴、浙江吉利汽车、泰康人寿保险、网易、搜狐、新浪等企业也都实行了CEO制度。据专家统计,到2002年中国自称CEO的至少已有1.2万人。但法律的障碍毕竟会对CEO制度的规范发展造成负面影响。实践中多数总经理改称CEO实际上换汤不换药,不能说与法律缺少引导无关。

　　第三,现行法律对经营者合法权益的保护也不够充分,突出地体现在责任保险规定等方面。

　　第四,独立董事的设置还存在一定问题。上述因CEO产生所引起的公司治理结构的变革的一项重要内容就是独立董事制度的诞生。独立董事是指不在公司担任其他职务,并与其所受聘的上市公司及其主要股东不存在可能妨碍其进行独立客观判断关系的董事。它是与企业经营性人力资本相对的社会性的人力资本，通常是由一部分有丰富经验、较高社会地位的职业化的社会人士组成。英国 Herines 投资基金管理公司在 1998 年《公司治理声明》中从七个方面规定了独立董事的独立性。(Richard Smerdom1998))[153]英国《Cadbury 董事会最佳行为准则》规定：a. 董事会应包括足够数量的高素质独立董事，以使他们的观点对董事的决策有重要影响；b. 对涉及重要人事任免及行为标准的战略、绩效、资源等问题，独立董事应带来独立判断；c. 成立全部或主要由独立董事组成的薪酬委员会，它负责对执行董事的薪水提出建议；d. 董事会应成立至少由三名独立董事组成的审计委员。① 在上述规定中，独立董事的职责中主要有两项：一是参与决策，并以自己的独立和专业身份作出判断；二是监督董事和 CEO。可见独立董事的监督职能与监事会存在交叉，又不完全同于监事会，它有着部分的决策权、人事任免权以及相关的各种权力。我国青岛啤酒 1993 年在香港联合交易所上市，开创了上市公司引入独立董事之先河，2001 年中国证监会发布《关于在上市公司中建立独立董事的指导意见》，标志着在我国上市公司中强制性引入独立董事制度的开始。2002 年中国证监会正式发布了《上市公司治理准则》，进一步推动了我国独立董事制度的建立。2005 年修订的新公司法第 123 条规定："上市公司设独立董事，具体办法由国务院规定"，独立董事制度终于得到公司法的确认。但客观地讲，我国独立董事制度实施效果并不理想。

我国现行独立董事制度存在的问题主要有：（1）在上市公司独立董事与监事会的关系上，没能解决两者的矛盾。尽管独立董事制度来自英美法系，监事会制度来自大陆法系；前者设置于

---

① 资料来源：http://61.129.103.2/overview/publication/compay/99/9908 - 14b.htm。

董事会内部,后者设置于董事会外部;前者发挥的是事前和事中的监督职能,后者发挥的是事后和外部监督的作用。(孙强,2007)[154]两者存在一定差别,但作为公司的行使监督职能的机构,两者毕竟同时存在着很大的职能重叠。我国现行法律在上市公司必设监事会的同时又引入独立董事制度,造成相互推诿责任,监督成本很高但效果不理想的结果。(2)独立董事不独立是一种普遍现象。其根源是高度集中甚至"一股独大"的不合理的股权结构和独立董事由股东大会选举决定的制度,导致独立董事很难在实质问题上与大股东对抗。(3)独立董事供应缺乏。独立董事的最主要的作用在于完善公司法人治理结构,但现实中独立董事多属于技术型人才,他们在教育背景、经验资历等方面还存在一定差距。表现在存量方面是不能获得足够数量的独立董事人选;增量方面则是已有的和潜在的独立董事人选也没有机会得到专业培训与教育。(周婕,李波,2007)[155](4)独立董事权利义务的规定还缺少针对性。独立董事固然属于董事,但毕竟与执行董事有所不同,现行立法在权利义务设定等方面缺少对两者的进一步区分,特别是对其激励和补偿不足。

第五,法律对经营者义务与责任的规定还不够严密和完善。权利与义务是一个问题的两个方面。企业经营者人力资本产权既包括权利的充分保障,同时也需要用义务加以限定,以免出现权力滥用。安然事件以来,针对经营者的权力失控现实,美国通过《萨班斯－奥克斯利(2002)》法案对经营者规定了严格的责任。(Michael W. Ott,2007)[156]比如 2006 年施行的《公司法》修正案规定了股东在特定情况下对公司债务的连带责任。我国在《民法通则》第 43 条规定"企业法人对它的法定代表人和其他工作人员的经营活动,承担民事责任"的基础上,公司法第 150 条进一步规定"董事、监事、高级管理人员执行公司职务时违反法律、行政法规或者章程的规定,给公司造成损失的,应当承担赔偿责任"。但却没有规定公司董事、经理等经营者对第三人的直接责任。结果导致了新的逃债现象的出现。而且公司经营者在公司赢利时挣取高薪，但即使在严重侵权时也不直接承担责任，这实在有失公平。

上述董事、经理等经营者实际上承担的是内部责任和间接责任。即只有公司在对外赔偿后，才有权要求经营者向其承担责任。这在性质上不同于受害者可以直接要求经营者承担的外部责任。它是传统计划体制下的责任形式，已难以适应市场经济的需要。前苏联的法学理论认为，国营企业不仅是国家所有的法人，而且同时也是以公司经理人为首的所有职工的集体。企业作为实在的法人有自己的意志和利益，因而能够对其工作人员的不法行为负责。企业工作人员在工作范围内，并不是作为独立的个人，而是集体的一员，如果职工的侵权行为是在其工作中造成的，那么该侵权行为并不是作为独立个人的职工造成的，应当由法人负责。这种主张尽管在历史的某个时期具有合理性，但时过境迁，现在却暴露出许多弊端：其一是由于权力与责任不对等，利益大而责任小，所以会助长公司经营者滥用权力。其二是由于经营者本身就处于决策位置，使得内部责任追究成本太高，往往是难以操作。其三是现有司法资源有限，外部也难以监督内部责任的落实。其四是不利于经营者行为的规范和素质的提高。

二、企业经营者剩余索取权的实现

企业经营者剩余索取权也是通过公司治理实现的，其实现形式主要包括年薪制、股票期权、管理层收购和经营者人力资本出资等。

（一）经营者年薪制

1. 年薪制的特点

所谓"年薪制"是指以企业经营者为实施对象，以年度为考核周期，确定经营者的基本报酬，并视其经营业绩发放风险收入的一种薪酬制度，它是一种在市场经济条件下对经营者人力资本进行间接定价的制度。年薪收入通常包括薪金收入和利润分成两部分，这一制度通过将经营者的收入与其经营业绩挂钩的分配机制，以体现经营者人力资本价值，更好地发挥经营者的积极性、主动性和创造性。"收入的异质性在现代宏观经济中扮演着决定性的角色"。(Mark Huggett, 2006)[157] 年薪制的核心就是把企业家的利益与职工分离，同时也与其经营成果的风险挂钩。它在西方已成功推行数十年。

一般而言，现代企业经营者的报酬结构是多元化的。既有固定收入，又有不固定或风险收入；既包含现期收入，也包含远期收入。通常包括三部分：一是基薪或岗位工资，即经营者职位应得的报酬。二是奖励，奖励分为现金和期权两种方式，两者都以经营者业绩而定，只不过前者为短期激励，属于年薪制的传统支付方式；后者为长期激励，是将股票期权应用于年薪制，从而大大改进了年薪制的支付结构，在一定程度上实现了制度的自我完善。三是福利，包括社会保障、到期离职补偿、个人养老保险、医疗保险，以及公司提供的汽车、俱乐部会员证等福利折合的现金。

现代企业经营者人力资本的专用性和波动性决定了其参与企业收益分配应由两个阶段构成。首先企业经营者以企业雇佣者的身份以工资的形式为主参加企业税前利润的初次分配，另外又应以人力资本所有者的身份参与税后企业剩余收益的再分配。

尽管年薪制存在一般的共性，但各国实践中又有各自的特点。形成了以美、日、德三国为代表的两类模式，并与各自公司里的其他制度形成了多重均衡。美国企业经理报酬中，股票期权收入高，比较重视长期激励，而日德对长期激励不够重视；日本企业经理报酬中，奖金和在职消费数额高；德国企业经理报酬中，几乎没有股票期权，但基薪和预支年休金高，其中，预支年休金由企业和社会保险机构支付。经理报酬的这些特点与公司法人治理结构和企业工资制度的特点有关。例如，美国的公司股东是机构投资者，他们强调股票收益，也就据此设计了股票期权制度，让经营者的收入与股票收益挂钩。日本公司制企业改革"年功序列工资制"，增强工资制度对企业员工的激励功能，减少其固定收入，加大其奖金收入，由此影响到经营者的奖金水平确定。德国理论界认为，即使是利润，也难以反映经营者的经营业绩。德国企业对中初级管理人员实行的工资制度，固定部分一般高于浮动部分。所以，受其影响，高级管理人员即经营者的年薪制中，基薪所占份额比较高。（龚岩，2007）[158]

一方面，与固定的工资制相比，"年薪制"具有很大制度优势。经营者"年薪制"的优势在于：第一，可以充分体现经营者人力资本的特点。企业可以根据经营者一个年度的经营管理业绩，相应确定与其贡献相称的年度报酬水平以及获得报酬的方式，使它既不同于资本家的非合约收入也不同于一般职工的合约收入。具有人力资本产权实现的属性。第二，年薪制体现了利益相关原则，适应了市场经济的要求。年薪结构中含有较大的风险收入，有利于在责任、风险和收入对等的基础上加大激励力度，使经营者凭多种要素广泛深入地参与企业剩余收益分配，使经营者的实际贡献直接反映于当期各类年薪收入的浮动之中，并进一步影响其应得的长期收入。第三，为广泛实施股权激励创造了基础条件。企业既可以方便地把年薪收入的一部分直接转化为股权激励形式，又可以组合多种股权激励形式，把经营者报酬与资产所有者利益和企业发展前景紧密结合起来。第四，带有高薪养廉的意味。高薪不仅能对企业家产生激励，同时也对抑制"管理腐败"行为起了积极的预防作用。高薪本身构成了"管理腐败"的机会成本，实行年薪制后，经营者收入公开化，除了支取年薪外不再领取其他收入和享受在职消费。年薪制通过提高经营者公开收入的手段可以发挥限制在职消费和管理腐败的作用。

另一方面，年薪制也具有自身难以克服的缺陷。主要表现在：一是年薪制容易引发短期行为，无法对经营者实施长期激励。传统的年薪制属于短期激励，它是以一个生产经营周期，即以年度为单位确定经营者报酬的收入分配制度。容易使经营者在任期到期时采取短期化措施，获取高额的报酬。现实中公司经营者时常需要独立地就公司的经营管理以及未来发展战略等问题进行决策，诸如公司购并、公司重组及重大长期投资等。这些重大决定给公司带来的影响是长期和深远的，但年薪制却难以考虑进去。二是年薪制要求的条件比较高，不少企业难以达到。实行年薪制要求企业财务体系的完全规范化，财务资料的准确和真实，而且所有者能够进行强有力的监督，否则对经营者的考核就有可能变成信息不对称情况下由经营者操控的账面游戏，经营者也可能通过其他渠道获取收入，通过各种途径"寻租"。三是年薪制仅仅是一种物质刺激甚至仅仅是一种金钱刺激，不能发挥精神激励作用，难以满足企业的特殊需要。四是当年薪数额过高，且大部分使用现金支付时，过大的现金流量不仅会给企业带来资金压力，增大企业运营成本，而且会与职工收入形成明显反差，引起职工不满，带来不利影响。

正是基于上述认识，本书认为年薪制是实现企业经营者剩余索取权的初级形式。

2. 我国实施年薪制的情况

从1992年开始，我国各地开始在部分企业进行年薪制试点。1992年6月上海轻工局首次选定英雄金笔厂等四家企业进行试点，年薪是1万-2万元，后来又提高到2万-5万元。1993年江苏省一些县级纺织企业厂长也实行了年薪制，年薪约为5万—8万元。1994年9月深圳制定了《企业董事长总经理年薪制实行办法》，开始将年薪制制度化。这一年深圳特区企业经营者年均薪金5.4万，是深圳社会平均工资的5倍。1994年劳动部与国家经贸委、财政部酝酿制定了《国有企业经营者年薪制实行办法》，准备待国务院批准后实行，但由于争议较大，这一施行办法一直未能出台。随后四川、福建、浙江、云南、北京等省市开始试点年薪制。1997年5月，劳动部提出将进一步在一百家国有企业进行年薪制试点。据不完全统计，到1997年底，全国实行年薪制试点的企业已达上万家。1998年1月，原国家劳动部宣布在全国暂停国企年薪制改革。1999年9月22日，党的第十五届中央委员会第四次全体会议通过了《中共中央关于国有企业改革和发展若干重大问题的决定》，并规定"建立和健全国有企业经营者的激励和约束机制……少数企业试行经理厂长年薪制、持有股权等分配方式，可以继续探索"。2000年劳动部宣布工资改革重点推广年薪制。2003年11月25日，国务院国有资产监督管理委员会出台《中央企业负责人经营业绩考核暂行办法》，这套考核办法定于2004年1月1日起在国资委所监管的中央企业中全面实施经营者年薪制。

（二）经理股票期权

1. 经理股票期权的特点

经理股票期权（Executive Stock Option，ESO）是指企业所有者向主要经营者提供的一种在一定期限内按照某一既定价格（行权价）购买的一定数量本公司股份的权利。它起源于20世纪50年代的美国，是一种旨在解决委托代理矛盾，实现风险与报酬相对称的人力资本产权实现形式。在西方企业界经理股票期权被誉为公司送给经理人员的一副"金手铐"。美国的一些学者对股票期权进行了大量实证研究，其结论表明，实行股票期权制度对公司的绩效有着积极影响。（Adams J. S., 1963）[159] 20世纪80年代里来，它作为现代公司制企业一种新的金融创新工具，得到广泛推行并取得巨大成功。在西方发达国家，以股票期权为主体的薪酬制度已经取代了以"基本工资＋年度奖金"为主体的传统的薪酬制度而成为对高级管理人员进行激励的非常普遍、也最富成效的形式。在1996年财富杂志评选的全球500家大型工业企业中已有89％的公司对经营者实施了股票期权制度。公司对经营者实施期权激励的真正目的在于：利用股权形式和股票交易过程，把经营者部分报酬与公司价值、资产预期收益和公司发展前途联系起来，促使经营者多为股东的资产增值和公司长期发展着想。这样，经营者只有在正确决策、努力经营的基础上，将公司股票价格抬升之后,才能从中得到应有的回报,最大限度地实现个人收益率与社会收益率的一致。

经营者可以在行权期限内选择适当时机买入股票(行权),并选择是长期持有还是转让出去。若将所持股票转让出去,也可以通过赚取股票市场价与行权价的差额(期权收益),从中获得激励性报酬;若选择长期持有,也可以将其中包有的激励性报酬延期变现,使其继续增值。

一方面,股票期权具有一定制度优势,主要是它辩证、科学地协调了公司与经营者的相互关系。

对于经营者来说:第一,它具有长期激励的特点。在传统薪酬制度下,经理人员追求的往往是短期利润最大化,而忽视公司核心竞争能力和发展后劲的培育。而在股票期权制度下,投资者只有看好公司发展前景和未来的投资回报,才能从股票价差中得到期权收益。第二,经营者的身份和地位发生了变化,在一定程度是可以抑制"内部人控制"现象。工资、奖金、年薪的提高不会改变其雇佣劳动者的身份,从而不会对广泛存在的"内部人控制"现象产生抑制,股票期权使经营者成为企业的所有者,公司的治理结构会由此得到改善,从而具有了一定的抑制"内部人控制"现象产生的功能。第三,控制了经营者承受的风险。由于期权是一种股票选择权,经营者既可以选择对自己有利的时机行权,也可以在不利的情况下不选择行权。在整个股市和本公司股票呈强势的状况下,经营者选择行权,期权的获利空间越大,对经营者激励力度也越大。在整个股市和本公司股票呈弱势的状况下经营者选择不行权,损失的只是购买股票的权利和增加收入的机会,不会遭受既得利益的损失。第四,由于不使用现金支付,它还降低了经营者的税务负担。

对企业来说:第一,它可降低代理成本。股票期权实际上是通过资本市场对经营者人力资本产权间接定价的机制,它省去了巨大的计量成本,而且高层管理人员薪酬的相当部分以股票期权形式体现,使高级管理人员的利益与股票业绩、投资者的利益挂钩。这使经营者决策的利益和风险取向符合公司价值目标，并减少了监督成本。第二，股票期权的使用使企业节省了现金。在股票期权制度下，企业授予管理人员的仅仅是一种期权，公司始终没有现金流出。当获益人以现金行使期权时或以增发新股的形式实施股票期权制度，公司的资本金还会增加。同时，经理人员在取得股票期权后，会比较容易接受相对较低的基本工资和奖金。第三，有助于企业吸引、稳定和留住人才。特别是对尚处于成长过程中的高新技术企业。对于高层管理人员来说，股权的吸引力远大于现金报酬，现在股票期权已经成为高科技行业中一个吸引、稳定和留住人才的重要法宝。第四，它适用范围广泛。股票期权最适于上市公司，其他公司则可以通过期股等形式变通适用。

另一方面，股票期权制度仍存在一定的缺陷。

一是股票期权的发挥作用有严格的前提限制。首先，股票期权的激励作用依赖于内部公司治理和外部资本市场的有效性。股票期权在理论上的缺点主要源于其激励逻辑背后隐含的企业的业绩的改善确实来自管理层受激励后增加的努力，而且股票市场确实反映了企业的经营业绩这两个假设。只有有效的股票市场才能正确地反映公司的真实业绩，也才能使经理的报酬收入与公司的经营业绩具有较高的相关性；反之，在无效或弱效的资本市场，股票期权的激励作用会被扭曲，难以实现经营者与所有者的利益一致。其次，股票期权的实行也有赖于健全的法规体系。经理人员的合法报酬不仅有税收优惠，还应得到法律的保障，而且类似于安然事件那样人为操纵公司业绩、股市泡沫及其他有损于股东利益的行为也必须受到法律约束；如果缺乏较完备的法规体系，股票期权的实施则有可能增强经理人员的道德风险，进一步背离股东利益，甚至蜕变为管理层套取高额回报的一种新的形式。另外，股票期权也要求股市和公司本身具有良好的成长性。2003年7月8日，美国微软公司宣布从同年9月开始，微软公司将放弃股票期权而改向员工发放限制性股票就是一个标志性事件。一些专家的实证分析还证明，公司自愿发放的 CEO 股票期权的实施实际上很难完全避免 CEO 机会主义行为的存在。(David Adody,2000)[160]

二是股票期权尚未完全解决经营者追求利益行为短期化的弊端。由于股票期权只把经营者的利益同股份的上涨相联系，很可能刺激经营者不顾一切代价追求股价的短期上涨，即使与企业长期发展目标相背离也在所不惜。而这种对企业不良影响的成本和后果往往由后来的经营者和企业所有者承担。也正因为这一原因，股票期权在美国近年来名声并不好。而近期发生的，祸及全球的金融风暴，再一次证明，用股票期权等高薪措施激励经理人，"鼓励了经理人的冒险行为和短期行为，使公司业绩在短期内疯涨，经理人拿到了巨额薪酬，但却在公司的土壤层中埋下了危机的种子"。(张晶晶，丁明豪，2008)[161]

三是股票期权的权利义务不平衡，激励有余而约束不足。ESO 完全是一种权利，当股票价格升至行权价之上，期权持有者可以行权收入股票使自己获利；反之，当股价一直低于行权价时，持有期权的管理者可以选择不行权，自己不会有任何损失。这实际上是一种"只奖不罚"的制度，造成了管理层与股东只可"同甘"不能"共苦"的局面，对经理人的保护有余而约束不够。

正是基于对股票期权特性的全面和辩证的认识，有的学者认为经理股票期权是企业经营者人力资本股权化的一般实现形式，也有的学者认为股票期权是企业家人力资本价值的最优制度安排。本书也认为经理股票期权就其制度设计来讲，可以说是企业经营者人力资本实现的一种比较理想的形式，是企业经营者剩余控制权实现的中级形式。

2. 我国经理股票期权发展情况

经理股票期权 20 世纪 90 年代初进入中国，在我国实施经理股票期权制度最早的要属 1993 年的深圳万科集团。长期以来，由于外部市场不成熟和政策法规方面的限制，我国的股票期权激励都是采用各种变通的方式在探索中进行,并不是真正意义上的股票期权激励。这种基于股票期权设计思想而又适应中国特殊环境的制度创新被称作"期股"。国有企业实行的期股通常分为两类:一是在国有资产控股的股份公司和有限公司中,它是指经营者在一定期限内,有条件地以约定价格取得或获奖所得适当比例的企业股份的一种激励方式;二是在国有独资企业中,它是指借用期股形式,对经营者获得年薪以外的特别奖励实行延期兑现的激励方式。1999年是中国股份期权发展的转折点,期股成为该年度媒体出现频率最高的词汇,关于期股制的培训班大量涌现。1999年2月上海市制定了《关于对国有企业经营者实施期股(权)激励的若干意见》,同年9月北京市制定了《关于对国有企业经营者实施股份期权激励试点的指导意见》,2000年10月财政部确定上市公司联通和中关村等8家高科技企业为实施股票期权制的首批试点单位。此后全国经理股票期权实践还逐步形成了北京国企的期股模式、上海期股模式和武汉期股模式等。

  从2005年下半年开始,我国有关的制度进行了大变革,在制度上为企业股票期权激励的实施排除了一些法律和制度障碍。2005年8月23日,证监会、国资委、财政部、人民银行、商务部等五部委联合发布《关于上市公司股权分置改革的指导意见》,首次明确指出,完成股权分置改革的上市公司优先安排再融资,可以实施管理层股权激励。新《公司法》、《证券法》出台,在公司资本制度、回购股票和高级管理人员任期内转让股票等方面均有所突破,上市公司实施股权激励的法律障碍得以消除。2006年1月证监会出台了《上市公司股权激励规范意见》(试行),同年3月国资委出台了《国有控股上市公司(境外)实施股权激励试行办法》,9月出台了《国有控股上市公司(境内)实施股权激励试行办法》。这些规定给我国上市公司实施股权激励设置了更为严格的条件,既鼓励其实施激励,又坚持循序渐进的原则。2006年财政部出台新会计准则发布了《企业会计准则第11号——股份支付》,被视为股权激励的配套措施之一,按该会计准则授予雇员的股票期权在授予日按公允价值计入相关成本费用，会对公司当期和未来的损益产生影响。（潘艳坤、樊昌富，2007）[162]

（三）管理层收购

1. 管理层收购的特点

管理层收购，即 MBO（Management Buy – outs），也有人译为"管理者收购"，在资本市场相对发达的西方国家，MBO 是杠杆收购的一种特殊形式。所谓管理层收购就是目标公司的管理者利用借贷资本购买本公司股份或分支机构，从而改变目标公司所有权结构、控制权结构和资产结构，进而重组目标公司的一种杠杆收购。（贺小刚，2002）[163]管理层收购起源于 20 世纪 50 年代的美国，起初只是为了解决创业投资者的退出问题，后来逐渐演变为由管理者发动并以取得公司控制权为目的。

管理层收购与年薪制、股票期权、人力资本出资相比，具有一定制度优势：一是可以从根本上解决代理成本问题。"MBO 实际上是企业所有权与经营权分离的公司制，按照历史的逻辑所进行的回归。"（李宝元，2005）[164]它实际上是人力资本所有者与货币资本所有者矛盾关系相互博弈的新的均衡形式，它不是传统的货币资本支配人力资本，而是在人力资本地位作用上升条件下人力资本价值实现的一种形式，一种人力资本主导物质资本的萌芽状态。由于所有权与管理权统一，它可以根本解决代理成本问题。二是管理层收购对经营者人力资本的产权激励最大。它不同于年薪制的短期物质激励，而属于长期激励。但又不同于一般意义上的股票期权与人力资本出资，它以公司控制权的转移为目的，是公司控制权与剩余索取权统一于企业经营者，所以激励作用最大。三是 MBO 还为中国制度转型和产权改革提供了新途径。对于处于转型期的中国企业来说，MBO 具有特殊的制度创新意义。它主要还不是一般性的融资收购解决代理成本问题，而是产权制度的变革或改制问题；不仅仅是商业运作问题，更重要的是通过制度创新推进企业改革，实现经营者股权激励的重要问题。

当然管理层收购也有自身局限。并不是任何企业都适于MBO，也不是何时都适于MBO，而是有着严格的适用条件。这些条件主要是企业所处的行业相对成熟，有业绩提升和发展空间，管理团队优秀，企业负债率较低以及外部市场规范成熟等。

通过上述分析我们认为，管理层收购的特点决定了它是经营者人力资本产权实现的一种特殊形式。

2. 我国管理层收购发展情况

1998年四通集团、1999年粤美集团的管理层收购开创了我国管理层收购的先河。2001年以后上市公司管理层收购开始增多。随着2002年《上市公司收购管理办法》的出台，管理层收购再次引起各界关注，并兴起了"MBO热"。但总的来说，管理层收购在我国走走停停，并不顺利。实践中的管理层收购主要有三类：一是为摘掉集体企业"红帽子"而进行的管理层收购；二是国有企业的管理层收购；三是上市公司的管理层收购。但是由于我国特殊的历史背景，使得管理层收购被赋予了一些附加的功能，再加上国有企业"所有者缺位"、政府干预和市场环境的缺乏，导致国有企业管理层收购中国有资产流失现象广泛存在，一批国企负责人卷入腐败案件。MBO引起民众不满和理论界的质疑。一场"郎顾之争"使管理层收购得到空前的社会关注。2004年开始，国资委开始重点追查管理层收购中的国有资产流失问题。2005年4月国资委和财政部公布的《企业国有产权向管理层转让暂行规定》明确规定："大型国有及国有控股企业及所属从事该大型企业主营业务的重要全资或控股企业的国有产权和上市公司的国有股权不向管理层转让。"大型国有企业管理层收购被叫停。2006年国务院办公厅转发的《国务院国有资产监督管理委员会关于规范国有企业改制工作意见的通知》，则被认为是对"管理层收购禁令"的一种在控制规范和严格监管基础上的有限度地放开。

(四) 人力资本出资

1. 人力资本出资制度的特点

其本质是将人的智力、知识和技能作为一种"人格化"资本出资,使得物质资本与人力资本的关系由原来的雇佣与被雇佣关系,变革为投资伙伴关系,使两者的目标、利益真正一致化,并得到法律保护。人力资本出资人和物质资本出资人一同构成企业的股东,按份额享有企业净资产的权利,承担企业经营风险的义务,还拥有表决权、控制权等,作为企业发展的重要战略资本,其使用权在合约期内被运用于企业的运营与发展方面。(刘松华,2006)[165]与上述经营者年薪制、股票期权、管理层收购相比,经营者人力资本出资具有以下优势:第一,它是一项标准的法律制度,与其他制度相比要求最为规范。资本是公司运营的基础,经营者人力资本出资是公司中的一项重要法律制度,需要一系列的法律规定,而且人力资本出资不仅要记载于公司章程,还必须依法办理工商登记手续,要求最为严格。第二,如果从对经营者的激励和约束来说,它属于一种长期激励。经营者人力资本出资本质上是经营者以其合约期内的人力资本使用权与物资资本平等合作,而且是一种长期合作,可以避免各种短期行为。第三,它是经营者人力资本产权的充分实现。经营者人力资本出资不是物质资本所有者对经营者的赠与,也不是一般意义上的激励,而是建立在与物质资本平等合作基础上的经营者人力资本产权的彻底实现。正如有的学者所说,人力资本出资的意义表现为两个方面:"一方面,只有承认了出资合法性,人力资本所有者分享企业管理权与收益权才具有坚实的理论基础与权利基础,才不是物质资本所有者(股东)仅出于激励其积极性的一种技术安排,而是基于其人力资本投入的一种当然享有的权利。……另一方面,只有承认了出资合法性,人力资本所有者才能改变依附于物质资本所有者的地位。"(李友根,2004)[33]在不承认人力资本出资的情况下,公司制度的设计与安排实际上奉行的是物质资本"股东至上",人力资本所有者只能处于被动的地位。

当然人力资本出资制度也有其自身的局限。它突出地表现为作为一项严格的法律制度,要求必须作出详尽系统的立法规定,才能保证操作合法与规范。而且要求有规范和成熟的市场对经营者人力资本予以评估。

本书认为,人力资本出资制度的特点决定了它是经营者人力资本产权实现的高级形式。在一定程度上可以说一个国家人力资本出资制度的立法水平,标志着其经营者人力资本产权的实现程度。

2. 人力资本出资制度国内外发展状况

人力资本不能作为独立的出资形式,是自人类资本投资市场产生后的一个基本约定与惯例。在知识经济环境下,人力资本对经济发展的贡献越来越大。其仅仅作为激励对象已经不够,一些经济发达国家开始突破惯例,给予人力资本以不同程度的出资认同。早在20世纪80年代美国首开先河,在修订后的《美国示范公司法》中,开始承认未来劳务作为股东的出资方式,但为了克服劳务出资自身的弊端,法律同时设置了三种救济机制:可设置托管账户、进行其他限制股权转让的安排、可根据支付的股份购买价格将分配利益贷记。倘若该劳务未能履行,托管股份、受限制的股份以及贷记的分配利益,可能全部或部分被消除。(赵旭东,2004)[166] 1994年的《统一有限责任公司法》第401节规定:有限责任公司成员的出资可以包括有形的与无形的财产或其他对公司的利益,包括现金、期票、提供的劳务,或者同意向公司交付现金或财产,或者在未来提供契约的劳务。

当然,美国是联邦制和判例法国家,各州的立法和司法实践也不尽相同。多数州承认过去已经提供的劳务作为出资,但对未来劳务作为出资比较谨慎。如在判例 Bury v Famatina Development 中 Farwell 大法官主张,未来利益在清偿一定债务时可能是合理的,但它却根本不是公司财产,不能记录在资本账目上。(Robert. R. Pennington,2001)[167]

到目前，英国对劳务出资的最为宽松。[157] 1985年《公司法》第99条规定，非公开公司的股份以及负载其上的费用，可以用金钱或具有金钱价值的物（包括商誉和知识产权）支付。1893年Re Eddy Stone Marine Insurance Co.一案所确立的原则沿用至今。该原则为公司提供劳务以换取股权的协议是可以接受的，可以作为公司股权的约因，而如果这些劳务已经发生，即属于过去的约因，它不构成有效的股权约因。（Simon Goulding, 1996）[168]《加拿大商业公司法》规定，取得股份的对价包括现金、支票、有形或无形的财产或者先前提供的服务。在诉讼中，各种非现金出资的价值属于陪审团决定的实施问题。在大多数州，提供未来服务、利益的契约以及期票尽管并不是取得股份的好的对价，但却可能有许可这种未来对价的趋势。（John W. Hardwicke, 1992）[169]

正像任何现代国家法律都不可偏废自由、效率和安全这三大法律价值一样，英美法系国家在积极拓展出资方式的同时，从来没有忘记安全的价值。只不过他们没有因噎废食，而是采取了大胆放开，小心管制的开明办法。利用其高效的立法与司法资源，除了美国设置的三种救济机制：可设置托管账户、进行其他限制股权转让的安排、可根据支付的股份购买价格将分配利益贷记之外，英美宽松的制定法规定的背后仍有确保资本真实的制度保障。普通法中有两条规则：一是"真实价值"规则，据此，在转让时财产的价值不得低于股票的票面价值，而不考虑当事人的想法；二是"善意"规则，据此，只要在估计财产至少等于股票的票面价值时当事人是诚实的，那么他们就没有任何危险。（罗伯特·C.克拉克，1999）[170]另外，普通法中的"揭开公司面纱"的司法制度，在资本不足时揭开公司的面纱，直接追究恶意股东的有限责任，有效地填补了立法欠缺资本要求造成的空白。所有这些立法与司法规则，借助于英美国家灵活的司法制度和高素质的法官队伍，在整体上形成了一个开放式的规则体系，从而实现了规则的"多重均衡"，这无疑对后进国家具有重要借鉴意义。

法国立法采取了有限制的允许技艺出资的态度。《法国民法典》第1843条1-3款规定,股东可以以实物、现款及技艺出资。以技艺出资不得计入公司资本。仅以技艺出资的股东,其分享利润及承担损失的比例与出资额最少的股东的比例相同。《法国商事公司法》第23条第2款规定,有限公司股东不得以技艺出资。但同法第38条第2款同时规定,有限责任股东的技艺与实现公司总值有联系的,可以技艺出资。

《德国股份法》第27条规定,劳务不得作为现物(非现金)出资的标的。但关于现物出资标的物的具体形式,实践中基本上是凭学说和判例做出判断,其范围相当广泛。德国的做法既保持了立法上的传统,又通过学说和判例灵活操作,使其适应了复杂的现代经济生活的需要,在理论与实践、传统与现实之间实现了均衡和协调,值得效仿。

此外,《意大利民法典》也规定了股份有限公司中的劳务出资股。

通过上述比较可以看出,英美法系国家的人力资本出资规定得比较灵活,相对而言,大陆法系国家则反应迟缓,限制较多。

我国1993年通过的《公司法》没有对人力资本出资做出明确规定。该法第24条明确规定了货币、实物、工业产权、非专利技术、土地使用权五种出资形式,把人力资本排除在外,而且基于对公司债权人利益及社会经济秩序保护的关注,实行的是严格的法定资本制,同时对无形资产出资规定了最高限额。综合上述规定可以推断:立法者对人力资本出资采取了否认的态度。难怪国内有些学者评论,"从经济发展的角度,这种'列举式'立法技术必然导致我国出资物立法显得过于保守"。(薄燕娜,2005)[171]

这里值得一提的是,在《公司法》颁行之前,1992年国家体改委颁布了《有限公司规范意见》和《股份有限公司规范意见》,《股份有限公司规范意见》第22条规定"股东可以用货币投资，也可以用建筑物、厂房、机器设备等有形资产，或工业产权、非专利技术、土地使用权等无形资产折价入股"。由于使用了"等无形资产"一词，不仅扩大了立法的使用弹性，也为实践中包括身份股等一些类似于人力资本出资的形式，找到了一个合法载体，使得它们可以以"无形资产"的形式获得登记。尽管后来这一规定随着1993年公司法的实施，被埋藏在人们记忆深处，但它那昙花一现的光彩也让人们看到了瞬间的永恒。

  20世纪90年代后，我国江苏省、上海市、南京市、大连市等地区先后通过地方法规形式准许高科技园区企业以人力资本出资，同时从企业性质、出资主体和出资比例等方面规定了一些限制条件。值得一提的是，2005年初，上海市出台了《浦东新区人力资本出资试行办法》，成为目前我国人力资本出资规定最为系统的地方法规。办法规定，在浦东新区范围内登记注册的有限公司和股份公司（不含外商投资企业），属于以金融为核心的现代服务业、以高新技术为主导的先进制造业、以自主知识产权为特征的创新创意产业的，管理人才、技术人才、营销人才的知识、技能、经验都可以按照法定方式作价出资。但以人力资本作价出资的金额不得超过公司注册资本的35%。人力资本可经法定评估机构评估作价，也可经全体股东协商作价并出具有全体股东签字同意的作价协议。人力资本作价入股应当提交由法定验资机构出具的验资证明。

  2005年10月我国《公司法》进行了全面修改，公司资本制度方面发生了重大变化。新公司法废除了严格的法定资本制，改为实行折中资本制，删除了对无形资产出资最高限额的规定。最为重要的是该法第27条规定"股东可以用货币、也可以用实物、知识产权、土地使用权等可以用货币估价并可以依法转让的非货币财产作价出资"。那么，人力资本作为出资方式是否符合这两个条件呢？首先，人力资本可以用货币估价。人力资本作为蕴藏于人体内的知识、技术和能力是经过长期的物质投资形成的，其价值与物质投资成本大体成正相关关系，而这种物质投资成本是可以用货币计量的，这一点早已为实践所证实。其次，人力资本可以转让。虽然人力资本所有权专属于本人，但作为人力资本出资的不是其所有权而是使用权，人力资本的使用权可以转让。据此，我们认为人力资本符合新公司法规定的出资条件。但可惜的是，现行《公司登记管理条例》第14条第2款明确规定"股东不得以劳务、信用、自然人姓名、商誉、特许经营权或者设定担保的财产等作价出资"，从而将人力资本出资再次排除在外。

2006年在北京参加全国两会的人大代表赵林中、周晓光等企业界代表呼吁鼓励和规范人力资本制度。赵林中等代表认为，人力资本出资是一种积极的制度创新，对正处于经济转型、产业升级的浙江来说，极具现实意义。我们应当通过制度实践不断积累经验，扩大试点范围，并在条件成熟时进行制度总结，甚至出台相应的地方性法规、规章予以规范和提升。

（五）现有法律在企业经营者剩余索取权实现方面存在的问题

1. 企业经营者剩余索取权实现立法方面存在的问题

首先，国有企业经营者人力资本产权实现方式的规定还有待完善。由国资委2003年制定、2007年修订的，以实现对国有企业经营者激励与约束为直接目的，以实施年薪制为主要内容的《中央企业负责人经营业绩考核暂行办法》（以下简称《办法》）已经推行。而且，以此为依据一些地方政府陆续制定了地方所属企业负责人经营业绩考核办法。不可否认，《办法》具有重要理论创新价值和实践意义。它以制度的方式承认了企业管理劳动的独特价值，并开始把国有企业领导人的身份从政府官员转变为企业经营者。但同时也应注意到现行制度的过渡性和局限性：

一是"企业负责人"的称呼和具体范围还不够规范。《办法》第2条规定，其适用的主体包括：国有独资企业和未设董事会的国有独资公司的总经理（总裁）、副总经理（副总裁）、总会计师；设董事会的国有独资公司的董事长、副董事长、董事、总经理（总裁）、副总经理（副总裁）、总会计师；国有控股公司国有股权代表出任的董事长、副董事长、董事、总经理（总裁），列入国资委管理的副总经理（副总裁）、总会计师。表面看来"企业负责人"只是一个称谓而已，但它仍明显带有国有企业传统体制政企不分、政资不分的痕迹。而且《办法》第33条还规定国有独资企业、国有独资公司、国有控股公司的党委书记、副书记、常委、纪委书记的考核与奖惩依照本办法执行。诚然这些主体十分重要，但是否应当由国资委对其进行"经营业绩考核"却值得考虑。从长远来讲，现有规定不利于企业家队伍建设的非行政化和职业化，也不利于与国际接轨。

二是过于关注经营者的整体性和关联性，忽视了经营者不同岗位在经营业绩考核上的差别。结果对董事长、总经理和总会计师使用了相同考核指标，而仅存在计算系数的差异。

三是业绩考核指标体系还不够周延。表现之一是，尽管《办法》第5条第4款将"推动企业提高战略管理、自主创新、资源节约和环境保护水平"作为经营业绩考核的原则之一，但却缺少相应的、具体的业绩考核指标支持。

四是现行考核体系仍存在重激励轻约束、权利义务不对等的弊端。尽管年薪制本身也带有一定约束功能，而且，《办法》中也规定了一些约束措施，但与激励相比，有关约束机制仍显不足，并造成了权利义务失衡。运用不当很可能出现以往"承包制"相同的结果。从我国长期以来的国有企业实践来看，由于缺乏对国有企业的有效约束机制，结果出现了不少做决策"拍脑袋"决定、遇反对"拍胸脯"保证、出问题"拍屁股"走人的所谓"三拍"领导。使一些国有企业经营陷入困境，资产严重流失。由于约束不够，国有企业大多数亏损都是因为主观因素造成的。这一结论不仅符合多数人的感觉，而且也被有关专家的调查统计分析所证实。

关于经营者人力资本实现形式的具体制度安排，我们只是从经营者人力资本实现的视角做的理论分析,至于实践中,不同企业具体采用何种方式,并没有一个统一的标准。二是应参照行业特点、企业的生命周期、国家的法律法规、经营者人力资本在企业中的类型、偏好和谈判能力以及国家经济社会发展阶段等综合考虑与权衡。

其次,尽管一些地方政府通过规范性文件的形式开始承认包括经营者在内的人力资本出资,但目前还缺少国家法律对人力资本出资制度的明确规定。

2. 实践方面存在的问题

经营者人力资本产权实践存在的问题比较突出地体现在经营者年薪不合理问题上。经营者年薪不合理问题表现为三个方面:一是不少企业经营者的年薪收入太低,经营者人力资本没能得到承认和尊重。二是一些上市公司经营者的年薪畸高,其合理性受到广泛质疑。最有代表性的是,中国平安保险董事长兼首席执行官马明哲2007年的薪酬高达6616万元,比上年增长394%,而同期公司总收入和净利润分别增长55.4%和140.2%,而且公司处于受国家政策优惠,至今并非充分竞争的领域。在这种背景下马明哲个人日薪高达18万元之多,尽管其本人向媒体表示"平安高管的薪酬都是聘请独立的薪酬公司制定出来的,并经薪酬委员会、股东大会、董事会批准,平安整个薪酬制度是合法合规的,他的贡献和表现对得起这一份薪酬",(陈一舟,2008)[172]但其公正、公平性确实令人怀疑。三是央企高管薪酬失控。根据现有资料,在现有的155家央企中,不但高管与普通职工的薪酬突破了2002年国资委确定的12倍的比例甚至达到相差数百倍,不同行业国企薪酬标准差距也过大,不少央企高管年薪自2006年以来均超过了民营企业。这些都显示国有企业的激励机制和薪酬制度正在逐步失控。其产生的原因不外乎三点:一是出资人或其代表未行使薪酬安排权,造成央企负责人自定工资职务;二是对央企经营业绩的真假缺乏科学的确认和评价机制,造成央企负责人自己打分;三是对薪酬及职务消费未建立披露机制,少数央企存在按"职"分配现象。央企薪酬制度存在的问题,实际上反映出我们还一直未能找到一个既能满足国企高管的合理要求,同时也与他们的实际贡献相匹配的薪酬管理办法。

此外,由于国有资本代表制度不够科学,监督机制缺乏效率以及缺乏成熟的外部市场环境,使得管理层收购特别是国企管理层收购政策左右摇摆。

三、企业经营者人力资本产权实现的外部治理环境

(一)公司外部治理环境

尽管在我国目前的现实情况下,企业经营者的人力资本产权主要是依靠公司内部治理实现的,"但一个国家的政治、历史、文化等对该国的公司治理也有着重要影响",(冯根福,2006)[173]由于公司内部治理与外部治理构成一个统一的整体,所以公司外部治理环境仍然构成企业经营者的人力资本产权实现的重要条件。

所谓公司外部治理,是通过职业经理人市场、资本市场、产品和服务市场以及法律法规、文化传统等,对公司经营管理活动特别是经营者行为进行激励和监督。它是通过市场机制这只"看不见的手"发挥作用的一种隐性激励约束机制。市场机制发挥作用的核心点是"能够自动识别和选择优秀的经营者以及依靠声誉的力量规范其行为。一个充分竞争、信息透明的市场,可以帮助企业将经营者的职位交给有能力、有积极性的经理人,进而实现企业发展的预期"。(杨河清,王阳,2008)[174]外部市场竞争对经营者的作用主要表现为两个方面:一方面是信息显示作用,通过市场竞争能够在一定程度上揭示有关经营者能力和努力程度的本来属于隐藏的信息。它为经营者的收益权、决策控制权分配和声誉机制充分发挥作用提供了信息基础。另一方面,市场

竞争的优胜劣汰机制对经营者的收益权和决策权形成一种潜在的威胁，即"替代约束"迫使他们提高努力程度，增强自身能力。也正是由于这些原因超产权理论强调甚至不惜过分强调竞争对经营者的主导作用。（王洪涛，2008）[175]

站在经营者的位置，职业经理人市场、资本市场和产品与服务市场对其影响依次为从直接到间接，从深到浅。职业经理人市场的实质是基于"声誉机制"的职业经理人竞争选聘机制。法玛（1980）[176]认为，在经理人市场上，以未来工资流为表现形式的经营者人力资本是一种可以进行市场交易的资产。经营者市场就是通过对经营者当前或以往绩效进行完全事后清偿形式的工资调整过程，来解决两权分离情况下的经营者监督和约束问题。职业经理人市场的存在以经理人的职业化为前提，在完善和成熟的经理人市场中，一方面可以通过各种信号显示职业经理人的人力资本状况、能力、职业道德素质等，具有良好经营业绩和声誉的经理能够在经理人市场中获得较好的谈判条件；另一方面，通过经理人市场的竞争和筛选，有助于保持企业经营者队伍的纯洁，企业能够比较容易地发现和选择合适的职业经理人，并赋予其合适的人力资本产权。当然，职业经理人市场也有自身的局限性，它属于一个信息不完全市场，需要猎头公司、会计师事务所等中介机构以及企业家协会或职业经理人协会等民间组织的广泛参与，而且需要以能够准确判断职业经理人的业绩为前提。

资本市场的实质是通过杠杆收购、发盘收购、溢价收购、代理权争夺的接管和并购等手段进行控制权交易，或者说资本市场是"企业家能力竞争的舞台"。（周其仁，2001）[177]亨利·曼尼（Henry G. Manne, 1965）[178]还提出了公司控制权市场理论。完善和成熟的资本市场中，一方面，股票价格作为市场对企业经营状况的预期收益，可以显示企业市场价值并评估经营者的经营能力和业绩。因此，一个有效率的股票市场是股权制度实施和激励作用充分发挥的重要条件。另一方面，来自资本市场的兼并、收购为公司控制权的争夺提供了平台和机会，由于每个企业都存在潜在的被接管并更换经营者的威胁,从而会约束经理人行为,使其努力搞好企业,避免被替代的命运。当然,资本市场也不是万能的。当职业经理人在公司中拥有较大份额股份,能够有效组织并购或通过各种反并购措施来加大并购成本时,资本市场的作用就难以有效发挥。

产品与服务市场是发挥基础作用的市场,在这里竞争的决定因素是价格和质量。哈特(1983)[179]对产品市场的作用进行了研究,他通过模型证明,产品市场的竞争机制正是通过大量所有者控制的企业进入市场,影响市场价格,促使经营者增加努力投入,降低成本来发挥作用。在市场上所有者控制的企业越多,竞争将越激烈,对经营者行为的约束力也就越强。在完善和成熟的产品与服务市场中,一方面,经营者的能力和努力程度等信息会通过其产品的市场占有率和产品利润的变化表现出来;另一方面,带有锦标赛性质的产品市场的激烈竞争也使每个企业都面临破产、经理面临失业的威胁,从而会抑制经营者的偷懒行为。当然,如果产品和服务市场是垄断的,经营者的压力就小得多。

内部治理与外部治理是公司治理的两个不可或缺的组成部分,它们相辅相成、相互配合,共同实现公司治理维护股东利益,降低代理成本的目的。就两者关系而论,内部治理是基础,外部治理通过它发挥作用;外部治理是重要条件,缺少外部治理或外部治理不成熟都会导致内部治理的扭曲。一个国家究竟以内部治理为主还是外部治理为主,属于治理模式的问题。内部治理和外部治理到底何者更为重要的问题,也不可笼统而论,正如有的学者所言,我国学术和实务界因过于重视内部治理,忽视了外部治理的重要意义,因而实践中普遍出现了内部治理被扭曲的问题,值得反思。

当然,企业经营者人力资本产权实现,还有赖于上述三种市场之外的一定的宏观制度环境。

如图1所示。

```
                    ┌              ┌ 职业经理人市场
                    │ 外部市场机制 │ 资本市场
公司外部治理环境   ┤              └ 产品与服务市场
                    │
                    └ 宏观环境
```

图1　公司外部治理环境的构成

(二) 公司外部治理环境方面存在的问题

在公司外部治理的市场建设方面还不够成熟和完备。在职业经理人市场建设方面，在非国有企业经理人市场已趋于成熟的同时，国有企业和国有控股公司经营者的产生大多还属于政府任命或内部人控制下的任命，"二元性经理市场"依然存在，职业经理人市场被人为的分割，经营者流动性差，人力资本价格也难以反映其价值，资源配置效率较低。受制度因素、户籍限制和社会保障等因素影响，企业经营者群体未能形成跨岗位、跨所有制、跨部门、跨地区的合理流动，统一格局的经理人市场尚待形成。(杨河清，王阳，2008)[174]有关人事制度如退休制度、户籍制度还不适于经理职业化的要求，职业经理人的生成、选任和退出机制不健全。

在资本市场建设方面，我国股票市场现在还处于初级发展阶段，有许多不完善的地方，突出表现在：股价不能准确反映公司的实际业绩、市场交易中的信息不对称和违规行为很普遍，产生了投机者和公司经营者相互勾结，隐瞒真实信息，制造虚假信息，通过内幕交易操纵股票价格的现象。资本市场从业人员和上市公司行为不规范，股市还离不开政府调控，股市政策市的属性依然明显。兼并收购的行为也不得不具有浓厚的政府行为色彩。尽管股权分置改革已经完成，但绝大部分的国有股和国有法人股的市场流通仍是一个现实问题，股票市场还不能形成真正的均衡价格。

产品与服务市场深层的行政性因素影响依然深远，假冒伪劣、条块分割、地区封锁、城乡壁垒、行政干预依然存在。各种形式的垄断行为还相当普遍。反垄断法刚刚生效，但该法对行政性垄断规制的力度以及执法机制的效率受到学界广泛质疑，其有效性还需要时间检验。

此外，我国目前还存在上述三种市场所要求的宏观制度环境不够理想的问题。

四、小　　结

本章从企业经营者控制权的实现、剩余索取权的实现和相应的企业外部治理环境建设的角度论述了企业经营者人力资本产权的实现机制。并分别论述了其作用机理与目前我国存在的主要问题。

企业经营者的控制权通过公司治理来实现，体现在法律上主要是如何保障企业经营者的合法权利，同时如何通过监督机制和法律义务与责任的规定防止其权力滥用。在这方面我国尚存在法律没有确立法人所有权、没有承认 CEO 的法律地位以及对经营者义务与责任规定不够严密等问题。

企业经营者剩余索取权的实现主要是通过年薪制、经理股票期权、管理层收购和经营者人力资本出资等形式实现。我国目前存在的主要问题是年薪制、股票期权等不够规范，公司法未规定人力资本出资制度等。

企业经营者人力资本产权的实现还离不开公司的外部治理环境和外部宏观环境。它们包括职业经理人市场、资本市场和产品与服务市场等。目前我国公司外部市场环境和宏观环境还有待完善。

本章还提出的企业经营者人力资本产权实现机制方面的问题，成为下文提出政策与立法建议的主要目标。

第六章　企业经营者人力资本产权的案例分析

新制度经济学强调真实世界，法学研究擅长案例分析。在完成了上述几章的理论分析之后，我们就带着问题，再从本章的几个典型案例和立法例中感受一下来自实践的声音。从个案中捕捉共同规律，从现实中把握理论意蕴，将有助于使研究成果更具现实意义。

一、典型案例

（一）李·艾科卡被亨利·福特二世辞退案[①]

1. 李·艾科卡在福特公司的成就

1978年10月15日，亨利·福特二世突然宣布解除李·艾科卡福特汽车公司总经理的职务。消息传出，世人震惊。

李·艾科卡于1946年8月，艾科卡大学毕业后幸运地进入他梦寐以求的福特公司，最初任见习工程师，随后当汽车推销员。他出色的成绩证明了自己的推销才能，博得公司领导和职员的赞赏。

1960年12月，艾科卡36岁，因其成绩卓著被提拔为福特公司（当时是世界第二大公司）最大的一个分部的经理，成为

---

① 根据有关资料加工整理。资料来源：吕叔春主编：《破解人力资源风险》，中国纺织出版社2005年版，第240－245。《艾科卡自传》河北科技出版社1986。

福特公司管理层中的重要一员。从此,艾科卡获得了施展才华的绝好机会。1964年上半年,艾科卡组织开发了新型轿车"野马",一炮打响,年销量41.8万辆,获纯利润11亿美元。野马的成功使艾科卡获得了野马之父的盛誉,并获得一连串提升。1965年1月艾科卡出任福特公司轿车和卡车部门副总经理,并推出了福特公司最赚钱的"马克"汽车系列。1970年12月10日,他荣登福特公司总经理宝座,成为福特公司仅次于亨利·福特二世的第二号人物。

升任总裁后,艾科卡大胆革新、压缩开支、开发新产品、扩大销售额,使福特公司的销售额和利润获得空前增长。1977年,一年就给公司赚了17亿美元,1978年增加到18亿美元,创造了汽车业界的奇迹。

然而,艾科卡的成功,却招致年老多病的亨利·福特二世的妒嫉和猜疑。他担心自己死后福特公司将大权旁落,便加紧对艾科卡的排挤,对于艾科卡来说1975年是"最致命的一年"。即使艾科卡百般忍让,最终亨利·福特二世还是无情地、不计后果地于1978年10月15日解雇了他。这年艾科卡54岁。艾科卡整整在福特公司干了32年,其中担任总裁8年,对公司感情至深,也为公司立下汗马功劳。他一直容忍福特二世的种种刁难,不愿主动辞职,但没想到最终还是被解雇了。面对这突如其来的打击,艾科卡感到万分屈辱、愤怒和异常苦闷。不少人为他愤愤不平,全国报纸、电台、电视台都迅速报道了这条重要新闻。

2. 福特公司的损失与克莱斯勒的重生

解雇艾科卡虽然是由亨利二世的愚昧、专横造成的,但对福特公司来说无疑是一个重大失误,并为此付出了很大代价——造就了一个强大的竞争对手。当时,作为美国三大汽车公司之一的克莱斯勒公司正处于困境中,一年内亏损数亿美元,两万余名工人被解雇,公司濒临破产的边缘。这当然为福特公司的大发展让出了广阔的市场。艾科卡被解雇后,他决心找一个充分展示才华的舞台,向亨利二世"复仇",同福特公司展开竞争。于是,当克莱斯勒公司董事长甲卡多来聘请时，艾科卡爽快地答应了。1978年11月2日，艾科卡被聘为克莱斯勒公司总经理。1979年9月出任公司董事长。他凭着一种勇往直前的精神，运用其卓越的经营管理才能，对公司进行大刀阔斧的改革。1980年推出了K型车，1981年底，K型车的销售量占小型车市场的20%，并一直畅销不衰，卖出了100多万辆。克莱斯勒公司起死回生，渡过难关。1983年，公司纯利润达到9亿多美元。1984年，年利润达到24亿美元，这个数字比克莱斯勒公司前60年利润的总和还多。濒临破产的克莱斯勒公司在艾科卡的领导下，迅速活跃在美国汽车市场上。

有趣的是，艾科卡出任克莱斯勒总裁后，第一个惊人之举就是招募"福特人"。一批有经验的和一技之长的福特公司高级职员纷纷涌入克莱斯勒。人们心甘情愿放弃丰厚的收入，跟随艾科卡冒一番风险。结果由于这股出乎意料的"人才流动热"，福特公司元气大伤。

随后福特公司亏损严重，陷入困境。在美国汽车市场上，福特汽车所占的比重一年小于一年，1978年占23.6%，1981年跌至16.6%。从1980年到1982年仅三年时间，公司亏损30亿美元。福特公司面临着新的危机。解雇艾科卡的代价是巨大的。1980年3月，63岁的亨利·福特二世看到要挽回自己接管几十年的福特公司昔日的影响已经不可能了。1982年，65岁的福特二世正式退休，再无权过问这家公司的行政事务。

（二）褚时健严重违法违纪案[①]

1. 从功绩卓著的国内最优秀的企业家到阶下囚

曾经，他带领红塔集团走过一段辉煌，把红塔山变成了中国最值钱的山，为国家贡献至少有1400亿元。曾经，他的"下课"在企业界印下了难以抹去的震撼记忆，引发了社会各界对

---

① 根据有关资料加工整理。资料来源：http：//www.sina.com.cn 2008年03月05日《公司》作者，朱文娜。

"59岁现象"的思考,是中国最具有争议性的财经人物之一。他就是昔日的中国烟草大王——褚时健。

1979年10月,时年51岁的褚时健走马上任云南玉溪卷烟厂厂长。当时的玉溪卷烟厂只是一个破落的地方小厂,生产设备全部是20世纪三四十年代的水平。上任后,褚时健大力实行改革措施,引入大包干,在烟厂中实施"单箱卷烟工资奖金含量包干"。结果大包干很快就让玉溪烟厂翻了个身。此后,他以战略性的眼光,不断强化资源优势,并两次痛下决心,花巨资引进国外设备,虽然玉溪卷烟厂当时的负债率高达500%,但由于牢牢地抓住烟草行业发展的机遇,玉溪卷烟厂很快在行业中脱颖而出,产值平均每年递增44%,创出"红塔山"、"阿诗玛"等品牌,红塔的强势崛起被经济学家们称为"红塔山现象",褚时健也以其辉煌的业绩成为众多企业家崇拜的偶像。

十九年后,红塔集团已经成为年交利税上百亿元的大型企业集团,到了90年代中期,年创利税已达200亿元以上,占当时云南财政收入的60%;1997年,"红塔山"无形资产高达353亿元,居中国企业品牌之首,红塔集团也一举跃升为亚洲第一、世界第五大烟草企业。一位中央领导在视察红塔集团时说:"这不是卷烟厂,这简直就是印钞厂。"1990年,褚时健被授予全国优秀企业家终身荣誉奖"金球奖",1994年,褚时健被评为全国"十大改革风云人物",走向他人生的巅峰。

然而,一石激起千层浪。1995年2月,一封匿名检举信寄到了中央纪检委信访室,该信反映有人通过向褚时健家人行贿而取得卷烟指标,并因此获利800余万元。这封检举信引起了高度重视。随后,纪检人员对此案进行了长达两年的调查。

1998年1月,新华社通电全国:云南省红塔集团原董事长褚时健严重经济违法违纪案,经过联合调查取证,已取得重大突破。经查,褚时健利用职权和职务之便,主谋贪污私分公款355万美元,其中他个人贪污170多万美元;利用职权为他人批烟谋利,其亲属从中大肆索要、收取钱物,其女儿共索要和接受

3630万元人民币、100万元港币、30万美元,妻子及其他亲属共收受145.5万元人民币、8万美元、3万元港币及大量贵重物品,其行为严重违反了党纪国法。褚时健其他更为严重的经济违法违纪问题正在侦查之中。

褚时健违纪违法行为集中在1995年,也就是上级决定考虑让其退休,准备调整企业领导班子之后的一段时间。褚时健这样讲述他当时的心态:"1995年7月份,罗以军、乔发科、盛大勇、刘瑞磷和我私分300多万美元那次,当时新的总裁要来接任我,但没有明确谁来接替。我想,新的总裁来接任我的位置之后,我就得把签字权交出去了,我已经是五十七八岁的人了,也苦了一辈子,不能这样交签字权。我得为我自己的将来想想,不能白苦,白干。所以我决定私分了300多万美元,还对罗以军说,够了,这辈子也吃不完了。"

1999年1月9日,经云南省高级人民法院审理,时年59岁的褚时健被处无期徒刑、剥夺政治权利终身。

2. 案件的深刻影响

时过境迁,如今保外就医的褚时健在云南哀牢山上的甜橙园里过着半隐居的晚年生活,甚至近来不断有媒体报道他个人再次创业的消息。

然而失去褚时健的红塔集团,再无人能力挽红塔集团利润下滑的趋势。褚时健之后的红塔集团,管理、市场都发生了巨大变化。从1999年之后,红塔集团的销售总额和利税总值就止不住地逐年下滑。当年,云南省其他所有烟厂的利税总和还不及红塔集团的一半;但现在,其他几家烟厂的利税总和已经远远高于红塔的利税。2004年的排名榜中,曾经连续7年荣获中国第一品牌称号的"红塔山",品牌价值跌到了第六名。

"褚时健事件"引发了国内对国有企业领导者以权谋私、贪污腐败问题的大讨论,"59岁"成了一个时代背景下的特殊名词。案件的判决也曾引发广泛的争论。不少人认为,褚时健走向犯罪道路主要是心态失衡,属于企业家个人问题。但更多的人认为其背后存在着更为深刻的制度原因。

褚时健当年的辩护律师马军曾在辩护词中算过一笔账：褚当了17年厂长，红塔集团共创造利税800亿元，褚时健17年收入约80万元，企业每创造1亿元，褚时健收入1000元。这位为民族工业作出如此巨大贡献的国企领导，一年的收入竟不如歌星登台唱一首歌。

根据有关部门调查的数据显示，当时，国有企业领导平均年收入低于两万元的占总数的62%。一份对中央直属40家大型企业所做的调查表明，这些大型国企内部高级管理人员的工资水平也非常低。4家在港企业的老总平均收入40多万元，最多的63万元。内地36家企业的老总平均年收入只有6万多元，其中最高的年薪21万元，最低的只有1.2万元。中国一汽集团的一名领导成员，1999年工资总额只有32万元。与职工收入相对比，最大的差距是6倍，最小的差距只有1.3倍。更有人把国外企业老总们的收入拿来做对比。如在欧美的企业，特别是大型跨国企业，其高级管理人员的薪酬待遇高得惊人。且不说股票及期权等收入，仅年薪就是几百万、几千万甚至上亿美元。发达国家的企业经营者年收入是中产阶级的12倍，是普通员工的60倍，有的甚至高达100倍。通用电气退休的CEO韦尔奇在任时年薪8000万美元，而花旗银行的总裁2000年拿到了2.93亿美元。

"如果没有褚时健案发，就不会有今天这些国有企业老总们扬眉吐气的生活。"事后，云南大学一位教授这样评论。他分析说，褚时健案发使一些主管部门意识到国有企业中长期以来的分配问题，开始注意管理者的待遇。以褚时健的继任者字国瑞为例。字国瑞在任的年薪加上奖金超过100万元，这个数目，褚时健一生的收入也比不上。有人估算，字国瑞在红塔集团6年多的时间，他的合法收入接近1000万元。而许多国有企业高层今天甚至持有不菲的股份，相比褚时健所处的那个年代，这已是天壤之别。

（三）冯根生难题[①]

1. "新59岁现象"

冯根生，熟悉国企改革历程的人大概都会记得这个名字。"做药"的冯根生将一个37万元资产的中药小作坊带成了全国中药业的领军者——现有资产18亿元，年上缴利税5亿多元的中国青春宝集团。

之所以很多人会记得这个名字，则恐怕更多源于1988年，冯根生曾跻身首届"中国优秀企业家"。而历经17年的世事变幻、风雨沧桑，那个光辉的群体中目前仍然活跃于管理一线的，仅存两位：一位是青岛双星的汪海；另一位，就是青春宝的冯根生。但他的引人关注还有更深刻的原因。

褚时健、李经纬的问题被看做是"59岁现象"，他们因为通过手中的权力，在自己行将结束国有企业职业生涯之时为自己谋得了几分利益而东窗事发。除此之外，他们没有，也无法对国有企业诉之更多的要求。而在今天，当国有企业改革与改制、国有资本退出竞争性领域的呼声日渐高涨的时候，一种"新59岁现象"出现，而他们的诉求目标是个人利益与企业所有权。"冯根生难题"曾被认为是引出"新59岁现象"的一个典型案例。

2. "300万持股风波"引出"冯根生难题"

1997年秋天，党的十五大报告中提出：一是"公有制的实现形式可以而且应当多样化，一切反映社会化生产规律的经营方式和组织形式都可以大胆利用。"二是提出了新的分配机制，将实行了多年的"按劳分配"原则，修改为"按劳分配和按生产要素分配相结合"的原则。

时已64岁的冯根生敏感地捕捉到了这个契机。借着正大青春宝中泰合资的时机，他提出，拿出中外合资中中方股份的

[①] 根据有关资料加工整理。资料来源钱江晚报报道及张文贤、傅欣著：《股权之谜：冯根生难题解析》，立信会计出版社2008年版。

50%，按要素改制，分配给每个职工，让工者有其股。目的是把员工的个人利益与企业、国家的利益紧紧捆在一起。让员工真正在企业拥有资本，真正成为企业的主人。这一设想得到董事会的支持和赞成。

当时正大青春宝的合资比例是6:4，泰方占60%股份，中方占40%，董事会一致决定拿出中方的一半，即总资产的20%卖给职工和经营者。当时经过四个多月的评估，总资产为1.8个亿，按优惠20%计，为1.5个亿，可转让给职工20%就是3000万元，董事会决定管理者应持职工股中的大股。

冯根生是中方的主要管理者，又是创办者，董事会决定让他购买总股本的2%，也就是300万股。冯根生当场表示"买不起"。于是，形成了著名的"冯根生难题"。在董事会左右为难的情况下，冯根生决定呈报给市政府及有关主管部门讨论研究。当时党的十五大才刚刚结束，政府还没有碰到这么一个"工者有其股"的问题，一时决定不了。为了尽快解决问题，备受压力的冯根生祭出了请新闻界参与讨论这一招。1997年10月7日，以及随后几天，钱江晚报在头版对正大青春宝"工者有其股"事件进行了大篇幅的连续报道。一时"冯根生该不该持有300万股"、"冯根生难题"轰动省内外，国内外有上百家媒体争相报道，企业界、经济学界和政府有关方面也甚为关注。

"冯根生难题"包括三个层面：一是冯根生该不该持有企业300万元的股份？二是购股资金从何而来？三是作为当了20多年国企经营者的冯根生的管理要素所带来的价值效益能否以无形资产的形式入股？

争议如期而至，而且有的质疑来得很猛烈。当时有人指责冯根生不该计较自己的利益。面对这样的指责，冯根生很坦然，其实当时就有国外的大财团三顾茅庐来聘请他，仅安家费就是一百万美元，但他没走。我不是不动心，是舍不得自己的企业和职工。

问题社会化了，关注度就大了。为此，杭州市政府专门召开了几次会议进行研究,终于在半年多之后,也就是1998年6月初"正大青春宝国有股权有偿转让方案"被批准通过。由此,争论了近10个月的有关持股的争论总算画上了句号。

3. 300万股份怎么办

股改方案市政府是批下来了,冯根生却一时不知所措,职工们也开始犹豫。因为股权是有偿转让的。冯根生持300万股,也就需要300万元的人民币。他哪来那么多钱?合资前,他的月工资是480元,合资后虽增加到几千元,但与300万元的相距也实在太远了。职工们心里更不踏实,因为当年冯根生已60多岁了,可以随时退休,但职工交钱后企业亏了由谁负责?面对这个局面冯根生郑重决定自筹资金购买出资。于是他从家里凑足了30万元,再以股权作抵押向杭州城市合作银行贷了270万元,300万股终于尘埃落定。他的行为坚定了职工的信心,300万股一个星期全都认购完成,却没有一个是企业贷款的。

正大青春宝股改之后,职工的工作热情迸发出来。结果当年分红就达30%,之后不到三年时间所有本金就全部返还。企业利税10年增了5倍,总资产增长10倍以上,产值增长近10倍。2003年,正大青春宝上缴利税约3.2亿元,相当于杭州市财政收入的1%。显示了股份制改造的巨大威力。

4. 如何评价经营者的贡献

虽说冯根生不顾家人反对,毅然向银行贷款270万元买下了股份,暂时解决了这个"难题"。但他感叹:当了26年的企业经营者,做了这么大的贡献,上面没有奖励一分钱,只用一句话就画上了句号——"冯根生发展中药二厂的确功不可没"。冯根生之所以发牢骚,不只是为他自己,实在是企业家的价值太被人忽视了。于是他萌生身价评估的想法。

2000年,浙经资产评估事务所做出评定:冯根生对中国青春宝集团有限公司1972-1999年的的贡献价值是2.8亿元人民币,利润贡献价值是1.2亿元,其管理要素对效益的综合贡献率是15%~20%,现阶段是18%。

虽然冯根生的贡献价值高达 2.8 亿元之巨，但这只是一张"空头支票"，他并不会因此而获得一分钱。尽管如此，冯根生还是说，给企业家一个准确的评价，尽管这个量化是空的，但自己愿意做一次大胆的尝试。

（四）袁隆平有偿转让姓名使用权案[①]

在目前沪深两市一千多只股票中，以名人做股票名而上市的公司极少，其中一家就是隆平高科。它是以被全球誉为"杂交水稻之父"的中国工程院院士袁隆平的名字命名的。

不过，在这里我们最关心的不再是袁隆平研发出的神奇杂交稻，而是袁隆平的身价和姓名使用权的有偿转让问题。根据隆平高科公司和袁隆平签订的协议，袁隆平同意在股份公司存续期间将其姓名用于股份公司的名称和公司股票上市时的股票简称，公司则向其支付姓名权使用费 580 万元，其中用 380 万元折股 250 万股。这样作为公司名誉董事长、董事、发起人的袁隆平以持有公司股份 250 万股，成为公司第四大股东。

如果以目前市价计算，持有 250 万股隆平高科后来又接受过股票激励的袁隆平的财富已上亿元，一夜成为亿万富豪，袁隆平的故事让中国的知识分子看到了自身的价值。其实 1998 年 3 月，湖南四达资产评估事务所就已将"袁隆平"品牌的商业价格评估为 1008.9 亿元。

以科学家品牌上市，袁隆平首开先河。业内人士认为，与开发区上市、高校上市相比不同，科学家品牌上市方式可以推动中国有关知识产权的法规建设，承认个人的价值；与常规分配奖励方式比，股权形式作用更显著；它还有利于全社会农业科研开发和成果推广活动，为农业科技体制改革提供了一种生存与发展的

[①] 根据有关资料加工整理。资料来源：陈新明：《袁隆平：上演知识创造财富的神话》，江苏农业网 http://www.jsagri.gov.cn/。祁淑英、魏晓雯著：《袁隆平传》，山西人民出版社 2002 年版。

模式;最后,从世界范围来看,通过股票市场的宣传效应提高全球农业生产力。

据说,最初袁隆平对于用自己的名字做一个股份公司,是想不通的。但他也不得不面对现实问题。袁隆平有两个心愿:一是把杂交水稻推向全世界,造福世界人民;第二个心愿就是将超级杂交稻研究成功。它们都需要不少的经费,这可能是袁隆平最终接受有偿转让姓名使用权的又一层原因。

(五) 孙大午案[①]

1. 审判过程

时间:2003年10月30日上午

地点:河北省徐水县人民法院

法庭外:徐水县警方在法院门口布置了大批警力,而且设置了两道警戒线,门口聚集着大午集团的数百名员工和当地群众,由于旁听的人数有限,很多人只能在门外三三两两一堆地守候。

法庭内:孙大午的代理律师团与控方徐水县人民检察院正在就孙大午是否构成"非法吸收公众存款罪"展开激烈的辩论。

庭审时间长达六小时

下午三点

徐水县法院对孙大午做出了这样的判决:被告人孙大午,犯"非法吸收公众存款罪"判处有期徒刑三年、缓刑四年,罚金10万元。

当法院宣判后,当场就有人——

哭了:这是孙大午当时的表情,"判三,缓四,罚金10万"的结果似乎在孙大午的希望之中,但又在他的意料之外,从他掩面而泣的指缝中渗出的是悲喜交集的泪水。

笑了:是微笑,不易察觉的微笑,是经历了一场巨大战役,

---

① 资料来源:中国营销传播网,http://www.emkt.com.cn/article/139/13989.html 2004-02-09,《孙大午启示录》作者:范亮。

在胜利之后满足的微笑，它荡漾在孙大午的长子孙萌和三位代理律师朱久虎、张星水和许志永的脸上，他们一直在为孙大午作无罪辩护，而这种判决结果从其神情上表现出，他们是可以接受的。

不上诉——在接受记者采访时，孙大午表示："我现在没有怨言，我对任何人没有怨言。所以我也不上诉，我也没有怨言，毕竟这件事情是我做的。我觉得这个结果已经不错了。"

没有抗诉——宣判后，本案公诉方徐水县人民检察院没有提出抗诉。

2. 从"法不容情"到"法外开恩"

孙大午也是一个身家过"亿"的富豪，属于依靠养鸡和加工饲料先富起来的那一部分。在以丁磊为代表的IT新锐和德隆为先锋的资本高手占尽无限风光的今天，孙大午和他的大午农牧业集团的确显得有些低调和鲜为人知，甚至是有些"土气"。然而，在国内富豪纷纷"黯然"落马之时，孙大午却因自己的被捕而一炮而"红"；与其他问题富豪落马后媒体与舆论纷纷"揭"、"批"不同的是，此时的媒体和公众几乎众口一词地站在了孙大午一边，认为这是"好人犯法"。那么，孙大午这个"好人"到底在何种程度上法犯了哪条法律？根据法院经审理查明：

大午集团未经人民银行批准，经孙大午决策，大午集团招收代办员，设立代办点，于2001年1月至2003年5月期间，以高于银行同期存款利率、承诺不交利息税等方式，向社会公众变相吸收存款1627单，共计1300多万元，涉及611人。由此，徐水法院认定大午集团及孙大午"非法吸收公众存款罪"成立。

3. 好人"孙大午"

一位在法院门口等待判决结果的大午集团员工对记者说："没有大午，我们就得下岗，没有孙大午，我们的孩子就没有学上。"

记者还在当地了解到，孙大午投资3000多万元建了一所大午中学，包括小学、初中和高中。在这里，记者看到的最豪华的建筑就是学校的五层教学楼，里面有微机室、多媒体语音教室、高标准的化学实验室、物理仪器室等,教学设施很完备。学校现有学生 2000 多人,教职工 200 多人,该校曾在 2001 年被评为保定市社会力量办学规范化学校。而学校的收费却很低,一个学生每月只需花费一百多块钱。

孙大午投资 20 多万元建了一所医院,职工和村民每月只要花一元钱就可以参加合作医疗,做一个全面的身体检查也仅需 10 块钱。

早在 1998 年,为了改善当地的交通条件,孙大午又投资 160 万元修建了一条长 10 公里的公路,把 107 国道和村子连接了起来。

开办农民技校,免费培训了全国各地 3000 多名养殖户。

还准备建敬老院……

4. "道德"不能代替"法律"

河北省徐水县检察院检察长高素英表示:"不是说孙大午为人正派就不能依法治罪,不是说孙大午道德高尚就不能治罪。我们是按法来,而不是按道德来衡量。"

孙大午的"罪刑"够判多少年?

孙大午的辩护律师之一张星水说:在当时的环境下,以 1300 万元的涉案金额,判个十年立即执行都有可能。

然而,判决结果却是:被告人孙大午,犯"非法吸收公众存款罪"判处有期徒刑三年、缓刑四年,罚金 10 万元。大午集团被判罚款 30 万元。

这是一个让孙大午和他的家人以及律师都满意的判决结果,而他们也将此归结为在最终审判前与公诉人和法官所进行的良好、有效沟通。

5. 舆论、甚至公诉方都建议"法外开恩"

其实就在孙大午被捕后,孙大午的家人和律师以及一些学者展开了一场"营救"好人孙大午的活动,他们希望借此来增加公众对"好人孙大午"被捕事件的了解,从而加大社会舆论力量对孙大午以及大午集团的支持,也希望能对司法部门有所触动,以减轻对孙大午的处罚。被发动起来参与这场活动的不仅有国内的众多媒体,还包括国内一些知名的经济学家和企业家。

今年6月,也就是孙大午被捕不到半个月的时间,北京理工大学经济学教授胡星斗就在其个人网站上发表了《拯救中国最优秀民营企业家孙大午的呼吁书》,并多方奔走为孙大午疾呼,以望得到社会舆论的关注和帮助。

7月,中国经济学界标杆人物茅于轼公开"挺"孙:孙大午错就错在干了一件"违法"的"好"事。

就在孙大午案件宣判的第二天,联想掌舵人柳传志发给孙大午的儿子孙萌一份亲笔签名的传真,对孙大午境遇表示同情和支持,并鼓励他,坚持就一定能渡过难关。

在案件审理中,公诉方也建议对孙大午从轻处罚。理由是涉案金额虽多,但主要是用于企业的经营方面,并没有造成吸储款项被滥用和流失的情况,"我们检察机关在办案过程中也感到非常痛心。"高素英说。

从结果来看,这种多方的斡旋应该说是成功的。张星水律师对记者说:"在中国现行的法律体系下,这个案件能取得这样的成绩是非常不容易的,只要孙大午在四年缓刑期间不犯什么错误,一般到第四年就不执行了。"

(六) 黄光裕非法经营罪、内幕交易与单位行贿案[①]

"我做事的习惯,方向一旦明确,大概都想好,应该有三分把握,我就敢去做。"这句"名言"出自昔日中国内地首富黄光裕。

有人说,字里行间不仅透射出果断、强势的魄力,还把黄光裕"生性好赌"体现得淋漓尽致。的确,他"豪赌"家电行业,成就了"国美帝国";豪赌资本市场,成为内地首富……

然而,并不是人生的每一次"赌博",他都能笑到最后。

---

① 资料来源:2010-05-19 08:20 新华网 http://biz.cn.yahoo.com/10-05-/32/x60v.html。《黄光裕:首富的人生"豪赌"轨迹》记者:李天宇 综合整理。

1. 创业史

1986年承包北京市珠市口东大街420号国美服装店，开始创业。

1987年将国美服装店更名为国美电器。

1999年国美进军天津，此后开始大规模向全国扩张。同年，创办鹏润投资有限公司。

2001年12月，国美在12城市拥有49家直营店及33家加盟店，总资产达5亿。

2004年6月鹏润集团以83亿港元的价格，收购其22个城市94家国美门店资产的65%股权。国美实现以借壳方式在香港上市。

2. 财富史

年份 财产 排名：

2004年 105亿元 首富

2005年 140亿元 首富

2006年 200亿元 第二

2007年 450亿元 第四

2008年 430亿元 首富

2009年 230亿元 第17

注：数据来自"胡润百富榜"。

3. 电器起家：国美模式霸占全国

黄光裕的第一次"豪赌"发生在北京。

生于1969年5月的黄光裕出身农家，兄妹四人，家境贫寒。1986年，17岁的黄光裕跟着哥哥黄俊钦，揣着在内蒙古攒下的4000元，又连贷带借了3万元，在北京前门的珠市口东大街盘下一个100平方米的门面，取名"国美"。

弃服装、做电器，这是改变黄光裕命运的一次重要抉择。当时，家电是卖方市场。大商场电器柜台和企业专卖店多是"单打独斗"，经营模式几乎均为简单加价。黄光裕在非闹市区开电器大卖场，几千平米的营业面积一步到位，各厂家的全系列电器全摆放到位，顾客来一次等于逛遍全北京城的电器商店。

黄氏兄弟广开货源，薄利多销，以速度冲规模，国美电器遂快速发展；到 1993 年时，已经发展至五六家国美电器连锁店，1999 年国美从北京走向全国。进入 21 世纪，国美连锁店如雨后春笋般覆盖全国，开店、再开店。同行只有两个选择：复制国美，或被国美淘汰。

最终，这个行业只剩下两家巨头——南苏宁，北国美，他们的商业模式，几乎一模一样。这种"只赚流水，不赚利润"的新商业模式，或许不是黄光裕发明的，但是在中国大规模成功推广，黄光裕是第一人。

4. 进军股市：借壳上市成为首富

黄光裕的第二次"豪赌"与香港有关，这次他把目标放在了资本市场。素有香港证券市场"金牌壳王"之称的詹培忠与黄光裕为潮汕同乡，两人一见如故，詹培忠称黄"一讲就明"。

坊间传说，詹培忠不仅教会了黄光裕去澳门赌博，更教会了他如何玩转港股。此后，黄光裕以超低价格从詹手中买壳"京华自动化"上市。黄光裕资产注入的方式出人意料——一堆价值 10 亿元的资产，却请会计师作价高达 80 余亿港元跟自己成交。之所以这么做，黄光裕赌的就是香港人对大陆电器零售行业不够了解，这就是他的"底牌"。

黄光裕又赢了。

2004 年 6 月，国美电器借壳中国鹏润成功登陆香港资本市场，中国鹏润以 83 亿港元的代价，置换了黄光裕手中 65% 的国美电器股权，黄光裕也一跃成为 2004 年的"内地首富"。

5. 铩羽 A 股：豪赌"中关村"失利

经过香港股市的磨砺，黄光裕杀回内地 A 股市场。2006 年，他瞄准上了"中关村"。事实证明，这是他的一步败招。

意在借壳上市的黄光裕，号称拯救"中关村"易如反掌。可"中关村"5.92 亿元的不良负债和 30 多亿元担保，让他叫苦不迭。黄光裕投入巨资后，"中关村"仍深陷泥潭，不仅公司重组、资产置换未遂，二级市场上的违规操作更是授人以柄。

唯一值得一提的是，"首富效应"让"中关村"的股价从3元涨到14元。股价的飙升，意味着黄光裕必须投入天量的优质资产，来获得更多的股权。他意图将"鹏润地产"价值20亿元的资产评估为180亿元注入。不过，这次"豪赌"以失败告终。

在此期间，黄光裕决定买自己的二级市场股票，炒炒自己的股票赚点流动资金弥补损失。

法院判决书认定，2007年4月至9月，黄光裕指使他人使用85个账户购入"中关村"股票，成交额累计14.15亿，账面收益达3.09亿余元。

6. "保护伞"：寻求高官掩盖原罪

黄光裕的"赌"不仅体现在商场上，生活中的他亦是豪赌之人。

多家媒体报道称，2003年，黄光裕经詹培忠介绍，结识"公海赌王"连超，自此踏进赌场。其之所以非法兑换港币8.22亿余元，正源于澳门的豪赌，累计输掉超过10亿港元。

即便如此，黄光裕2008年仍以430亿元的身家，第三次问鼎中国首富。

成了首富的黄光裕，自然不会放弃寻求"高官保护伞"，而且他坚信"保护伞"越多越好，这样才能掩盖他的原罪。

检方指控黄光裕等人的起诉书中提到，黄光裕旗下的国美电器、鹏润地产曾分别向公安部经侦局原副局长相怀珠行贿106万，向北京市公安局经侦处的靳红利行贿150万，向国家税务总局稽查局一处处长孙海亭行贿100万，向北京市国税局稽查局检查科科长梁丛林及其同事凌伟各行贿50万。

获得好处的"保护伞"们自然会在黄光裕遇困时施以援手。

2006年，黄光裕兄弟身陷"中行骗贷案"被调查，该案的主办人正是相怀珠。黄光裕四处活动，找到时任公安部部长助理郑少东。在郑的帮忙下，相怀珠协助黄氏兄弟逃过一劫⋯⋯

法院认定黄光裕犯非法经营罪、内幕交易罪、单位行贿罪，三罪并罚，决定执行有期徒刑 14 年，罚金 6 亿元，没收财产 2 亿元。

最终，黄光裕还是输了。

（七）上海浦东区与温州市企业经营者人力资本出资立法例

1. 《浦东新区人力资本出资试行办法》[①]

为贯彻"科教兴国"、"人才强国"战略，支持浦东新区的发展，促进人才资源通过法定形式转化为资本，制定本试行办法。

（1）人力资本的定义：指依附在投资者身上，能够给公司带来预期经济效益的人才资源，通过法定形式转化而成的资本。表现为：管理人才、技术人才、营销人才的知识、技能、经验等。

（2）在浦东新区范围内登记注册的有限责任公司和股份有限公司（不含外商投资企业），属于以金融为核心的现代服务业、以高新技术为主导的先进制造业、以自主知识产权为特征的创新创意产业的，可以人力资本作价投资入股。以人力资本作价出资的金额不得超过公司注册资本的 35%。公司《营业执照》的注册资本栏中应注明货币出资的数额。

（3）人力资本可经法定评估机构评估作价，也可经全体股东协商作价并出具由全体股东签字同意的作价协议。人力资本作价入股应当提交由法定验资机构出具的验资证明。

（4）以人力资本出资登记的，股东应当将人力资本的出资方式、作价方式以及其他股东对人力资本出资部分承担连带责任等事项在公司章程中予以载明。

（5）以人力资本出资登记的，除法律、法规规定应当提交的材料外，还应当向登记机关提交下列文件：

a）协商作价的，应当提交全体股东就该人力资本作价入股达成的协议；评估作价的，应当由具有评估资格的资产评估机构

[①] 资料来源：上海市工商管理局文件 2005－05－31。

评估作价；

  b）具有法定资格的验资机构出具的验资证明；

  c）人力资本的出资人就该人力资本一次性作价入股的承诺书。

  （6）人力资本应当一次性作价入股，不得重复入股。以人力资本方式出资的公司可以对外投资。

  （7）人力资本出资的公司股权转让的，应当按照《公司登记管理条例》的规定办理股权变更登记。

  （8）人力资本的退出，应当按照《公司登记管理条例》的规定办理减少注册资本的变更登记。

  （9）公司清算时，股东以其出资额为限对公司承担责任，公司以其全部资产对公司的债务承担责任。

  （10）本试行办法由上海市工商行政管理局负责解释。

  2. 温州市委、市政府出台的《温州市人力资本出资登记试行办法》和《温州市人力资本出资入股认定试行办法》①

  为了进一步促进人才资源通过法定形式转化为资本，大力支持温州市中小企业特别是高新技术企业的发展，规范人力资本出资和入股行为，经过认真的调查研究和分析论证，日前，中共温州市委、温州市人民政府联合出台了《温州市人力资本出资登记试行办法》和《温州市人力资本出资入股认定试行办法》。

  《温州市人力资本出资登记试行办法》中所称的人力资本指依附在投资者身上，能够给企业带来预期经济效益的人才资源，通过法定形式转化而成的资本。表现为：管理人才、技术人才、营销人才的知识、技能、经验等。适用区域范围暂定在温州市龙湾区和温州经济技术开发区内登记注册的有限责任公司。适用行业范围为：人力资本较为集中及科技含量较高的先进制造业、现代服务业和创新创意性产业。

---

  ① 资料来源：《人事信息专报》，第11期，温州市人事局办公室2006年3月14日。

《试行办法》规定人力资本出资必须经法定评估机构评估作价,报经温州市人力资本出资试点工作领导小组确认后一次性投资入股;人力资本出资企业注册资本最低限额为人民币100万元,出资比例不得超过公司注册资本总额30%;人力资本应当一次性作价入股,不得重复入股,以人力资本方式出资的公司可以对外投资;人力资本出资股东必须与非人力资本出资股东订立协议,明确双方权利和义务,非人力资本出资股东对人力资本出资部分承担连带责任。

《试行办法》还明确:人力资本出资的公司股权转让的,应当按照《公司登记管理条例》的规定办理股权变更登记,以人力资本出资的股权一般只允许转让给以新的人力资本投资的其他股东,也允许其他股东以《公司法》规定的法定出资方式补足;以人力资本出资的股东必须是在该公司任职的高级管理人员、技术人员和营销人员等,该股东不得自营或者为他人经营与其所任职公司同类的营业或者从事损害本公司利益的活动;从事上述营业或者活动的,所得收入应当归公司所有;以人力资本出资的股东必须保证自身的人身健康安全,如果出现该股东人身伤亡或者其他原因不能使公司产生预期经济效益的,其他股东有权提出减少或转让其人力资本出资额的要求。

《试行办法》还要求公司章程中涉及人力资本的必须载明出资者责任、股权转让、减资、承担连带责任等相关规范条款。

《温州市人力资本出资入股认定试行办法》规定人力资本出资入股的认定工作由温州市人力资本出资试点工作领导小组负责,程序是:先由人力资本出资方和企业出资各方共同委托的代表,向市科技管理部门提出人力资本审查、认定、备案申请。科技管理部门自接到全部符合规定的文件之日起,一个月内作出审查认定决定,对符合条件的人力资本,出具《人力资本出资入股认定书》,《认定书》只适用于本次出资入股行为。企业出资者在收到《认定书》后三个月内,按照国家关于企业登记的有关规定,持科技管理部门的《认定书》和其他文件,到工商行政管理机关办理企业登记手续。该《试行办法》还对在人力资本申请审查过程中隐瞒真实情况、提供虚假材料或采取其他欺诈手段骗取人力资本认定书的，作出了相应的处罚规定。

二、对案例的分析与评论

艾科卡的案例，从实证的角度在正反两方面全面证明了经营者的不可低估的价值，为企业经营者人力资本提供了生动与鲜活的解释，证明了企业经营者人力资本产权制度的重要价值。

国内的几个案例就像一部大事记，立体地反映了我国经营者人力资本产权制度发展和变迁的过程。

褚时健一案是"59岁现象"的代表，它反映了国有企业改革初期的内部经营机制改革阶段，国有企业经营者在自己行将结束国有企业职业生涯之时为自己谋得了几分利益的最初要求，除此之外，他们没有，也无法向国有企业诉求更多。作为反面案例，褚时健以悲情英雄的身份发出对国企经营者实行年薪制的呼唤，也以一种极端的形式唤起人们对中国企业经营者人力资本产权问题的关注。

冯根生一案是"新59岁现象"的代表，它发生在当国有企业改革与改制、国有资本退出竞争性领域的呼声日渐高涨的时候和国有企业进行股权制改革阶段，他们的诉求目标已经不限于为自己谋得了几分物质利益的补偿，而是深入到了产权的要求，在这一层次上去追求个人利益与分享企业所有权。从这一点来说，冯根生本人不仅是一个在既定制度框架内恰当处理了国家、职工和个人利益的优秀经营者，而且也是诺斯意义上的制度企业家。他以国企经营者的身份自筹资金购资入股，后来又聘请中介组织采用量化方法评定自己的贡献，都为中国企业经营者人力资本产权制度的建立提供了可贵的探索。

袁隆平一案则直接反映了在既定法律框架下经营者人力资本出资的积极尝试。尽管本案的深层法律意义还有待继续探讨，但姓名使用权在当时（也包括现在）并不属于公司法列明的出资方式，我国《公司登记管理条例》明确禁止以劳务、自然人姓名权等方式出资。法学界将其归入了"商品化权"范畴，从有偿转让个人姓名使用权和袁隆平在该公司成立与上市之初担任公司董事长这两个事实，我们认为至少包含了一定人力资本出资的成分，只是囿于当时的法律规定而作了变通。这种变通正反映了法律所忽略的一种经济要求，具有不可否认的积极意义。

孙大午案，反映的问题是多方面的。一方面首先是经营者自身的问题，即应当提高自身的素质，特别是应当提高自身的法律意识与法律素质。另一方面，同时还存在制度建设和制度环境问题。从一定意义上讲，它与前者同样重要，因为人不可能脱离实际，经营者的行为毕竟是适应特定制度环境的产物。在这一方面，比如我们的资本市场不完善，民营企业长期存在融资难的困难得不到有效的解决，客观上给民营企业经营者造成过大的生存压力。要大力发展农村金融市场，解决民营企业融资难的问题，立法应做的工作是引导而不应是一味地限制和取缔。我们完全可以以印度的小额贷款为镜鉴，允许民间社会走出一条形式更灵活更高效的金融之路。应当及时修改现行法律中不再适应市场经济要求的不合理规定，解决刑法与民法的法律冲突问题，避免公权侵犯私权、公法侵犯私法现象。在中国仍存在严格的准入制度、资源国有垄断和行政主导市场的转轨时期，政府应当为企业家特别是民营企业家们做些什么，这是孙大午案留给人们更值得思考的问题。2011年包头惠龙集团董事长金利斌自焚事件，再一次提醒人们思考这一问题。

黄光裕非法经营罪、内幕交易与单位行贿案备受关注的原因不在于经济犯罪事实，而在于黄光裕以巨富身份斥几十亿巨资将上千官员拉入关系网络，特别是从中央部委到诸多省市高官均涉其中，创造了官商勾结的新纪录，实为古今所罕见。它与前案的相通之处是都说明健康的市场环境特别是政府行为，对企业发展和企业家命运的重要意义。所不同的是，黄光裕案提出的更引人深思的问题是政府官员面对企业家不应该做的是什么。

上海浦东与温州市关于人力资本出资的两个地方行政法规，初次对人力资本的含义、人力资本出资者的范围、接受出资企业的范围、出资比例限制、评估程序、出资担保责任、出资的转让与退出、重复出资的限制、审批程序以及违反规定的处罚等内容作了较为系统的规定。尽管其效力从《立法法》的规定看还值得怀疑，而且其有关规定还有些粗糙，但从经济发展对法律的要求以及体制转型时期法律制定的特殊性来看，它们却是一种可贵的探索。如果说改革时期一些企业出资者以"无形资本"等名义所做的人力资本出资实践，这些出资者属于诺斯意义上的初级行动集团的话，那么制定这两个地方行政法规的政府部门则应属于次级行动集团。从自发行为到制定地方行政法规直至最后制定法律，这种诱致性制度变迁推动强制性制度变迁的过程正预示了我国企业经营者人力资本产权制度变迁的方向。

如前所述，法律制度是经济体系的内生变量。公司法应当是各个利益主体长期重复博弈的均衡解。但"均衡作为民间自身的最优行为模式，与法律制度之间经常会发生背离，对这种背离的判断是最关键的。"（鹤光太郎，2003）[180]从法律应当反映经济的内在要求的意义上讲，通过案例分析发现和揭示的实际问题，恰恰为今后法律的演进与完善开启了思路和指明了方向。

三、小　　结

本章通过李·艾科卡被亨利·福特二世辞退案、褚时健严重违法违纪案、"冯根生难题"、袁隆平有偿转让姓名使用权案等和上海浦东区与温州市企业经营者人力资本出资立法例，从实证的角度、也从正反两方面论证了建立企业经营者人力资本产权制度的必要性与可行性，同时也在一定程度上检验了本书前几章理论分析所得出的结论，为下一步提出基于企业经营者人力资本产权的政策与立法建议增添了实际分量。

第七章 基于企业经营者人力资本产权的政策与立法建议

如前所述，企业经营者人力资本产权制度安排是一个制度变迁与制度创新的过程。权利永远不能超出社会的经济结构以及经济结构所制约的文化发展。同国外的发达市场经济相比，我国建设社会主义市场经济体系和法治的历史还不长，这决定了我国企业经营者人力资本产权制度建设的艰巨性、复杂性和长期性。企业经营者人力资本产权实现机制包括企业经营者控制权的实现、剩余索取权的实现和相应的企业外部环境建设三个方面。它们构成一个统一的整体。本章就从这三个方面，针对自身存在的问题，提出政策和立法建议。

一、完善企业经营者的企业控制权

（一）确立法人所有权制度和实现股权多元化

如前所述，《公司法》确立法人所有权制度是承认与保护企业经营者人力资本产权的重要条件和步骤。2007年颁布并生效的我国《物权法》第二编"所有权"编所属第68条明确规定"企业法人对其不动产和动产依照法律、行政法规以及章程享有占有、使用、收益和处分的权利。"可见该法实际上已经承认了法人所有权。为保持立法的科学性以及同级法律之间的协调一致，建议我国《公司法》也确立法人所有权制度，在今后修改立法时将"法人财产权"修改为"法人所有权"。

如果说确立法人所有权制度是完善公司的内部治理的外部法律保障的话，实现股权多元化则是为完善公司的内部治理奠定内在基础。公司治理的精髓在于分权制衡，其基础就是股权多元化。在此方面，还必须抓紧对国有企业实施分类改革的战略，构建国有产权有进有退机制，重点构建所有权退出机制和企业控制权退出机制。（杨瑞龙，2003）[181]通过变单一国有股东为多元国有法人股东、各类资本交叉持股等方式实现股权多元化，有步骤地推行国有资本从竞争性领域的战略退出。

（二）完善 CEO 法律制度

随着全球经济的一体化，我国加入世贸组织，CEO 这一制度在我国实践中也逐步普及，这使我国设立 CEO 制度势在必行。在建立 CEO 制度时，必须从我国国情出发，必须明确公司设立 CEO 是为了进一步实现经营者人力资本产权，提高公司的运行效率，提升公司的价值，降低代理成本，使公司能够更便捷地应对日常发生的任何情况。CEO 的决策权和执行权都严格受股东和市场的监管和制约，应向董事会和广大股民负责，CEO 本人也要有较高的个人素质。实行 CEO 制度意味着公司治理结构向市场化、知识化方向更进一步。具体措施如下：

1. 改变现行法中的"经理"称谓

称谓要法定化、科学化。在我国公司实践中，公司日常的高级管理人员称谓较多，以总经理、CEO、总裁或其他职务名称出现，这些不同的称谓造成法律适用上的种种困难。称谓法定化，并不是说一定要通过法律规定出某一称谓。可以灵活规定，由公司章程来具体规定。我们建议在《公司法》中不再使用"经理"的具体称谓，而是仿效美国立法概括规定公司的"高级职员"，为法律实践留下足够的操作空间。至于公司高级职员的名称则由公司章程决定，可根据公司的规模、管理方式予以具体确定。这样就使得实践中 CEO 的设立有法可依。

2. 修改董事会职权

目前,在世界各国的公司法改革中,董事会被作为核心内容。随着 CEO 制度的出现,我国公司法在改革董事会制度时应着重考虑改变对董事会职权的立法强制性规定。正视 CEO 已经出现的事实,增强立法规定的契约性、任意性和灵活性。"现在,我们已经能够充分地认识到,对于企业的日常运作和投资者的福利来说,让公司自由选择,将远比法律开出药方要有意义的多。"(伊斯特布鲁克,费希尔,2005)[122] 全美公司董事联合会蓝带委员会的《示范性 CEO 职位说明》具体规定了 CEO 的职权:(1)营造一种促进道德行为、鼓励个体的正直和承担社会责任的企业文化;(2)维持一种有助于吸引、保持和激励在各个层次上由最高素质员工组成的多样性群体积极的道德的工作氛围;(3)为董事会开发并推荐能产生股东价值的适合公司的长期战略与远景;(4)为董事会开发并能支持公司长期发展计划的年度业务计划和预算;(5)确保公司日常业务的恰当管理;(6)持续努力实现公司的财务和运营目标;(7)确保公司提供产品或服务的质量和价值有不断的进步;(8)确保公司在行业内占有并保持令人满意的竞争地位;(9)确保公司有一个在 CEO 领导下的有力的管理团队,并有一个有效的团队发展、换届计划;(10)与董事会合作,确保有一个有效的 CEO 职位的接班计划;(11)制定并监督公司政策的实施;(12)担任公司的主要代言人。① 这种通过自治法形式而不是通过强制性立法规定的形式值得学习与借鉴。

应允许公司通过章程规定将诸如"制定公司的年度经营计划与财务预算方案、检查董事会决议的实施情况"等应当属于 CEO 的职权下放给 CEO。同时加强董事会和董事长对 CEO 或经理的监督职能,避免 CEO 凌驾于董事会之上形成一人专权的

---

① 参见梁能:《公司治理结构:中国的实践与美国的经验》,中国人民大学出版社 2000 年版,第 212 页。

情形。

3. CEO 与董事长应该分设

在 CEO 体制下,董事长作为董事会的组织者,承担着领导董事会进行决策和监督 CEO 及经理层的职责。若由董事长兼任 CEO,则董事会对 CEO 和经理层的监督职能就会大大削弱。建议在修改《公司法》时,规定上市公司的董事长不得兼任 CEO 或经理,以便确保董事会独立性,使 CEO 受其监督,更好地行使其职权;另外,在有限责任公司和一般的股份有限公司中,考虑到公司的规模较小,股东较少,股东大会的作用较容易发挥,法律可以不做强制性的规定。

(三) 建构和完善经营者责任保险制度

经营者责任保险作为西方国家一种为公司经营者提供个人财产保护救济机制,有利于解除经营者行使职务时的后顾之忧,激励其为公司更好地工作,实现经营者权利与责任的制度均衡。随着我国企业经营者民事责任和赔偿制度的逐步完善,公司经营者的责任将进一步加强,相应地也要进一步建构和完善经营者责任保险制度。

首先,应明确经营者责任保险的宗旨。经营者责任保险是对其提供责任的转移方式,使其避免因害怕承担责任而无所作为,解除其后顾之忧,从而激励其竭尽全力努力工作。作为一种个人职业责任保险,经营者责任保险的最终目的是为了实现转移经营者在履行职务时对第三人的民事赔偿责任风险。我国目前设立经营者责任险,要依据我国法律全面归纳经营者的民事赔偿责任风险。由于我国立法并未规定经营者对第三人的直接责任,经营者的风险显然与那些承担对第三人的直接责任为轻。在这种条件下,增加经营者对第三人的直接责任的立法规定,就成为建构经营者责任保险制度的前提。

其次,应明确我国经营者责任保险的民事责任范围。目前我国保险公司设计的经营者责任保险条款互相矛盾,一方面规定了许多实现对经营者的民事责任的索赔途径；另一方面又对公司经营者现实的民事责任回避，比如我国目前的许多证券民事索赔会因"违法"和"故意"而被列入除外责任。这种保险制度以一种方式规定了保护，又以另一种方式予以排除，缺少实际的操作价值。经营者责任保险条款必须根据现行民事法律制度切实解决经营者执行职务面临的索赔风险，从实践中总结经营者责任保险的民事责任范围。

再次，应合理规定除外责任。按照《上市公司治理准则》的规定，经营者责任险不适用于违反法律、法规和公司章程的行为。这条除外责任的规定是避免上市公司的管理人员借保险来逃避法律责任，但这不仅使得经营者责任险的承保范围狭窄，而且不能最大限度地保护经营者。在我国，如果此决议违反了法律、法规和公司章程的规定，董事和经理则需对公司承担赔偿。这一行为没有是否属于正常风险的区分，全部属于经营者责任保险的除外责任，违背了这一责任保险设立宗旨，不利于保护经营者的利益。解决这一问题以科学与合理的区分经理的各种行为的性质为前提，并应制定不同对策。一是对于符合经理正常经营过失行为，董事和经理可以免责，不承担对公司的赔偿责任，因而保险公司只需赔付经理因为证明处于正常风险而进行的相关的举证费用；二是对于一般的过失和疏漏，在这种情况下，经理需要对公司承担民事赔偿责任，保险公司应承担被保险人的相关的损害赔偿责任以及因索赔诉讼引起的法律费用；三是被保险人故意或重大过失违反法律法规和公司章程的行为，以及其他属于保险契约明确约定排除行为，对这一类的行为，保险公司可根据法定和约定的除外责任条款不承担赔偿责任。这样可以兼顾各方利益，既保护了经营者为公司利益的大胆创新，又可以避免其机会主义行为。

（四）完善独立董事制度

完善独立董事制度首先要处理好独立董事与监事会的关系。

江平和邓辉（2003）[182]对这一问题作了深入研究，他们在考察了各国公司内部监督制度后认为，公司内部监督权具有不可分割性。具体表现为四个方面：一是业务监督权与财务监督权的不可分割性；二是合法性监督权与妥当性监督权的不可分割性；三是事前、事中、事后监督权的不可分割性；四是对监督者监督的有限性。公司内部监督权的不可分割性要求其集中行使，它要求按照公司内部监督权一元化的要求重新构建我国公司内部监督机制。一个切实可行的做法是，参照法国的选择制，从立法上授权公司章程选择采用独立董事制度或监事会制度，因为《公司法》属于商法，其基本精神即意思自治，唯有公司自己才最清楚哪一公司治理结构模式适合本公司的实际情况。本书也赞同我国的上市公司内部监督机构实行选择制。

为了确保独立董事的独立性，一方面应大力改进现行不合理的股权结构，有计划地实施国有资本从竞争领域战略退出，引进战略投资者，实现股权适度分散化、合理化。这是确保独立董事的独立性的战略措施。同时，在维持独立董事由股东大会选举的同时，应强制性推行累计投票制，这是独立董事的独立性的战术措施。

应推进独立董事职业化建设，培育独立董事人才市场，建立独立董事自律组织，使独立董事（包括潜在的）队伍在数量和质量上都有所提高。

进一步完善对独立董事知情权、监督权、审核权、否决权等权利的具体规定，完善独立董事的忠实义务、注意义务和民事责任的规定，建立报酬与股权并重的独立董事激励机制。

在完善独立董事制度的基础上，建立由外部董事、独立董事参加的薪酬委员会。从国际经验看，公司的经营者股权激励计划一般由薪酬委员会制定，为保证公平地协调股东和经营者的利益，薪酬委员会主要由外部董事和独立董事参加。我国应该借鉴此经验，在公司中设立薪酬委员会，并由其管理股权激励计划的制定、调整和监督，决定每年的股票期权赠与量、等待时间表，以及出现突发事件时对股权激励计划进行解释和作出重新安排。充分发挥社会性人力资本对经营者的监督和激励作用。

（五）明确规定经营者对第三人的直接责任

要克服现行法律只规定经营者内部责任和间接责任的弊端，唯一可行的途径是适应市场经济的需要，回归经营者的个人责任，明确规定董事和高级管理人员对第三人的直接责任。在这方面已有不少立法例可供参考。如：《瑞士民法典》第55条规定，法人对其机关的行为承担责任，行为人有过错的，行为人另负个人责任。我国台湾地区《民法》第28条规定，行为人因过错致人损害的，法人和该行为人负连带赔偿责任。其《公司法》第23条也规定"公司负责人对于公司业务之执行，如有违反法令之他人受损害时，对他人应与公司负连带赔偿责任。"此外，美国也吸取安然事件的教训，为制裁贪婪和短视而违法或违反章程规定的经理人，出台了《萨班斯—奥克斯利法案》加强公司治理和会计改革，同时加重了公司经理人的个人责任。综合上述规定，我们认为，我国公司法在明确规定经营者对第三人的直接责任时，应采取与公司承担连带责任形式，这样既可以加重董事及高级管理人员的责任，克服内部和间接责任的弊端，也可避免矫枉过正。

二、完善企业经营者的剩余索取权

（一）完善经营者年薪制和股票期权等制度

第一，建议《中央企业负责人经营业绩考核暂行办法》将"企业负责人"改称"企业经营者"。将党委书记、副书记、常委、纪检书记置于经营者范围之外，另行制定办法考核，彻底摆脱传统国有企业的概念体系，纳入公司的概念体系，以便于企业经营者的非行政化和职业化。

第二，在关注经营者的整体性和关联性的同时，重视经营者不同岗位在经营业绩考核上的差别。对其确定不同的考核内容，使用不尽相同的考核指标组合。将企业成长能力作为对董事长的主要考核内容，将企业盈利能力作为总经理的主要考核内容，将企业资产运营能力作为总会计师的主要考核内容，三者分别适用不同的考核指标组合。

第三，进一步完善业绩考核指标体系。使推动企业提高战略管理、自主创新、资源节约和环境保护水平的原则，体现为具体的考核指标。

第四，努力克服现行考核体系重激励轻约束的弊端。一是加强国有企业经营者约束与监督机制的完善。二是应将年薪制与股票期权制度结合起来，充分发挥制度嫁接优势。不少学者强调，年薪制并不是灵丹妙药，只是我国约束条件下的一种次优选择。加强对企业经营者的长期激励才是世界各国公司发展的方向，它包括利润分享计划、经营者持股、股票期权和期股制等措施。这里特别值得强调的是股票期权制度。值得一提的是，我国2005年修订生效的《公司法》的一个重要贡献是，第143条规定，股份公司在将股份奖励给本公司职工时，可以在本公司已发行股份总额5%的范围内，收购本公司股份。从而为我国股份公司实施对经营者的股票期权激励建立了制度接口。

此外，还应通过完善国有资本代表和代理制度，提高监督机制效率以及建设成熟的外部市场环境，使得管理层收购制度发挥其积极作用。

（二）系统规定人力资本出资法律制度

1. 人力资本出资法律制度的立法依据

如前所述，在经济社会发展水平大体相当的两大法系主要国家，在人力资本出资问题上存在很大差距，这是为什么呢？同样深受大陆法系影响，在思维方式、法律体系等方面具有大陆法系特征的我国立法为什么就不能接受人力资本出资呢？我们认为主要存在以下原因：

一是对财产和财产权的解释有明显差别。正如詹姆斯·哈里斯（2003）[183]所说的"在西方思想中，财产不是一个简单的概念。其中的一个原因是，我们有两种法律传统，即民法法系和普通法系。这两种传统在财产方面的差异比其他任何方面的差异都更加明显"。在普通法系中，"财产"等同于"财产权"和"产权"。普通法之父布莱克斯通在《英国法律评论》中指出：财产是"某人凭借着一种完全排他的、对外在物的请求或行使的权利"①。而财产、生命和自由，这是英国人所固有的绝对权利。可见，这里所说的财产就是财产权。进入20世纪以来，普通法中的财产概念有了新的发展。一是随着无体财产如知识产权、商业信誉的日益扩展，财产概念的内容大大拓宽了。在大陆法系中也使用了财产的概念，不过常常把它与财产权（这里指狭义的财产权即财产的所有权）区别开来。在作为大陆法系直接法律渊源的罗马法中，财产与物的含义是一致的，物还可分为有体物和无体物，前者是指具有一定形态的物，后者则指有体物以外的一切权利。现在大陆法中的"财产"一词通常有三种含义：一是以德国民法为代表，对财产作限定解释，强调财产是有形物，直到今天，以德国模式为基础的民法典仍然将财产当作有形物的专门术语；二是财产指人们对物享有的所有权，强调财产以权利归属为前提，而一个仅仅被事实上占有尚未形成权利的物并不是财产；三是财产还可以用来指物和权利的总和，在这个意义上，财产与财产权的概念又似乎未能完全分开。

比较一下两大法系使用的财产和财产权的概念，可以看出，二者各有千秋，普通法显得较为灵活，而大陆法更为严谨。一方面，大陆法关于财产和财产权的概念，难以适应当代社会无体财产发展的需要，它所能覆盖的范围显得越来越狭窄。而依照经验

---

① 英美法系强调财产是权利，大陆法系强调财产是物，参见布莱克斯通：《英国法律评论》，1985年版，第2页。

主义建立起来的普通法的财产概念,却可以适应无体财产发展的需要。但另一方面,普通法的财产概念又显得不够严谨,它有时不仅难以确定财产的最终归属和利益的源泉,而且容易忽视某些无体财产应当用特殊方法加以保护的特点,也难以对财产作出科学的分类。

二是公司资本制度和信用观念存在重大差异。英国著名公司法学家Cower教授说过,公司资本的概念对领悟公司法真谛意义重大。(Paul L, Davis, 2000)[184]公司是资本的人格化,资本是公司的血液,资本制度是公司的基本制度之一。而出资是公司资本形成的关键,因此,出资形式的立法趋向与公司资本的制度价值存在终极目标的趋同性。传统大陆法系立法,出于对交易安全法律价值的优先考虑和理性主义的思维方式,形成了法定资本制及其所属的公司资本三原则,即资本法定原则、资本充实原则、资本不变原则。认为公司资本不仅是公司正常运营的需要,而且就对外关系而言,资本总额为公司债务的唯一担保。据此,经济学家和法学家们认为,由于人力资本具有与其主体不可分离的特征,无法强制执行,所以也就不具有债务担保功能。

而英美法系国家出于对自由和效率价值的优先考虑和实用主义的思维方式,形成了与大陆法系法定资本制存在重大差别的授权资本制。与此对应的信用观念不是资本信用而是资产信用。他们主张作为公司债务担保的不是静态的、在登记簿登记的公司资本而是处于动态中和现实中的公司资产。

三是对现物出资条件要求不同。由于受上述公司资本制度和信用观念的影响,大陆法系的学者在现物出资问题上还形成了不同学说。一种是四要件说。这四项要件分别是确定性、现存的价值性、评价可能性和独立转让可能性。所谓的确定性是指用于出资的现物应是客观明确的,并通过公司章程的记载予以特定化、明确化、不得随意变更。所谓现存的价值性是指用于出资的现物不仅对公司来讲是有价值之物,而且出资的标的物应该是事实上已经存在的价值物。据此而言,那些将来才生产出来或将来才能提供的劳务，本身就不具有适格性质。所谓评价可能性是指用于出资的现物标的物必须能以某种公平的方法评估折价，折算成现金，以便确定其出资比例或股份的多少。所谓独立转让性是指用于出资的现物标的物必须独立于出资人予以转让，即出资人应对该物享有独立的可支配的权利。五要件说是在上述四要件的基础上增加"有益性"的要件，所谓的有益性是指用于出资的现物标的物应当是公司所需要的、对公司有实益的价值物。五要件说主要是瑞士学术界的观点，国内有的学者支持这一观点，也有的学者认为在法律上对有益性加以笼统规定并无实益。

综合上述四要件说和五要件说，对于经营者人力资本而言，由于它是以未来劳务或者说是以专用性人力资本未来的使用权出资，所以不具有现存的价值性。而且由于人力资本与其主体天然地难以分开，所以其独立转让性也值得怀疑。再加上专用性人力资本评估的技术困难，所以在大陆法系国家人力资本得到否定或限制，应是情理之中的事。

当然对上述四要件说和五要件说，国内法学界也存在不同认识。有的学者甚至将前述要件进一步提炼，认为其核心的标准应当只有两项：一是具有确定的价值，二是可以自由转让。（周友苏，2005）[185]我国新公司法第27条规定"股东可以用货币、也可以用实物、知识产权、土地使用权等可以用货币估价并可以依法转让的非货币财产作价出资"，实际上是将现物出资的条件限定为两个：一是"可以用货币估价"，即上述的评价可能性；二是"可以依法转让"，即独立转让性，只不过法律表述略显宽松。

一项新制度的合法性应以其合理性为基础和后盾的。公司法意义上资本无非具有两大功能：其一，营运功能，即可以用于企业的营运，以满足企业购买生产资料、从事生产经营的需要。人力资本具有营运功能应是没有疑义的。其二，担保功能，即可用于对公司交易相对人提供履约担保。尽管人力资本的特性使其面临执行上的困难，但它并不影响担保功能的发挥，立法者完全可以通过配套的制度设计化解和控制债权人可能面临的风险。何况现代社会物质资本可以通过证券等方式频繁流动,专用性人力资本更具抵押价值和更容易被套牢。所以具备资本的两大功能,就为人力资本出资的立法奠定了坚实的法理基础。

现行公司法要求的现物出资的两个条件,用经营者人力资本出资也完全具备。至于人力资本的难评估性和独立转让的困难,我们认为可以通过提高和改进立法技术加以解决,上述英美法系立法已经提供了不少宝贵经验,完全可以通过一个人力资本制度体系来解决。在人力资本出资问题上,"非不能也,是不为也"。主要不是技术问题,而是认识问题。

2. 我国人力资本出资法律制度的建构

我国人力资本出资法律制度应包括以下几个组成部分(郭广辉,2007)[186]:

(1) 人力资本出资许可制度

首先,应明确承认人力资本出资的合法地位。在这一问题上目前也有不同意见,有的学者虽同意人力资本出资,但却反对立法笼统地规定以人力资本出资,美国尽管允许以人力资本出资,但却是以允许"未来劳务"的形式出资,均未直接使用"人力资本"一词。这些主张与规定,具有启发意义。人力资本毕竟是个高度理论化的概念,在承认人力资本出资合法性的前提下,立法规定的表述必须同时考虑术语的准确性,应尽力实现明确化、具体化,避免泛化。本书主张使用"人力资本使用权"一词,并建议《公司法》在第27条规定货币、实物、工业产权、非专利技术、土地使用权五种出资形式的同时,应明确将"人力资本使用权"规定为一种独立的出资形式。这是人力资本出资立法的基本目标。

另外,应赋予人力资本股东多次出资的权利。人力资本出资折股可能与其全部人力资本并不完全等价,就像某人可以将其资产分成两份向两个公司投资一样,法律应允许人力资本的多次出资。

(2) 人力资本出资许可配套限制制度

首先,应规定人力资本出资者的范围。如前所述,从主体角度划分人力资本存在广狭两义,在立法上到底采用广义还是狭义,要充分考虑本国国情及立法政策,不可盲目效仿。在我国高新技术企业劳动生产率水平普遍低下,劳动力资源又比较充足的情况下,我们主张不应该像国外立法那样将人力资本出资者泛化,并笼统规定允许以劳务出资,而应使用狭义的人力资本定义,限定人力资本出资者的范围。《浦东新区人力资本出资试行办法》规定的管理人才、技术人才、营销人才的范围值得借鉴。

其次,应规定接受人力资本出资的企业范围。从一般意义上说,肯定了人力资本是一种独立的出资形式,就不应该对接受出资的企业予以限制。然而由人力资本的特性所带来的一些特殊问题,是现行的法律规定难以解决的。在这种背景下将人力资本出资制度控制在争议最小、效用最高、最易管理的行业中,不失为一种理性与现实的选择。《浦东新区人力资本出资试行办法》规定的"以金融为核心的现代服务业、以高新技术为主导的先进制造业、以自主知识产权为特征的创新创意产业"的范围,应当说具有开拓意义。

再次,应限定人力资本出资占注册资本的最高比例。人力资本在企业中所占份额多寡,不仅影响人力资本对企业剩余收益的索取力度、企业治理结构合理优化的力度,而且还直接影响着债权安全程度。综合考虑上述因素以及各项制度间的协同作用,并参考我国相关地区和西方国家的基本做法,人力资本作价出资占企业注册资本的比例以不超过35%(约1/3)为宜。

最后,应建立有关信息披露制度。在以人力资本出资时,应规定通过公司章程、工商登记文件等,披露人力资本出资的主体、评估方法及在公司总股本中所占的比例等信息,以维护其他股东及债权人的知情权。违反者应承担相应的责任。

(3) 人力资本出资的评估程序规则

人力资本出资评估程序规则是人力资本出资立法的重要内

容。法律不可能从实体方面为人力资本确定一个统一的评估标准，只能通过立法在程序方面确定人力资本的评估主体、评估原则、评估程序和评估监督等。

在我国目前的社会信用状况下，建立全国性的人力资本评估规则时有两点应予明确。

其一，自愿性评估与强制性评估相结合原则。即可经全体股东协商作价并出具由全体股东签字同意的作价协议进行评估，在全体股东不能协商作价时由法定的评估机构依法定规则进行评估。由于已经设计了人力资本的最高比例限制，同时《公司法》规定了股东出资不实的填补义务和其他股东的连带责任，所以全体股东协商评估既可有效防止掺水评估，又能节省评估费用。

其二，评估因素法定原则。即必须以立法明确规定人力资本评估所应当考虑的因素，以防止随意评估的现象发生。人力资本往往与技术创新者和职业经理人所接受的教育程度、在企业的工作年限、往年的工作业绩呈正相关关系，因此，这些因素应当成为人力资本评估考虑的核心因素。

另外，考虑人力资本具有动态性特点，法律应当设计一个重新评估机制。即规定定期（如3年或5年）或不定期，经出资人请求并承担费用可对其人力资本重新评估；公司在认为必要时也可以对人力资本进行重新评估。人力资本的重新评估制度作为一种无形的动力和压力，可以有效地防止人力资本股东的主观懈怠。

（4）人力资本股东的担保责任

人力资本股东的担保责任主要包括以下三方面内容：

一是针对人力资本出资缩水或因自身原因贬值的问题，要求人力资本股东承担出资填补责任或强制减少或注销其股份的责任。其原理与公司法规定的非货币出资股东出资不实时的补充缴资义务相同。

二是针对人力资本与其所有者人身不可分离而受到健康、意外风险等因素的影响较大的问题，一方面可要求实行强制性储备制度。即要求人力资本出资所得的红利必须留在公司,并用于逐年替换人力资本出资,直到全部替换完毕。另一方面可要求人力资本股东承担强制人身保险的责任。该保险应以公司为受益人,以其人力资本折股价值为投保额。它可用以对抗出资者可能遭受的各种意外风险,一旦出资者遭受伤病死亡等危险,其人力资本存量减少或灭失,则公司可以获得相应赔偿用以充实公司的资本。

三是针对在公司破产清算时人力资本不能变现的问题,要求人力资本股东在出资折算金额(有限责任)限度内,承担相当于剩余年限人力资本使用价值的债务清偿责任。该责任的承担是用现金或其他财产替代清偿。其原理类似于英国保证责任公司股东向债权人承担保证责任。

(5)人力资本退出的资本处置

由人力资本共生性所决定,特定人力资本一旦作为出资进入企业,就与企业形成相互依存关系,因此法律应规定人力资本股东在履约期内不得任意退出的义务。但同时由人力资本依附性所决定,这种义务不能强制执行,只可作为赔偿依据。具体来讲人力资本退出应根据履约期是否届满分为两种情况。

当人力资本出资者主张提前退出企业时应适用股份转让特殊规则。由于人力资本出资参与设立的公司的信用很大程度上是建立在人力资本股东个人能力之上,一旦其在公司成立后提前退出公司,可能会给公司其他股东和债权人带来极其不利的影响。所以应当建立人力资本股份转让特殊规则,要求人力资本股份转让时不仅应获得一定比例的其他股东的同意,特别是还应获得一定比例的债权人的同意。也可以比照关于股份公司发起人转让所持股份限制的法律规定,要求人力资本股东在持有股份后一定时期内不得转让。

当人力资本出资者履约期满正常退出企业时,不必经公司同意,若公司不再持续经营,企业通过清产核资,按法定程序申请解散;若企业仍要持续经营,则双方直接进行评估清算,办理产权转让和退出手续。

（6）人力资本股东的竞业禁止义务

如前所述，法律应允许人力资本的多次出资。但是，由人力资本的依附性所决定人力资本股东兼具公司劳动者和公司股东双重身份，公司利益与其人力资本的使用密切相关，为了兼顾公司与人力资本股东的利益，人力资本股东应承担竞业禁止义务，即不得以其人力资本向与其所出资公司的业务相竞争的企业出资，否则，应向公司承担赔偿责任。

上述内容，第一项确保了人力资本股东的出资权利，其余五项内容作为一个整体相互联系、互为补充、交互作用，旨在控制和化解人力资本出资的隐性风险。它们共同构成相对完整的人力资本出资法律制度。

三、完善公司的外部治理环境

（一）完善公司外部市场机制

首先应培育和完善职业经理人市场。一是实现经营者的职业化。"经理的职业化是培育经理市场的关键"。（辛焕平，2003）[187]在这一方面，应从对国有企业及国有控股公司经营者实行任命和调动的直接管理，转变为制定原则和政策的间接管理，制定公司制下的企业家任职标准和资格、行为规范和业绩评价标准以及任职和流动程序等，促进统一市场的形成。二是建立社会资格认证、评价标准系统，引导人力资本评估机构、会计师事务所等中介机构健康发展。这对保证经营者的素质至关重要，同时也是使经营者与政府官员区分开来，实现经营者职业化的重要举措和突破口。三是拓宽经营者的供给渠道。拓宽私营企业经营者以血缘、同学、同事为纽带的供给渠道，选择现有在岗经营者进行优化培养，选择具有管理经营素质的专业技术人员进行转移培训，高校工商管理等专业培养，向社会公开招聘及国外经营者引进等，促进猎头公司发展。四是建立企业家信息网络，为供求双方提供信息服务，并完善政策法规，制止不正当竞争，支持职业经理任自治组织和企业家协会健康发展，避免企业家协会的准行政化，使其成为真正的民间机构，充分发挥其对职业经理人的保护、服务、监督和惩罚等作用。五是保护经营者健康成长的环境。完善有关人事、户籍制度，保证经营者合理流动、不按职工岗位退休，并且解决其退职退休后的后顾之忧，健全经营者退出机制。

其次是完善资本市场。必须有步骤地进行国有资本从竞争领域战略性退出，进一步实现上市公司股权结构的合理化。加强政府对股票市场的监管和中介机构的规范，强化企业真实信息的披露，杜绝各种违法交易活动，使股票价格真正反映企业的经营状况和经营者的经营能力。与此同时，应逐步稳妥地实行国有股减持，最终实现国有股及国有法人股全流通，使股票市场形成真正的均衡价格。使代理权竞争和敌意收购机制真正发挥约束作用。

再次，进一步完善产品与服务市场。抓住主要矛盾，加强对行政干预、行政垄断的法律规制，加大执法和司法力度，充分发挥产品与服务市场的基础作用。

（二）进行相应的宏观制度环境建设

一个国家的政治、经济、历史、文化环境等对该国的公司治理往往也有着重要的影响。我国是一个拥有浓厚平均主义文化和官本位传统的国家，新中国成立后长期的计划经济体制进一步固化了以平均主义思想为基础的大锅饭意识和官本位意识，这种宏观制度环境不利于企业经营者人力资本的实现。因此，当今应在进一步深化经济体制和行政体制改革的同时，加强以限制行政权力滥用和维护私权为核心的法治建设。在全社会范围内解放思想，转变观念，倡导按各生产要素贡献分配的新的公平观念，培育充分承认经营者人力资本价值和特殊贡献的社会氛围。

四、小　　结

本章从完善企业经营者控制权的实现、完善企业经营者剩余索取权的实现和完善相应的公司外部环境三个方面提出了完善我国企业经营者人力资本产权制度的政策与立法建议。

完善企业经营者控制权的实现得主要措施包括：确立法人所有权制度和实现股权多元化、承认 CEO 的法律地位、建构和完善企业经营者责任保险制度、完善独立董事制度和规定企业经营者对第三者的直接责任等。

完善企业经营者剩余索取权的实现主要措施包括：完善年薪制和股票期权制度、建构企业经营者人力资本出资制度等。

完善相应的企业外部市场建设包括通过实行经理人职业化和推进中介组织建设完善职业经理人市场，通过有步骤的国有资本从竞争领域退出等完善资本市场，通过规范行政垄断等完善产品与服务市场。

此外还应通过限制行政权力滥用和维护私权为核心的法治建设、推进行政体制改革等完善企业的宏观外部环境。

第八章 结论与展望

一、本书的结论

在知识经济已初见端倪的时代,企业经营者人力资本是最为稀缺和重要的企业资本,但由于历史、发展水平与企业经营者人力资本自身的特性等方面的原因,企业经营者人力资本产权问题一直未能得到很好的解决。

本书主要运用法经济学等方法研究了中国企业经营者人力资本产权制度安排。从企业经营者人力资本产权制度变迁中揭示了企业经营者人力资本价值不断提升、产权要求日趋强烈的演进规律和路径;发现了我国传统国有企业忽视企业经营者人力资本产权的问题;考察了企业经营者人力资本的占有、使用、收益、处分四项权能和诸多特征;提出了基于多种经济理论的企业经营者人力资本产权理论框架体系。从人力资本产权理论、企业契约理论、委托代理理论和交易费用理论等视角,系统地论证了企业经营者享有人力资本产权的理论依据。

本书还探讨了企业经营者剩余控制权实现的公司治理途径和包括年薪制、经理股票期权和人力资本等在内的企业经营者剩余索取权的实现形式,通过案例分析论证了承认企业经营者人力资本产权的紧迫性和可行性。最后从完善企业经营者企业控制权、企业经营者剩余索取权和完善公司的外部治理环境三个方面提出了包括完善 CEO 法律制度、确立人力资本出资制度和完善职业经理人市场等在内的一系列政策和立法建议。

本书的主要结论和研究发现可以概括为以下几点:

第一,尝试运用法经济学方法对企业经营者人力资本产权问题进行了交叉研究。首先,本书运用经济学理论与方法对企业经营者人力资本产权法律制度进行了交叉研究,并提出了政策与立法建议;其次,运用法经济学的理论与方法,对企业经营者人力资本产权制度作了初步的效率分析,分析发现:企业经营者人力资本产权制度存在多项收益,它有利于鼓励投资和改善企业管理,降低代理成本和决策成本,节省公司参与者的缔约成本,促进高效的企业外部市场的形成,有效分散风险促使企业长远发展。同时企业经营者人力资本产权制度的确立也会带来一定的立法成本和执行成本。但多项收益与成本比较的结果是总收益大于总成本。研究表明:在现代公司制企业承认经营者人力资本产权是一种富有效率的制度选择。

第二,从人力资本理论、企业契约理论、委托代理理论和交易费用理论等视角,系统地论证了企业经营者享有人力资本产权的理论依据。基于此,本书提出了包括上述四种理论的企业经营者人力资本产权理论框架体系。基于人力资本理论本书发现,企业经营者人力资本的使用价值是其享有产权的客观基础,企业经营者人力资本的外部性是其享有产权的制度基础,企业经营者人力资本的稀缺性是其享有产权的现实基础。研究表明:承认与保护企业经营者人力资本产权反映了人力资本理论的内在要求。基于企业契约理论本书发现,带有主从属性的委托代理契约不能准确反映新经济条件下企业所有者与经营者的关系,而带有平等合作属性的合资契约对两种主体的相互关系更具解释力。研究表明:企业契约理论要求企业经营者享有人力资本产权,从而与物质资本所有者平等分享企业所有权。

第三,从双重委托代理理论视角出发考察了企业人力资本所有者与经营者的关系。本书发现,在现代企业所有者与经营者的关系中,除了两种主体的合作之外,还存在物质资本与人力资本两种资本之间的合作。所有者的物质资本固然重要,但经营者的人力资本更为稀缺，也更为主动。所有者与经营者都具有委托人与代理人的双重身份，他们之间存在着双向委托代理关系，而不仅仅是单向委托代理关系。研究表明：承认企业经营者的人力资本产权，是双向委托代理关系的本质要求。

第四，对企业经营者人力资本出资制度进行了系统架构。本书发现，尽管我国现行《公司法》还没有确立人力资本出资制度，但是该法第27条的规定已经为其预设了制度接口。在条件成熟时人力资本出资制度应当嵌入现行公司法。研究结果表明，我国人力资本出资法律制度应包括以下六个组成部分：人力资本出资许可；人力资本出资的合理限制；人力资本出资的评估程序规则；人力资本股东的担保责任；人力资本退出的资本处置；人力资本股东的竞业禁止义务。它们共同构成相对完整的人力资本出资法律制度。

二、进一步研究的展望

本书主要运用新制度经济学、法经济学原理与方法对中国企业经营者人力资本产权的制度变迁、权能结构与特性、理论依据、实现机制等问题进行了系统研究，得出了上述结论。但是本书的完成，同时也正是进一步研究的开始，今后尚有许多问题值得探讨。

首先，企业经营者人力资本产权问题既有很强的理论性，同时又有很强的实践性。理论论证科学、合理的制度，实践中未必富有效率。本书作者充分认识到了这一问题的两个方面，因实证资料的缺乏，在现有资料基础上通过案例等方式进行了一些实证考察。但整篇文章基本是以理论论证为主，以实证分析为辅。今后应关注企业经营者人力资本产权对企业经营绩效的影响等实证问题，并努力实现研究成果的数学化、模型化。

其次，经营者处于企业中心签约人的地位，其人力资本既有个人属性又有组织属性，后者是个更加难以研究、管理学属性更强的问题。本书侧重于前者的研究,对后者重视不够。今后应关注管理学动态,加强对经营者人力资本与组织资本的互动研究。

再次,本书尽管构建了一个包括公司内部治理与外部市场、宏观环境在内的的企业经营者人力资本产权实现体系,并将重心放到了公司内部治理的研究上,这固然有一定的理由,但是根据超产权理论的观点,外部市场也极其重要。而且从实证角度来看,中国企业产权机制不灵的原因很大程度上就是因为外部市场不健全甚至严重扭曲。因此,今后应加强对职业经理人市场、资本市场、产品与服务市场在内的公司外部市场和宏观环境的具体和深入研究。

附录1：中国人力资本出资制度的构建[*]

郭广辉

伴随着知识经济时代的到来，人类正在经历一场更为深刻的变革，人力资本正在取代物质资本成为经济社会发展的主导因素。如今，发展中国家与发达国家之间的差距已经不是或者主要不是物质资本之间，而是表现在人力资本之间的差距。人力资本的作用日益凸显。不少国家立法已经承认了人力资本出资的合法地位，而中国人力资本出资的立法尚处起步阶段。因而，及早完成对人力资本出资制度的构建，对实现中国经济增长模式的转变，保持经济社会的可持续发展，摆脱在国际竞争中的被动局面和争取新的主动，具有不可低估的战略意义。

一、人力资本出资合法化：制度构建的前提

人力资本不能作为独立的出资形式，是自资本市场产生以后的一个基本约定与惯例，也是传统公司法的一项基本内容。"人力资本"的思想肇端于17世纪70年代英国古典政治经济学家威廉·配第。其后，著名的古典政治经济学家亚当·斯密明确提出了人力资本的概念。但是，由于物质资本是当时生产中的决定性因素，人力资本并未引起人们足够的重视。直到20世纪知识经济时代的到来，人的智力逐渐成为生产中起主导作用的因素，人力资本的重要性才得到前所未有的彰显。1960年，美国著名经

---

[*] 原文发表于《河北学刊》2007年第6期，该文被中国人民大学报刊复印资料《新思路》卷2008年第2期全文复印转载。

济学家、诺贝尔经济学奖获得者西奥多·舒尔茨在美国经济年会上发表了题为《论人力资本投资》的著名演讲，轰动了西方经济学界并产生了深远的社会影响。

在知识经济环境下，人力资本对经济发展的贡献越来越大。其仅仅作为激励对象已经不够，一些经济发达国家开始突破惯例，给予人力资本以不同程度的出资认同。早在20世纪80年代，美国首开先河，在修订后的《美国示范公司法》中，开始承认未来劳务作为股东的出资方式；1994年的《统一有限责任公司法》第401节规定：有限责任公司成员的出资可以包括有形的与无形的财产或其他对公司的利益，包括现金、期票、提供的劳务，或者同意向公司交付现金或财产，或者在未来提供契约的劳务。此外，《法国商事公司法》允许有限责任公司在特定条件下可以技艺出资，《意大利民法典》也规定了股份有限公司中的劳务出资股，等等。

中国1993年通过的《公司法》没有对人力资本出资作出明确规定。该法第24条明确规定了货币、实物、工业产权、非专利技术、土地使用权五种出资形式，把人力资本排除在外，而且基于对公司债权人利益及社会经济秩序保护的关注，并未采用授权资本制或折中授权资本制，而实行的是严格的法定资本制，规定股东在公司注册登记时全额缴付注册资本，禁止公司注册资本的任意变动。同时，对无形资产出资规定了最高限额，要求无形资产不得超过注册资本的20%，高新科技企业最多可达35%。综合上述规定可以推断，立法者对人力资本出资是采取了限制甚至否认的态度。

20世纪90年代后，中国江苏省、上海市、南京市、大连市等地先后以通过地方法规的形式，准许高科技园区企业以人力资本出资，同时从企业性质、人力资本的层次和出资比例等方面规定了一些限制条件。值得一提的是，2005年初，上海市出台了《浦东新区人力资本出资试行办法》，成为目前中国人力资本出资规定最为系统的地方法规。该办法规定，在浦东新区范围内登记注册的有限公司和股份公司（不含外商投资企业），属于以金融为核心的现代服务业、以高新技术为主导的先进制造业、以自主知识产权为特征的创新创意产业的，管理人才、技术人才、营销人才的知识、技能和经验都可以按照法定方式作价出资。但以人力资本作价出资的金额不得超过公司注册资本的35%。人力资本可经法定评估机构评估作价，也可经全体股东协商作价并出具有全体股东签字同意的作价协议。人力资本作价入股应当提交由法定验资机构出具的验资证明。

2005年10月，中国《公司法》进行了全面修改，公司资本制度方面发生了重大变化。新公司法废除了严格的法定资本制，改为实行折中资本制，删除了对无形资产出资最高限额的规定。最为重要的是，该法第27条规定："股东可以用货币、也可以用实物、知识产权、土地使用权等可以用货币估价并可以依法转让的非货币财产作价出资"。那么，人力资本作为出资方式是否符合这两个条件呢？首先，人力资本可以评估。人力资本作为蕴藏于人本身的知识、技术和能力是经过长期的物质投资形成的，其价值与物质投资成本大体成正相关关系，而这种物质投资成本是可以用货币计量的，这一点早已为实践所证实。其次，人力资本可以转让。虽然人力资本所有权专属于本人，但作为人力资本出资的不是其所有权而是使用权，人力资本的使用权可以转让。据此，我们认为，人力资本符合新公司法规定的出资条件。

当然，一项新制度的合法性是应以其合理性为基础的。公司法意义上的资本无非具有两大功能：其一，营运功能，即可以用于企业的营运，以满足企业购买生产资料、从事生产经营的需要。人力资本具有营运功能应是没有疑义的。其二，担保功能，即可用于对公司交易相对人提供履约担保。尽管人力资本的特质使其面临执行上的困难，但它并不影响担保功能的发挥，立法者完全可以通过配套的制度设计减缩债权人可能面临的风险。这为中国人力资本出资的制度构建奠定了坚实的法理基础。

运用新制度经济学的制度变迁理论，分析中国人力资本出资制度变迁的过程,可以发现,中国人力资本出资制度变迁的过程实际上包括诱致性制度变迁与强制性制度变迁两种形式,并且是两者交互作用的过程。在这一过程中,具有竞争和创新意识的地方政府实际上扮演了发动诱致性制度变迁的初级行动集团的角色,正是由于他们的共同努力,推动了公司法修改这一强制性制度变迁,使人力资本出资从立法否定和限制发展到实际允许并将最终实现立法的明确承认。在中国《公司法》刚刚经过一次全面修改的背景下,人力资本出资制度的构建比较现实的演进路径是从地方法规到全国性行政法规,最后直到《公司法》作出明确规定。

二、人力资本出资的内涵及特质:制度构建的决定因素

舒尔茨在《论人力资本投资》中对人力资本的内涵和作用作了精彩的阐述。他认为,"资本"有两种存在形式:其一是物质资本形式,即通常所使用的主要体现在物质资料上的那些能够带来剩余利润的价值;其二是人力资本形式,即经过教育、培训、卫生保健等投资支出所形成并凝结在人体中的能够使价值迅速增值的知识、体力和价值的总和[1]。从适用主体来讲,人力资本有广义和狭义之分,由于"人力资本的意义在于强调劳动力的异质性"[2],狭义的人力资本仅指企业管理人员、技术人员等所拥有的特殊人力资本;广义的人力资本则在此基础上还包括企业普通职工所拥有的一般人力资本。作为出资方式时,后者也就是指劳务出资。如何使用人力资本的这两种不同定义,目前在理论和立法上还存在重大分歧。

人力资本的特定内涵决定了它与传统的物质资本有着很大区别。笔者认为,作为一种新的出资形式,人力资本主要具有以下特性:

第一,依附性。舒尔茨说:"人力资本的显著标志是它属于人的一部分。它是人类的,因为它表现在人身上,没有人能把自

己同他所拥有的人力资本分开。"[1]正是由于人力资本与其载体的不可分性决定了人力资本的所有权不能成为出资对象,"人力资本出资实际上是人力资本使用权的出资。"[3]依附性是人力资本的根本特性,但它在很大程度上还决定和影响着人力资本的其他特性。有学者提出专属性是人力资本的根本特性,但它对于作为出资形式的人力资本使用权来说至少是很不准确的。人力资本的依附性决定了其出资不能被强制用来清偿债务,必须采取一定措施保证出资安全,充分保障债权人的利益。

第二,共生性。人力资本所有者一旦进入到某一企业并长期服务于该企业,与其服务的企业就会产生一种共生关系。一方面,人力资本所有者在该相关企业与领域才能更好地实现效用的最大化;另一方面,人力资本作为企业的最重要的无形资产,对人力资本所有者的重新选择或人力资本所有者的流失都会增加企业的成本,甚至会导致企业陷于破产境地。这就要求在企业充分尊重人力资本价值的同时,人力资本的所有者也应对企业承担一定的义务。

第三,无形性和综合性。人力资本是无形的,它是内化在出资者身上的知识、技能和体力等因素,只有通过生产劳动才能得以表象。尽管专利等无形资产也具有无形性的特点,但它与人力资本还是有着区别。专利等无形资产尽管也是由人力开发出来的,但这种智力成果一旦开发出来,就能独立于开发人,因而具有商品的一般属性。但人力资本却始终依附于人身,并且只有当人力资本所有者运用它时,才可能发挥其效用。另外,人力资本不是某种单一性资本,而是若干类资源束(知识、技能和体力)的集合,是一种集合性资本。

第四,动态性。尽管在公司设立之初,人力资本可以被量化为一种静态的"财产",从而使其出资成为可能,而且在一段较短时间内其价值也保持相对的稳定。但是,从一个较长时期来看,人力资本本身不是固定不变的,人力资本在其价值生成过程中一旦作为出资进入到企业,在生产经营过程中必然会或多或少地发生价值增值与减损，呈现出动态的特性[4]。因此，在有些情况下，有必要重新评估其价值。

第五，主观性。人力资本本身是可以通过某种技术手段加以量化并以一定比例的"货币"形式表现出来的，而且它创造的劳动成果是现实存在的，这是人力资本客观的一面。但人力资本的载体——人，是受个人意志支配的，因而人力资本作用的发挥与增值状况最终取决于其本人主动性、积极性与创造性的发挥，这一点又是主观的。"人力资本的运用只可'激励'，而无法'挤榨'"[5]。它导致对人力资本评估上的一定局限性和实际困难。

人力资本的上述特性反映了其自身的复杂性，并决定了它作为出资存在一些物质资本所没有的，如评估上和责任承担上的困难，从而使人力资本出资存在一定隐性风险。因而，克服这些困难，化解隐性风险，就成为制度设计的目标。

三、人力资本出资制度的具体内容

（一）人力资本出资许可制度

首先，应明确承认人力资本出资的合法地位。《公司法》在第27条规定，货币、实物、工业产权、非专利技术、土地使用权五种出资形式的同时，应明确将人力资本使用权规定为一种独立的出资形式。这是构建人力资本出资制度的基本前提。

其次，应规定人力资本出资者的范围。在中国高新技术企业劳动生产率水平普遍低下，劳动力资源充足的情况下，我们主张不应该像国外企业那样将人力资本出资者泛化，立法上也不宜笼统规定允许以劳务出资，而应使用狭义的人力资本定义，限定人力资本出资者的范围。上海《浦东新区人力资本出资试行办法》规定的管理人才、技术人才和营销人才的范围值得借鉴。

再者，应规定接受人力资本出资的企业范围。从一般意义上说，肯定了人力资本是一种独立的出资形式，就不应该对接受出资的企业予以限制。然而由人力资本的特性所带来的一些特殊问题，是现行的法律规定难以解决的。在这种背景下将人力资本出资制度控制在争议最小、效用最高、最易管理的行业中，不失为一种理性与现实的选择。

最后，应限定人力资本出资占注册资本的最高比例。人力资本在企业中所占份额多寡，不仅影响人力资本对企业剩余收益的索取力度、企业治理结构合理优化的力度，而且还直接影响着债权安全程度。综合考虑上述因素以及各项制度间的协同作用，并参考中国相关地区和西方国家的基本做法，人力资本作价出资占企业注册资本的比例以不超过35%（约1/3）为宜。

（二）人力资本出资评估程序规则

人力资本出资评估程序规则的建立是构建人力资本出资制度的重要内容。法律不可能从实体方面为人力资本确定一个统一的评估标准，只能通过立法在程序方面确定人力资本的评估主体、评估程序和评估监督。

在中国目前的社会信用状况下，建立全国性的人力资本评估规则时有两点应予明确。其一，自愿性评估与强制性评估相结合原则。即可经全体股东协商作价并出具由全体股东签字同意的作价协议进行评估，在全体股东不能协商作价时由法定的评估机构依法定规则进行评估。由于已经设计了人力资本的最高比例限制，同时《公司法》规定了股东出资不实的填补义务和其他股东的连带责任，所以全体股东协商评估既可有效防止掺水评估，又能节省评估费用。其二，评估因素法定原则。即必须以立法明确规定人力资本评估所应当考虑的因素，以防止随意评估的现象发生。人力资本往往与技术创新者和职业经理人所接受的教育程度、在企业的工作年限、往年的工作业绩呈正相关关系。因此，这些因素应当成为人力资本评估考虑的核心因素。

另外，考虑人力资本具有动态性特点，法律应当设计一个重评估机制，即规定经过一定年限（如三年或五年），经出资人请求并承担费用可对其人力资本重新评估。

(三) 人力资本出资股东担保责任制度

人力资本出资的股东担保责任制度主要包括三方面内容：一是针对人力资本出资缩水或因自身原因贬值的人力资本，要求人力资本股东承担出资填补责任或强制减少或注销其股份的责任。二是针对人力资本与其所有者人身不可分离而受到健康、意外风险等因素的影响较大，要求人力资本股东承担强制人身保险的责任。该保险应以公司为受益人，以其人力资本折股价值为投保额。它可用以对抗出资者可能遭受的各种意外风险，一旦出资者遭受伤病死亡等危险，其人力资本存量减少或灭失，则公司可以获得相应赔偿用以充实公司的资本。三是针对在公司破产清算时人力资本不能变现，要求人力资本股东在出资折算金额（有限责任）限度内，承担相当于剩余年限人力资本使用价值的债务清偿责任。该责任的承担是用现金或其他财产替代清偿[6]。

(四) 人力资本退出的资本处置制度

由人力资本共生性所决定，特定人力资本一旦作为出资进入企业，就与企业形成相互依存关系，因此，法律应规定人力资本股东在履约期内不得任意退出的义务。但同时由人力资本依附性所决定，这种义务不能强制执行，只可作为赔偿依据。具体分析人力资本退出应根据履约期是否届满分为两种情况。

当人力资本出资者主张提前退出企业，要看是否符合公司意愿，若公司过半数股东同意，双方直接进行评估清算，办理产权转让和退出手续；若公司过半数股东不同意，也应进行评估清算，同时负责赔偿由此给公司带来的一切损失。当人力资本出资者履约期满正常退出企业时，不必经公司同意，若公司不再持续经营，企业通过清产核资，按法定程序申请解散；若企业仍要持续经营，则双方直接进行评估清算，办理产权转让和退出手续。

(五) 人力资本股东的多次出资权利和竞业禁止义务

人力资本出资折股可能与其全部人力资本并不完全等价，就像某人可以将其资产分成两份向两个公司投资一样，法律应允许人力资本的多次出资。但是，由人力资本的依附性所决定人力资本股东兼具公司劳动者和公司股东双重身份，公司利益与其人力资本的使用密切相关，为了兼顾公司与人力资本出资股东的利益，人力资本股东应承担竞业禁止义务，即不得以其人力资本向与其所出资公司的业务相竞争的企业出资，否则，应向公司承担赔偿责任。

[参考文献]

[1] 西奥多·舒尔茨：《论人力资本投资》，中国经济出版社1987年版。

[2] 温丽韫：《知识经济背景下对人力资本出资问题的探讨》，科技广场2005年版第5期。

[3] 李友根：《人力资本出资问题研究》，中国人民大学出版社2004年版。

[4] Christophe Boone, Arjen W. itteloostuijn. Industry competition and firm human capital. Small Business Econmics, 1996.

[5] 周其仁：《市场里的企业：一个人力资本与非人力资本的特别合约》，经济研究1996年版第6期。

[6] 陈雪萍：《人力资本出资的法律地位及其相关问题探讨》，华东政法学院学报2006年版第3期。

附录2：国有企业经营者激励与约束机制研究*

郭广辉　王利军

一、国有企业经营者激励与约束的特殊意义

（一）委托代理制与经营者激励约束

现代企业以所有权与经营权的分离为特征，其提高企业绩效实现股东利益的基本途径有两种：产权制约与法人治理（内部治理与外部治理）。而法人治理的理论基础是委托代理制。由两权分离的产权特征所决定，公司的所有者（股东）虽然持有公司的股权，但他们却不直接从事企业经营管理活动，而是通过委托经营者（董事会和经理）来经营管理公司。经营者接受所有者的委托，并作为其代理人负责企业具体的经营管理活动，却不承担公司经营失败的风险和责任。因此不少经济学学者认为，现代公司的所有者与经营者之间的关系可以说是一种委托人与代理人之间的委托代理关系，即股东会与董事会、董事会与经理之间的双层委托代理关系。在法人治理结构中，董事会作为股东会的代理人，受股东会的委托，管理公司的法人财产和负责公司经营，从而形成法人治理结构中的第一层委托代理关系。以此为前提，董事会再聘任经理人员负责公司的日常管理，由此形成第二层委托代理关系。也有的学者将前者称作信任托管关系（Fiduci-

---

* 原文发表于《经济与管理》2006年第12期。

ary Relationship）而将后者称作委托代理关系（Principal – agent Relationship），但笔者认为两者的性质相同，只不过具有一些不同的特点。

激励约束机制的设计与建立对委托代理关系的解决具有关键意义。激励约束机制的内容不外乎两方面：一是在激励方面，委托人如何赋予代理人一定的自主权，以便能够最大限度地调动代理人的积极性，提高公司的经营管理水平；二是在约束方面，委托人如何约束和监督代理人的行为，防止代理人滥用或超越委托权限，以保证委托人利益的实现。

在委托代理关系中，委托人必须注意解决代理人的道德风险和逆向选择问题。前者是指，代理人在最大限度地增进自己效用时作出不利委托人的行为。后者则是指，在建立委托代理关系之前，代理人就事先掌握了一些委托人所不知道的私人信息，代理人可以利用这一信息优势签订对自己有利的契约。之所以出现这些问题，是因为存在三个方面的原因：（1）代理人作为一个具有独立利益和行为目标的"经济人"，他的目标不可能与委托人的利益目标完全一致。例如，委托人作为公司的所有者，他们追求的目标是使自己的投资能得到最大的回报；而代理人作为公司的经营者，由于他们的薪金不完全取决于公司的利润率，他们追求的目标可以包括更大的企业规模、更高的社会地位和声誉及更大的自主权等。（2）代理人作为经济人同样存在所谓的"机会主义倾向"，在代理过程中会产生职务怠慢、损害或侵蚀委托人利益的道德风险和逆向选择问题。（3）市场环境的复杂性和不确定性以及委托人与代理人之间严重的信息不对称，都使得委托人难以准确判断代理人行为努力与否、努力程度大小以及有无机会主义行为。正是由于这些问题，委托人必须对代理人进行必要的约束和监督。

委托人在对代理人进行必要的约束和监督的同时，也必须建立相应的激励机制。这种激励不同于对公司一般雇员的激励，根据斯蒂格利茨的归纳，其方法主要有将部分股权授予董事和高级经理人员，使其报酬更富有刺激性以及建立所有者与经营者的长期合作关系等。

（二）"所有者缺位"与国有企业经营者激励约束的特殊意义

如前所述，提高企业绩效实现股东利益的基本途径包括产权制约与法人治理两个。两者之间是源与流、基础和表现的关系，不可偏废。但是，国有企业独资或控股的独特股权结构已经使产权制约的作用大打折扣。更何况，现实中中国国有企业还普遍存在"所有者缺位"问题。所有者缺位的现实，不仅弱化了产权制约的功效，而且形成了从全体人民—国务院—国资委—地方国资委—董事—经理的过长的代理链条，使代理主体行政化、委托代理关系更加复杂化，代理成本进一步增加，代理效率进一步降低。在所有者缺位和委托代理关系又十分复杂的现实情况下，对国有企业经营者进行激励与约束不仅重要，而且具有特殊意义。

二、现有国有企业经营者激励与约束制度存在的问题

由国资委制定的，以实现对国有企业经营者激励与约束为直接目的，以实施年薪制为主要内容的《中央企业负责人经营业绩考核暂行办法》（以下简称《办法》）已于2005年全面推行。而且，以此为依据一些地方政府陆续制定了地方所属企业负责人经营业绩考核办法。不可否认，《办法》具有重要理论创新价值和实践意义。它以制度的方式承认了企业管理劳动的独特价值，并开始把国有企业领导人的身份从政府官员转变为企业经营者。但同时也应注意到现行制度的初步性、过渡性和局限性。

1. 将适用的主体称作"企业负责人"不够规范。《办法》第2条规定，其适用的主体包括：（1）国有独资企业和不设董事会的国有独资公司的董事长、副董事长、董事，总经理（总裁）、副总经理（副总裁）、总会计师；（2）国有控股公司国有股权代表出任的董事长、副董事长、董事，总经理（总裁），列入国资委管理的副总经理（副总裁）、总会计师。将上述主体称作企业负责人，直接来源于《企业国有资产监督管理暂行条例》

第 3 章的规定。表面看来只是一个称谓而已，但它仍明显带有国有企业传统体制政企不分、政资不分的痕迹。长远来讲，不利于企业家队伍建设的非行政化和职业化，也不利于与国际接轨。

2. 年薪制具有自身难以克服的缺陷。主要表现在：（1）年薪制容易引发短期行为，无法对经营者实施长期激励。年薪制属于短期激励，它是以一个生产经营周期，即以年度为单位确定经营者报酬的收入分配制度。实行年薪制容易使经营者在任期到期时采取短期化措施，获取高额的报酬。现实中公司经营者时常需要独立地就公司的经营管理以及未来发展战略等问题进行决策，诸如公司并购、公司重组及重大长期投资等。这些重大决定给公司带来的影响是长期和深远的，但年薪制却难以考虑进去。（2）年薪制要求的条件国有企业难以具备。实行年薪制要求企业财务体系的完全规范化，财务资料的准确和真实，而且所有者能够进行强有力的监督对经营者的考核就有可能变成信息不对称情况下由经营者操控的账面游戏，经营者也可能通过其他渠道获取收入，通过各种途径"寻租"。（3）年薪制仅仅是一种物质刺激甚至仅仅是一种金钱刺激，不能发挥精神激励作用，难以满足国有企业的特殊需要。

3. 考核指标还缺少兼容性、针对性和合程序性。（1）国资委直接运用这一考核指标考核奖惩每一个国有企业负责人不仅缺乏针对性，而且仍然有行政干预的嫌疑。（2）中国国有企业改革仍在进行之中，国有企业本来应该退出竞争领域行使公共职能，但目前仍有不少停留在竞争领域，除了实现国有资产保值目标外，一些企业还承担着许许多多的社会责任和政府责任，而现行的考核指标仅局限于经营性指标，缺少兼容性。（3）尽管《办法》设计的考核指标区分为共性的基本指标与特性的分类指标。但由于行业、股权结构、经营领域和区域差异很大，而且，不少早已实行跨行业多元化经营的国有企业，要求国资委为其逐一制定客观、合理的业绩考核指标也不太现实。

4. 经营性考核指标体系不够全面、科学。从理论上说，经营者的考核指标分为两类，即业绩指标和绩效指标。前者关注的只是经营结果，而后者既关注经营结果，同时也关注与经营结果相联系的经营过程。尽管《办法》中提出了结果考核与过程评价相统一的考核原则，但在考核指标体系中，过程性指标非常少，结果性的短期指标占了绝对的比重，实际上成了一种业绩指标，而不是绩效指标。这种用业绩指标替代绩效指标的做法固然简便易行，却不够全面、科学。

5. 现行考核体系还存在重激励轻约束、权利义务不对等的弊端。尽管年薪制本身也带有一定约束功能，而且《办法》中也规定了一些约束措施，但与激励相比，有关约束机制仍显不足，并造成了权利义务失衡，运用不当很可能出现以往"承包制"相同的结果。从中国长期以来的国有企业实践来看，由于缺乏对国有企业的有效约束机制，结果出现了不少所谓的"三拍"即做决策"拍脑袋"决定、遇反对"拍胸脯"保证、出问题"拍屁股"走人的领导。正是这些"三拍"领导的存在，使一些国有企业经营陷入困境，资产严重流失。由于约束不够，国有企业大多数亏损都是因为主观因素造成的。这一结论不仅符合多数人的感觉，而且也被有关专家的调查统计分析所证实。

三、健全国有企业经营者激励与约束机制的对策与建议

1. 建议将"企业负责人"改称"企业经营者"。彻底摆脱传统国有企业的概念体系，纳入公司的概念体系，尽快实现企业经营者的非行政化和职业化。

2. 在实施年薪制的同时，应加强对企业经营者的长期激励。不少学者强调，年薪制并不是灵丹妙药，只是中国约束条件下的一种次优选择。加强对企业经营者的长期激励才是世界各国公司发展的方向，它包括利润分享计划、经营者持股、股票期权和期股制等措施。这里特别值得强调的是股票期权和期股制。股票期权是公司给予其经营者在一定期限内按照某个既定价格购买一定

数量的公司股票的权利,它是国外公司常用而且极为成功的一种长期激励措施。期股则是中国公司在现实条件下对股票期权的一种变通运用,其通常有两种做法:(1)在国有控股公司中,准许经营者在一定期限内有条件地以约定的价格取得或获奖所得适当比例的公司股份;(2)在国有独资公司中,借用期股形式对经营者获得年薪以外的特别奖励实行延期兑现,两者都能起到对经营者长期的激励作用。值得一提的是,中国新修订生效的《公司法》的一个重要贡献是,第143条规定,股份公司在将股份奖励给本公司职工时,可以在本公司已发行股份总额5%的范围内,收购本公司股份。这一规定为中国国有控股企业实施对经营者的股票期权激励建立了制度接口。

3. 应提高考核指标体系的兼容性、针对性和合程序性,加强对企业经营者的精神激励。(1)尽管国资委出于保护国有资产的考虑可以制定国有企业经营者激励与约束的指导文件,但根据中国现行《公司法》的规定,从程序和具体权限来说,决定董事、经理的薪酬及激励与约束的权限分别属于股东会和董事会,应由上述公司机关行使。(2)在目前仍有不少国有企业尚未退出竞争领域的现实情况下,至少应确定公共性国有企业和营利性国有企业两大类不同的考核指标体系。后者可以经营性指标为主考核;但前者则更应强调精神激励而不应一味地强调单纯的经济刺激。与其他国家相比,中国的精神激励存在的差距更大。具体来讲,精神激励的方式多种多样,但应当注意的是:(1)要尊重和保护企业的法人财产权和经营者的控制权。企业的日常经营权应放手给经营者,保证经营者的应有权力得到尊重和行使。经营搞得非常好的,在资产兼并重组时,可优先考虑将优质资产集中授权给他们经营,这是对经营者的业绩和能力的肯定,也是将新的重托和发展机遇赋予经营者。(2)要解除经营者退休的后顾之忧。可以通过一定方式,如通过红利提成及各种奖励形式补充扩大经营者在退休后的养老保险和医疗保险的额度,提供一种比较优厚的社会保障,避免"59岁现象"的再次出现。

4. 应使经营性考核指标体系更为科学、合理。用更为积极、开放的眼光来看，我们应使用现在国际上通行的 KPI 的方法、综合平衡记分法或 EVA 法，来确定国有企业经营者的考核指标体系。因为这两类指标的最大优点在于能够消除短期财务指标的缺陷，兼顾扩张型指标和约束型指标、过程型指标和结果型指标，并将国有企业的战略性经营与战术性管理有机地结合起来。它比运用传统的财务指标考核经营者更为科学、合理。

5. 应加强国有企业经营者约束与监督机制的完善。目前，国家正大力推行国有企业经营者年薪制，如果缺乏有效的约束与监督机制配合，实践中就可能走向异化，甚至演化为对国有资产的一次新的掠夺。因此，应及时制定企业经营者重大过错（经营）责任追究处理办法，健全国有企业经营者约束与监督机制。在这一方面，河北省和北京市制定的地方出资企业负责人重大责任处理办法值得借鉴。

[参考文献]

[1] 吴敬琏：《现代公司与企业改革》，天津人民出社 1994 年版。

[2] 郑若山:《公司制的异化》,北京大学出版社 2003 年版。

[3] 吴春波：《国有企业负责人经营业绩考核办法评析》，《经济理论与经济管理》2005 年第 2 期。

[4] 安蓉泉：《国企经营者激励约束机制研究》，经济科学出版社 1999 年版。

附录3：论建立所有者与经理人的双向激励约束机制[*]

杨淑君　郭广辉[**]

摘要：基于对委托人与代理人的定义，传统委托代理理论认为企业所有者为委托人，经理人为代理人。实际上所有者与经理人都具有委托人与代理人的双重身份，他们之间存在双向委托代理关系，需要双向激励与约束。借鉴国际通行的做法和我国的实践经验，实行经理人合同期望回填将是目前我国企业所有者与经理人双向激励约束的理想与现实选择。

关键词：所有者　经理人　激励约束机制

一、理论假设与实践背景

（一）理论假设

到目前为止，在所有解释企业所有者与经理人利益关系的理论中，最活跃也最富有研究成果的当属委托—代理理论。按照委托—代理理论的观点，几乎所有的经济学家和管理学家一致认为，所有者承担了较多的利益风险，被定义为委托人，经理有可能不对自己的行为承担风险，被定义为代理人。在这个不变的委

---

[*] 基金项目：2005年河北省哲学社会科学规划研究项目《国企经营者激励与约束机制研究》。（项目批准号：20050210）。原文发表于《河北经贸大学学报》2007年第4期。

[**] 作者简介：杨淑君（1958-），女，河北辛集人，河北经贸大学会计学院院长、教授、博士，研究方向为企业管理。郭广辉（1964-），男，河北经贸大学马列部教授，硕士，研究方向为企业理论。

托代理关系框架下，研究所有者和经理人的利益关系，总是站在所有者的立场上考虑问题，为所有者研究设计如何激励和约束经理人行为的机制。但我们认为，这种观点对委托人和代理人的理解是不够全面的。

在从多视角考察了委托人和代理人定义后，我们认为，较完整的委托人和代理人定义应该包含权力转让和信息分配两个不可或缺的方面。因此，给出较完整的定义应当是：委托人指在不对称信息交易中出让权力，并且对自己所出让的权力在双方谈判中具有信息弱势，对出让后的权力使用情况不知情者；代理人是指在不对称信息交易中获得权力，对委托人出让的权力在双方谈判中具有信息优势，对委托人出让权力的使用情况知情者。在修正上述定义后，我们假设，所有者与经理人都具有委托人与代理人的双重身份，他们之间应当是一种双向委托代理关系。

以系统的思想看待所有者和经理人之间的关系，把它视为一个系统，则所有者作为委托人对经理人的激励与约束便是这个系统中的一个子系统，同时还存在一个经理人作为委托人对所有者的激励与约束的子系统。全面研究系统中的激励约束问题应站在双方的立场上，既要研究经理人的激励与约束问题，还要研究所有者的激励与约束问题，更要研究双向激励约束机制的系统协调问题。

（二）实践背景

在对经理人的激励约束方面，几十年来国际上已经积累了丰富的实践经验。比较流行的做法有经理人年薪制、ESO 和 EVA 体系等。

经理人年薪制即将经理人的年度收入划分为基薪和经营业绩风险收入两部分。这种方法在对经理人起到一定激励作用的同时，也存在着约束不足、容易引发短期行为、对企业财务体系要求严格和缺乏精神激励等不足。

ESO（Executive Stock Option），即经理股票期权，指公司经股东大会同意，给予其董事、经理人等企业高层人员在一定期限内按照预先确定的价格购买本公司一定数量股票的权利。这种做法克服了年薪制的某些缺陷,对经理人起到了长期性的激励作用,降低了所有者的直接激励成本,在一定程度上实现了经理人与股东利益的协调一致。但同时也必须承认,ESO并没有从根本上解决所有者与经理人存在的冲突与矛盾,它仍然存在着激励和约束不到位的一些问题。

EVA(Economic Value Added),中文解释是经济增加值,是20世纪90年代由美国思腾思特咨询公司首先提出的,该公司以EVA作为评估公司治理业绩的标准,创建了一个新的企业业绩考核体系,即EVA体系。通过对公司EVA指标体系的考核,将EVA和经理人以及员工的薪酬挂钩,形成了一种新型的企业激励机制。EVA考核法显示了许多优势,如EVA指标把企业的"内部人"变成了股东的"自己人",EVA指标比利润指标使所有者与经理人之间的经营信息更趋于对称等。当然,EVA考核法自身仍存在一些局限,如仍难以摆脱会计基础数据的影响,一般只能适用于持续经营的企业,而对处于发展初期或实行积极扩张战略的企业使用不理想等。

虽然由于我国市场发育程度较低等局限,国际上流行的上述方法在我国的实行还不够理想,但却为我们提供了良好的借鉴。

值得关注的是,在我国的证券市场发育不成熟,对经理人激励约束经验不足的情况下,企业界仍做了不少有益的探索。如乡镇企业和私营企业实行的经理人"股权协议回购"的持股方式。所谓"股权协议回购"是指企业以协议方式转让一定数量的企业股权给经理人,经理人按协议中的约定而成为企业的股东,并享有股东应有的权力,经理人以所拥有的股权分得的收入,或其他可支配个人收入来偿还企业股金(含利息),按协议要求逐步赎回经理人的股权,成为企业的真正股东。与"股权协议回购"的思路比较相近另一种设计是"经理人管理技能参与分红回填法"。即经理人以其管理技能与私营企业主合作,并以其管理技能作为资本参与企业的经营,通过协议获得分红比例,实际获得分红后再将分红回填企业，成为真正的持股人。这些都为设计更为科学实用的激励约束机制积累了宝贵经验。

二、双向激励约束机制的表述

本文所谓的所有者与经理人的双向激励约束机制具体来讲就是实行经理人合同期望回填。其全面描述是：经理人与所有者在合作开始，选择合适的经理人业绩评价指标，双方签订以衡量经理人业绩为基础的正式合同，合同规定经理人和所有者的合同期望，经理人以合同期望享受企业的剩余分配，将所得到的实际分配按合同规定的时间和比例回填企业，当经理人填满合同规定的应回填企业的份额时，经理人与所有者也就完成了一次合作。经理人与所有者的合同核心内容有：选择评价经理人业绩的指标、确定双方合同期望分配比例和经理人回填企业的时间和回填比例等。

反映经理人业绩的评价指标有多种，如 EVA 值、会计利润、股权收益等，企业可以根据情况选择。一个企业选择什么样的业绩评价标准，要根据企业的经营特点、所有者与经理人的偏好以及实际操作的现实性，由所有者与经理人双方谈判确定。如果双方选择的期望指标是股权收益，那么合同期望就是期望股权；如果双方选择的期望指标是会计利润，那么合同期望就是期望分红。

合同期望是指所有者与经理人以合同形式确立的对企业未来经营效果的预测值，合同反映的期望指标有三个：企业合同期望、所有者合同期望和经理人合同期望。企业合同期望反映整个企业未来的经营效果，也是所有者与经理人的合同基数值。企业合同期望（合同基数值）＝ 所有者合同期望（合同期望分配）＋经理人合同期望（合同期望分配）。

本书设计的经理人合同期望回填法，选择合同期望股权为经理人业绩评价指标，以 EVA 理念核算经理人为企业的创造价值，以经理人的合同期望股权收益分担企业的经营风险。经理人的合同期望股权是经理人从合同中获得的分红权,即经理人享受的合同期望分红比例,合同期望股权是一种参与分配的权力,是"期望",不是实际所得,只有当企业实现了预计的经济增加值时,合同期望股权才能转换为所有权股份。企业实现预期的经济增加值后,所有者的期望股权一般能够全部转变为所有权股份。经理人的期望股权不能直接转变为所有权股份,要以期望股权的分红回填企业。经理人以分红资本回填企业是合同规定的经理人义务和责任,要求经理人回填企业实际资本是所有者的权利。合同是规范的法律形式,双方的权利和义务受到法律保护。

三、双向激励约束机制的基本流程

以经理人合同期望回填法建立所有者与经理人双向激励约束机制的工作流程,可以分为四个阶段。

1. 合同谈判阶段。这个阶段是所有者与经理人互相了解、互相选择阶段,实质性的工作是所有者与经理人签订合作协议。双方要实现合作,所有者需要考察经理人的能力和价值,能不能为企业增值,经理人需要考察所有者的资本,需要熟悉企业,考察与所有者合作能不能实现自己的价值,能不能获得回报。双方沟通磨合,只有在互相有一定了解的基础上才能达成合作。双方互相了解的过程,也是反复谈判的过程。在这个阶段,双方对经理人价值的评估,对未来企业经济增加值的评估是影响双方签订合同的主要因素。两项评估不是单方面的事情,而只有在双方评价的结果比较一致的情况下,合作才会发生。如果双方对企业增加值的评价结果差距较大,合作协议就很难达成,因为双方都有合作的自主决策权,只要一方不同意,或不认可对方合作的条件,或双方对经理人价值和未来企业的增长评估意见不一致,合作就不会发生。双方在谈判中,经过讨价还价,确定双方的分红股权,经理人实际分红后回填企业的比例、回填时间等内容,并以合同形式表述双方应尽的其他权利和义务。

2. 经理人参与经营阶段。所有者与经理人一经签订合作协议，企业的经营性质就发生了变化，从完全由所有者单方经营变为所有者与经理人双方合作经营，经理人依据合作协议获得经营权和期望股权。双方的合同给予经理人一个施展才华的舞台，经理人以合同授予的经营权力，以其智慧和能力，组织、控制和指挥企业的日常管理事务，决策企业的发展战略，充分展现人力资本的价值，在实现自己价值的同时也为所有者创造财富。这个阶段经理人和所有者共同创造了企业价值，并实现分红，经理人在年终按期望股权可以得到规定的分红利益。

3. 经理人回填资本阶段。当企业实现了经理人和所有者预测的增加值时，经理人按合同期望股权，得到分红报酬，并在合同规定的时间里以合同规定的比例将所得红利返还给企业，逐步形成实际的资本投入，直到把最初规定的期望股权所要求的实际资产填满为止。在合同期内，经理人享受技能分红并要回填企业，在回填期内，经理人只享有约定的分红权，不享有已回填资本的分红权，只有填满以后，经理人才可享受资本分红权，这时，经理人变为真正的股东。

经理人对企业的回填额，以企业当年投入的实际资本和经理人的股权期望比例共同确定，若企业当年实际投入的资本是 A，经理人的股权期望比例是 $r\%$，则经理人当年的回填额 W 应计算，$W = A \times r\%$。

4. 双方合作质量评估。对于以上合作过程，所有者与经理人都会主动的评价对方的能力和信用，如果双方评价的结果都是满意的，双方会继续合作，进一步扩张企业，谋求更大的增长。如果双方评价都不满意，双方会终止合作，经理人自行对股权处置安排，另选他途。如果有一方对这个阶段的合作不满意，满意的一方会主动提出条件，双方进一步谈判交涉，修改和完善合同，达成一致继续合作，达不成一致则终止合作。至此，所有者与经理人完成一个周期的合作。

四、经理人合同期望回填的双向激励约束意义

1. 综合了 EAV 思想和预测方法,能更好反映经理人的创造价值。连所有者也相信,与经理人合作应该也能够给企业带来较大的价值,但以什么指标准确地反映经理人的创造价值,评价经理人的业绩,是双方合作的难点之一,是决定双方利益分配的数量基础,也是双方利益度量不一致时产生矛盾的基础。选择 EVA 作为评价经理人的指标,能体现双方的意愿。企业经营本身有许多不确定性因素,在签订合同的时候,是不可能做到信息完全的,对未来的企业效益只能是预测,预测方法在实践中比较容易操作,加上双方讨价还价的谈判,对预测值有校正作用。所以,以 EVA 评价视角为指导,以双方预测加谈判的方法测量经理人的创造价值,对所有者和经理人都是公平的可信的。同时,综合 EVA 思想、预测和谈判方法,衡量经理人的创造价值,以企业的直接增长间接反映经理人的价值,能体现所有者对经理人的鼓励,对经理人有较大的精神激励作用。

2. 所有者与经理人的反复谈判能充分沟通双方的思想。所有者与经理人的关系是合作,合作的基础是谈判,双方走到一起建立合作意向需要谈判,对企业发展的前景预测需要谈判,合作的利益分配需要谈判,谈判无时不在,是解决双方意见分歧的主要方法。当前在没有更好的解决双方合作利益分配的数学方法时,谈判是唯一有效的解决问题方法。在所有者与经理人的合作过程中有几个影响合作质量的重要的谈判指标:合同基数、双方合同期望分配比例、经理人回填比例与回填期限等,确定这几个指标的过程,实际上是企业所有者与经理人博弈的过程。通过反复的谈判,既充分沟通了双方的思想,也可以有效降低"基数软约束"和经理人的"逆向选择"。

3. 体现了所有者与经理人双向激励约束的理念。以合同期望股权指标反映双方的合作过程及利益分配,其激励约束效果体现了物质激励与精神激励相结合,合同中的激励约束与合作过程

中的信用激励约束相结合，单向的激励约束与双向的激励约束相结合。经理人以管理技能获得经营权和期望股权，参与企业的经营和分红，年终可以按期望股权比例索取企业的剩余，企业盈利越多，经理人的分红也越多，在此机制下，经理人会想尽一切办法努力工作提高企业的盈利。不仅如此，企业的经济增长和发展代表着经理人的业绩和能力水平，直接反映其创造价值，经理人为实现自己，也会努力把企业做大、做好。回填机制设计了所有者与经理人整个的合作过程，合同规定企业没有盈利，经理人就没有分红，从企业经营产出剩余到经理人实际得到分红要经过一个周期的合作，经理人得到分红后还要求回填，经理人的分红越多，回填的比例越大，回填的时间也越长，这样就制约了经理人的短期行为。将经理人的获利与企业的增长（所有者的获利）连结在一起，这个结合是长期的，迫使经理人要从长远利益考虑问题，对企业进行长期规划，科学决策，使企业长期获利。经理人合同期望回填机制是以经理人的行为和获得表述的，实际对所有者也有激励约束作用。所有者比经理人更看重企业的长期获利，同时双方的合同受法律保护。所有者要长期获利，就要长期地加大投入，履行为经理人的承诺，从而对所有者不守信行为形成无形的制约。

4. 体现了权责对应的理念。首先，货币资本首担风险，也首获保护。按经理人期望回填思想设计的合同条款，在所有者与经理人合作初期，更多的是对所有者利益的保护，对经理人行为的制约。所有者为企业投入了货币资本，所有者首先以有形资本承担了企业的经营风险，所以在企业出现剩余的初期，所有者就可以获得直接回报，特别是在经理人没有得到实际分红之前，所有者几乎可以得到全部的企业剩余。这在一定意义上首先保护的是资本的利益，它促使所有者积极为经理人提供良好的经营条件。其次，经理人也承担一定的风险，并受到应有的保护。经理人依靠技能创造，将自己拥有的无形资本转化为有形资本，在增加了所有者的利益的同时，也以时间证明自己的价值，并获得了长期利益。

参考文献：

[1] 谢守祥等：《所有者、企业、经营者关系的契约重塑》，载《中国矿业大学学报》（社会科学版）1999年第10期第53-57页。

[2] 郭广辉，王利军：《国企经营者激励与约束机制研究》，《经济与管理》2006年第12期第41-44页。

[3] 曾繁英，金式容：《经理人业绩评价与激励报酬研究》，载《企业经济》2001年第1期第53-56页。

[4] 彭正龙，雷星晖，沈荣芳：《企业所有者与经理人双方合理确定合同基数的激励模型》，载《心理科学》2003年第2期第372页。

[5] 黄健柏，钟美瑞：《我国经理人市场定价效率及实证分析》，载《中南大学学报》2003年第12期第776-779页。

附录 4：论建立经理人合同期望回填机制[*]

郭广辉　杨淑君[**]

一、经理人合同期望回填机制的设计背景

（一）理论依据

到目前为止，在所有解释企业所有者与经理人利益关系的理论中，最活跃也最富有研究成果的当属委托—代理理论。按照该理论，几乎所有的经济学家和管理学家一致认为，"委托权的实质是承担风险"，[1]所有者承担了较多的风险，被定义为委托人；经理人有可能不对自己的行为承担风险，被定义为代理人。在这个不变的委托代理关系框架下，研究所有者和经理人的利益关系，总是站在所有者的立场上考虑问题，为所有者研究设计如何激励和约束经理人行为的机制。但我们发现，这一理论存在一定的片面性和局限性。它难以解释在私营企业时常出现的企业所有者背叛及解雇经理人的现象。

例如，一个私营企业所有者为了企业的发展，雇佣了经理人开发一个项目，双方谈好了业务内容和报酬条件。当业务基本开展起来，所有者感觉到自己能够掌握企业命运的时候，经常会以

---

[*] 基金项目：2005 年河北省哲学社会科学规划研究项目《国企经营者激励与约束机制研究》（20050210）。原文发表于《中国人力资源开发》2007 年第 8 期。

[**] 郭广辉（1964 - ），男，河北赵县人，西安交通大学经金学院博士研究生，河北经贸大学教授，研究方向为企业理论。杨淑君（1958 - ），女，河北辛集人，河北经贸大学会计学院教授、博士，研究方向为企业管理。

各种借口"炒"掉经理人。应用上述理论解释这一问题,应该把企业的所有者定义为委托人,把雇佣的经理人定义为代理人。而事实是,所有者在雇佣经理人的一开始就知道他需要经理人的哪些智力,也知道自己对新项目的经营能力。也就是说,所有者事先就知道"炒"掉经理人的时机,一旦条件成熟,他就会把经理人"炒"掉。而这一切经理人是事先不知道的,当其被"炒"掉时,他才发现自己的利益受到了损害。在这里,所有者是知情者,具有信息优势;经理人是不知情者,具有信息弱势,他实际上为所有者承担了新项目开始的经营风险。按照委托代理理论对委托人和代理人信息状态的解释,所有者应该被定义为代理人,经理应该被定义为委托人,这岂不是与前面定义所有者是委托人,经理是代理人自相矛盾了吗?

以上悖论为我们提出的问题是:所有者和经理人谁应该是委托人?谁应该是代理人?更具普遍意义的问题是:委托人和代理人的概念实质是什么?

全面理解委托代理关系,是正确理解委托人和代理人定义的关键,在考虑了谈判因素对委托权安排影响的基础上,总结委托人和代理人的资格及其关系特征,可用图1表示:

	权力关系	信息结构	谈判地位	合约授权	风险程度
委托人	出让权力	不知情者	信息劣势	监督对方	较大风险
代理人	获得权力	知情者	信息优势	接受监督	较小风险

图1 委托代理关系特征

通过上述分析我们认为,传统的委托代理理论需要补充,委托人和代理人的定义至少应该包含权力转让和信息分配两个不可或缺的方面。因此,较完整的定义应当是:委托人指在不对称信息交易中出让权力,并且对自己所出让的权力在双方谈判中具有信息弱势,对出让后的权力使用情况不知情者;代理人是指在不对称信息交易中获得权力,对委托人出让的权力在双方谈判中具有信息优势,对委托人出让权力的使用情况知情者。转让权力是委托权的必要条件,但不是充分必要条件,作为委托人的充分必要条件是出让权力且对出让权力后的权力使用处于信息劣势地位。信息劣势导致了委托人不得不为代理人承担风险,因此他从合约中获得了监督代理人的权力。作为代理人的充分必要条件是获得代理权力且对获得权力后权力使用处于信息优势地位。代理人因为有信息优势地位,就占有了先行动的优势,增加了背叛的可能性,因此在合约中的表现为被监督的一方。

我们认为,在企业所有者和经理人的关系中,不仅存在两种主体的合作,而且存在着两种资本的合作。所有者的非人力资本固然重要,经理人的人力资本(智力)更为稀缺、也更为能动。所有者出让了自己的资本使用权,同时获得了经理人的智力使用权;经理人出让了自己的智力使用权,同时获得了所有者的资本使用权。所有者与经理人都具有委托人与代理人的双重身份,他们之间存在双向委托代理关系,需要双向激励与约束。据此,上述私营企业所有者的背叛行为可以轻而易举地得到解释。这种双向的委托代理关系如图2所示。至于在双方合作的不同阶段,一方主要呈现委托人身份,还是代理人身份,不仅仅取决于权力转让,还取决于双方在合作中的信息地位,以及从谈判契约中获得的作为风险回报的权力等因素。

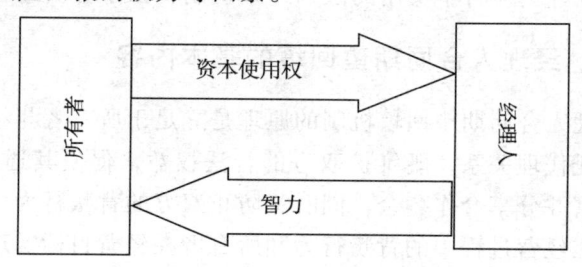

图2 所有者与经理人的双向委托代理关系

以系统的思想看待所有者和经理人之间的关系,把它视为一个系统。则所有者作为委托人对经理人的激励与约束便是这个系统中的一个子系统,与此相对应,还存在一个经理人作为委托人对所有者的激励与约束的子系统。两者不可偏废。

(二) 实践背景

在对经理人的激励约束方面,国际上已经积累了丰富的实践经验。比较流行的做法有经理人年薪制、ESO 和 EVA 体系等。虽然由于我国市场发育程度较低等局限,国际上流行的上述方法在我国的实行还不够理想,但却为我们提供了良好的借鉴。

值得关注的是,在我国的证券市场发育不成熟,对经理人激励约束经验不足的情况下,企业界仍做了不少有益的探索。如乡镇企业和私营企业实行的经理人"股权协议回购"的持股方式。[2] 所谓"股权协议回购"是指企业以协议方式转让一定数量的企业股权给经理人,经理人按协议中的约定而成为企业的股东,并享有股东应有的权力,经理人以所拥有的股权分得的收入,或以其他个人财产来偿还企业股金(含利息),按协议要求逐步赎回经理人的股权,成为企业的真正股东。与"股权协议回购"的思路比较相近另一种设计是"经理人管理技能参与分红回填法"。即经理人以其管理技能与私营企业所有者合作,并以其管理技能作为资本参与企业的经营,通过协议获得分红比例,实际获得分红后再将分红回填企业,成为真正的持股人。这些都为设计更为科学实用的激励约束机制积累了宝贵经验。

二、经理人合同期望回填的基本内容

经理人合同期望回填机制的原理是立足于所有者与经理人的双向委托代理关系,既维护双方的合法权益,促使其通过合作,创造财富并分享合作剩余;同时又防止双方的背叛行为,特别是经理人在经营过程中的背叛行为和所有者在经营目标实现后的背叛行为。其基本内容是:经理人与所有者在合作开始,选择合适的经理人业绩评价指标,双方签订以衡量经理人业绩为基础的正式合同。合同规定经理人和所有者的合同期望,经理人以合同期望享受企业的剩余分配,将所得到的实际分配按合同规定的时间和比例回填企业。当经理人填满合同规定的应回填企业的份额时，经理人与所有者也就完成了一次合作。经理人合同期望回填机制的建立以双方自愿签订的书面合同为依据，合同约定的双方的权利义务受法律保护。合同的核心内容和主要条款有：选择评价经理人业绩的指标、确定双方合同期望分配比例、确定经理人回填企业的时间和回填比例、约定双方的违约责任及履约担保等。

反映经理人业绩的评价指标有多种，如 EVA 值、会计利润、股权收益等，企业可以根据情况选择。一个企业选择什么样的业绩评价标准，要根据企业的经营特点、所有者与经理人的偏好以及实际操作的现实性，由所有者与经理人双方谈判确定。如果双方选择的期望指标是股权收益，那么合同期望就是期望股权；如果双方选择的期望指标是会计利润，那么合同期望就是期望分红。

合同期望是指所有者与经理人以合同形式确立的对企业未来经营效果的预测值，合同反映的期望指标有三个：企业合同期望、所有者合同期望和经理人合同期望。企业合同期望反映整个企业未来的经营效果，也是所有者与经理人的合同基数值。企业合同期望（合同基数值）＝所有者合同期望（合同期望分配）＋经理人合同期望（合同期望分配）。

本书设计的经理人合同期望回填法，选择合同期望股权为经理人业绩评价指标，以 EVA 理念核算经理人为企业创造的价值，以经理人的合同期望股权收益分担企业的经营风险。经理人的合同期望股权是经理人从合同中获得的收益权，它是一种参与分配的权力，是"期望"，而不是实际所得。只有当企业实现了预计的经济增加值时，合同期望股权才能得到收益。当然，在此之后经理人要以合同期望股权的收益回填企业，直到填满为止。以所得收益回填企业是经理人的义务，要求经理人回填企业是所有者的权利。

三、经理人合同期望回填的操作流程

经理人合同期望回填的工作流程，可以分为以下四个阶段：

1. 合同谈判阶段。这个阶段是所有者与经理人互相了解、互相选择阶段，实质性的工作是所有者与经理人签订合作协议。双方要实现合作，所有者需要考察经理人的能力和价值，预测其能否为企业增值以及对薪酬有何要求；经理人需要考察所有者的资本和熟悉企业，预测与所有者合作能不能实现自己的价值，能不能获得理想的回报。双方沟通磨合，只有在互相有一定了解的基础上才能达成合作。双方互相了解的过程，也是反复谈判的过程。我们认为，在这一阶段需要双方慎重考虑、并最终影响是否签订合同的因素主要有两个：一是双方合作有无价值，二是在合作有价值的前提下各自能够分享多少合作剩余。两项因素的评估不是单方面的事情，而只有在双方评价的结果比较一致或接近的情况下，合作才会发生。如果双方的评价结果差距较大，合作协议就很难达成。双方在谈判中，经过讨价还价，需要确定其分红股权、经理人实际分红后回填企业的比例、回填时间等内容，并以合同形式表述双方的其他权利和义务。

2. 经理人参与经营阶段。所有者与经理人一经签订合作协议，企业的经营性质就发生了变化，从完全的所有者单方经营变为所有者与经理人合作经营，经理人依据合作协议获得经营权和期望股权。双方的合同给予经理人一个施展才华的舞台，经理人以合同授予的经营权力，凭借其智慧和能力，决策企业的发展战略，组织、控制和指挥企业的日常管理事务，充分展现人力资本的价值，在实现自己价值的同时也为所有者创造财富。这个阶段经理人和所有者共同创造了企业价值，并实现分红，经理人在年终按期望股权可以得到规定的分红利益。我们认为，所有者如何既充分地向经理人授权，又保持必要的参与和监督是这一阶段双方所面临的主要矛盾。

3. 经理人回填资本阶段。当企业实现了经理人和所有者预

测的增加值时，经理人按合同期望股权，得到分红报酬，并在合同规定的时间里以合同规定的比例将所得红利返还给企业，逐步形成实际的资本投入，直到把最初规定的期望股权所要求的实际资产填满为止。在合同期内，经理人享受分红并要回填企业。在回填期内，经理人只享有约定的分红权，不享有已回填资本的分红权。只有填满以后，经理人才可享受资本分红权，这时，经理人变为真正的股东。经理人对企业的回填额，以企业当年投入的实际资本和经理人的股权期望比例共同确定，若企业当年实际投入的资本是 A，经理人的股权期望比例是 r%，则经理人当年的回填额 W 应计算，$W = A \times r\%$。我们认为，维护合同的严肃性、严格按照合同履行是该阶段和上一阶段的一个重要问题。

4. 双方合作质量评估。对于以上合作过程，所有者与经理人都会主动的评价对方的能力和信用，如果双方评价的结果都是满意的，双方会继续合作，进一步扩张企业，谋求更大的增长。如果双方评价都不满意，双方会终止合作，经理人自行对股权处置安排，另选他途。如果有一方对这个阶段的合作不满意，满意的一方会主动提出条件，双方进一步谈判交涉，修改和完善合同，达成一致继续合作，达不成一致则终止合作。至此，所有者与经理人完成一个周期的合作。

四、经理人合同期望回填操作中应注意的问题

经理人合同期望回填机制也有一定的约束条件，在具体操作中，以下问题值得注意：

1. 要有良好的企业治理结构，特别是要建立科学的经理选任制度。经理人合同期望回填的核心是对经理人的激励与对所有者的约束，如果没有科学的经理选任制度做基础，而是仍然像国有企业那样实行行政任命，"一旦由无能之辈占据了经营者岗位，再强的激励也无法弥补其能力的先天不足"。[3] 如果像有些公司那样由大股东直接任命，经理人就可能由全体股东的代理人沦为大股东专权和谋取私利的傀儡。

2. 要建立经理人职业市场化机制。建立在所有者与经理人双向的激励约束基础上的经理人合同期望回填机制,要求经理人和所有者一样,能够为自己的行为负责,至少是近乎平等地承担企业的经营风险。由于经理人人力资本的所有权和使用权具有"私有"的特点,要让经理人承担经营风险,只能通过市场监督机制,把经理人"私有"的信息"公开"。让社会激励约束经理人,让经理人以其职业作为企业经营风险的"抵押"。一个可操作的方法就是通过经理人职业市场化,建立经理人承担风险的实现机制。[4]

3. 要严格控制经理人合同期望回填机制的适用范围。它不太适用于传统制造企业,更不能用于亏损企业,而最适于软件开发、对外贸易等高成长性、能给经理人分红带来信心的企业。因此,不要随意扩大经理人合同期望回填机制的适用范围,以便减少制度操作风险。

4. 企业要有比较完善的会计和审计制度。有关制度要能客观地反映经理人的业绩,并不至于被经理人操纵,成为其索取高额回报的工具。

5. 企业要根据不同类型,分别履行法律规定的义务。如公司法的规定,股份公司应定期向股东披露高级管理人员从公司获得报酬的情况。据此,股份公司应定期向股东披露经理人合同期望回填的情况。另外,根据《上市公司股权激励管理办法》和《国有控股上市公司(境内)实施股权激励试行办法》,两类上市公司建立经理人合同期望回填机制应分别履行信息披露和报批义务。

6. 要强调合同的严肃性,平等维护双方当事人的利益。防止在较长时期合同执行中,因当事人谈判地位的变化,违背一方利益更改合同条款。避免像美国的期权制度那样因(经理人)一方操纵,借重新定价、改期和续发之名,中途改变游戏规则,使一项本来设计科学的制度在实践中走向反面、盛极而衰。[5]

当然,建立经理人合同期望回填机制还需要诸如职工薪酬等制度的配合以及国家在税收制度等方面的支持，只有在制度配套和制度和谐的环境下，经理人合同期望回填机制才能取得理想的效果。

参考文献：

[1] 张维迎：《企业的企业家—契约理论》，上海人民出版社 1995 年版，第 55-56 页。

[2] 谢守祥等：《所有者、企业、经营者关系的契约重塑》，载《中国矿业大学学报》（社会科学版）1999 年第 10 期。

[3] 陈越：《期股制若干问题的探讨》，载《企业家天地》2005 年第 12 期。

[4] 卢和诠：《人事创新》，载《惠州大学学报》2001 年第 3 期。

[5] 朱伟一：《期权：名声很坏的激励机制》，载《南方周末》2007 年第 1 期第 11 页。

参考文献

[1] 洪银兴. 论适应现阶段基本经济制度的所有制转型[J]. 陕西师范大学学报, 2004 (1): 10-14.

[2] 兰玉杰. 国有企业人力资本与所有权安排的实证分析[J]. 运筹与管理, 2004 (10): 134-140.

[3] 朱必祥. 人力资本与新型企业产权制度[M]. 北京: 中国经济出版社, 2007: 25.

[4] M. J. Bowman. The Human Investment Revolution in Economic Thought [J]. Sociology of Eeducation, 1996(39): 111-137.

[5] 陈彦希. 契约经济分析[D]. 中国台湾地区台湾大学法律研究所博士论文, 1994.

[6] 理查德·A. 波斯纳. 法律的经济分析[M]. 北京: 中国大百科全书出版社, 1997: 25.

[7] 尼古拉斯·麦考罗和斯蒂文·G. 曼德姆. 经济学与法律——从波斯纳到后现代主义[M]. 北京: 法律出版社, 2005: 1-10.

[8] Douglas Gbaird. The Future of Law and Ecomnics: Looking Forward [J]. University of Chicago Law Review, Fall, 1997.

[9] 陈国富. 法经济学[M]. 北京: 经济科学出版, 2005: 1-4.

[10] [美] 道格拉斯·G. 贝尔德, 吴晓露译, 史晋川校. 法经济学的展望与未来[J]. 经济社会体制比较, 2003 (4): 83-89.

[11] 周林彬, 元元. 法律经济学的意义、现在和未来[J]. 社会科学家, 2003 (3): 11-14.

［12］冯玉军. 中国法经济学应用研究［M］. 北京：法律出版社，2006：1-6.

［13］［加拿大］布莱恩·R. 柴芬斯. 公司法：理论、结构与运作，林华伟译［M］. 北京：法律出版社，2001：1-2.

［14］曲振涛，刘文革. 对《公司法》展开经济学分析的意义［J］. 黄少安主编制度经济学研究第五辑，经济科学出版社.

［15］Stephen M. Bainbridge. Community and Statism：A Conservative Contractarian Critique of Progressive Corporate Law Scholarship, June 27, 2001, Working Paper.

［16］熊彼特. 经济发展理论，北京：商务印书馆，2000.

［17］KirznerIM. Competition and Entrepreneurship［M］, University of Chicago Press, 1973：18.

［18］F. Knight. Rist, Uncertainly and Profit（1921）［M］New york：A. M. Kelly, 1964：33-50.

［19］科斯. 企业、市场与法律［M］. 上海：上海三联出版社，1990：4-318.

［20］A. A Alchian & H. Demsetz：Production, Information Costs, and Economic Organization［J］American Economic Review62, 1972：777-794.

［21］T. W. 舒尔茨. 制度与人的经济价值的不断提高［M］. 上海：财产权利与制度变迁，251-254，上海三联书店，上海人民出版社，1994.

［22］leibenstein H. Entrepreneurship and Development［J］. American Review, 1968（58）.

［23］杨洪波. 企业家理论的演进［J］. 经济评论，2006（3）：37-40.

［24］B. F. Kiker. The Historical Roots of The Concept of Human Capital［J］. Journal of Political Ecnomy, 1966（74）：481.

［25］T. W. 舒尔茨. 制度与人的经济价值的不断提高［M］. 上海：财产权利于制度变迁，251-254，上海三联书店、

上海人民出版社，1994.

［26］A. A. Berle & G. C. Means. The Modern Corporation and Private Property（1932）［M］. New York：Macmillan, revised edition, 1967.

［27］Stigle G& C Friedman. The Literature of Economics, The Case of Berle and Means［J］. Journal of Law and Economics，1983（26）：237-268.

［28］Darious Palia & Frank Lichtenberg. Managerial Ownership and Firm Performance：A Re-examination Using Productivity Measurement［J］. Journal of Corporate Financc 5，1999：323-339.

［29］汪丁丁. 人力资本的知识内涵［J］. IT经理世界 2001：（17）.

［30］丁栋虹. 来自自由的繁荣［M］. 上海：东方出版中心，2004：92-109.

［31］李宝元. 中国企业人力资本产权的变革三次浪潮评析［J］. 财经问题研究，2007（7）.

［32］冯子标. 人力资本运营论［M］. 北京：经济科学出版社，2000：46.

［33］李友根. 人力资本出资问题研究［M］. 北京：中国人民大学出版社，2004：227.

［34］约翰. 伊斯特韦尔. 新帕尔格雷夫经济学大辞典第一卷，经济科学出版社，1992.

［35］郑仁伟. 以全球视野创新格局累积人才资本. 台北［J］. 能力 2007（1）.

［36］刘福垣. 以经济学理论指导人力资源开发与管理研究［J］. 中国人力资源开发，2008（5）：1.

［37］聂辉华. 企业：一个人力资本使用权的粘性组织［J］. 经济研究，2003（8）：64-69.

［38］张同全. 企业人力资本产权［M］. 北京：中国劳动保障出版社，2003：40.

[39] 钟庆才. 人力资本含义的新认识 [J]. 新经济, 2004 (2).

[40] 张维迎. 所有制、治理结构与委托代理关系 [J]. 经济研究, 1996 (9): 3-15.

[41] 李建民. 人力资本通论 [M]. 上海: 上海三联书店, 1999: 51.

[42] 刘小蜡, 李鸣. 人力资本产权特征与企业制度变迁 [J]. 厦门大学学报 (哲社版), 1998 (1): 17-22.

[43] 王建民. 论人力资本产权的特殊性 [J]. 财经科学, 2001 (6): 8-12.

[44] 黄乾. 人力资本产权的概念、结构与特征 [J]. 经济学家, 2000 (5): 38-45.

[45] 周其仁. 市场里的企业: 一个人力资本与非人力资本的特别合约 [J]. 经济研究, 1996 (6).

[46] 杨瑞龙, 周业安. 一个关于企业所有权安排规范分析框架及其理论意义 [J]. 经济研究, 1997 (1): 12-21.

[47] 方竹兰. 人力资本所有者拥有企业经营权是一个趋势 [J]. 经济研究, 1997 (6): 36-40.

[48] 魏杰. 人力资本: 企业法人治理结构的革命 [J]. 中国电力企业管理, 2003 (2): 16-18.

[49] M. Blaug. The Empirical Status of Human Cipital Theory: A Slightly Jaundiced Survey [J]. Journal of EconomicLiterature, 1976. Vol. 14, PP. 828-829.

[50] 肖兴政, 彭礼坤. 人力资本论 [M]. 成都: 西南交通大学出版社, 2006: 32.

[51] 道格拉斯·C·诺斯 (胡志敏译), 理解经济变迁的过程 [J]. 经济社会体制比较, 2004 (1): 2-7.

[52] 张维迎. 企业理论与中国企业改革 [M]. 北京: 北京大学出版社, 1999: 3-4.

[53] 谈萧. 经理革命的法学解释 [M]. 北京: 中国时代

经济出版社，2005：23．

[54] 小艾尔弗雷德·D. 钱德勒．看得见的手——美国企业的管理革命 [M]．北京：商务印书馆，2001：3．

[55] 汪建丰．试论早期铁路与美国企业的管理革命 [J]．世界历史，2005（3）．

[56] Williamson. The Modern Corporation: Origins, Evolutions, Attributes [J]. 19 J. ECON. LIT, 1981：1537.

[57] 邹进文．公司理论变迁研究 [M]．长沙：湖南人民出版社，2000：89-91．

[58] 焦斌龙．中国的经理革命 [M]．北京：经济科学出版社，2003：123．

[59] 胡静林．人力资本与企业制度创新 [M]．北京：经济科学出版社，42．

[60] 杨春华，徐江荣．知识经济时代企业组织结构变革展望 [J]．商业研究，2001（11）．

[61] 梁小民．小民话晋商 [M]．北京：北京大学出版社，2007：120．

[62] 李勇．从山西票号看我国历史上的股权激励制度 [J]．会计之友，2002（4）．

[63] 北京三多堂影视广告有限公司．晋商 [M]．北京：汉语大词典出版社，2004：51．

[64] 黄鉴辉．明清山西商人 [M]．太原：山西经济出版社，2002：353-354．

[65] 石涛．人力资本视阈下的明清晋商与徽商 [N]．光明日报，2008，7，4．

[66] 黄鉴辉．晋商经营之道 [M]．太原：山西经济出版社，2001：166．

[67] 惠龙．晋商的超前管理 [J]．人大复印资料企业管理卷2008，8 原载2008．5．37 大众商务．

[68] 梁小民．晋商的人性化管理 [J]．新财经，2008．4

人大报刊复印资料管理科学2008（6）.

[69] 刘泽华等. 专制权力与中国社会 [M]. 天津：天津古籍出版社，2005：134.

[70] 重华. 李荣融撰文盘点国企改革30年 [N]. 第一财经日报，2008，8，27.

[71] 周其仁. 真实世界的经济学 [M]. 北京：中国发展出版社，2002：126.

[72] 周其仁. 不承认人力资本价值怎么样？[J]. 中国企业家，2005（5）：54-56.

[73] 周明，何炼成. 企业家人力资本组织契约激励约束机制分析 [J]，西北大学学报，2003（1）：5-9.

[74] 万敏. 国有企业内部人控制新探 [J]. 财经科学，2004：1.

[75] 刘祚祥. 国有企业公司化改制中的"内部人控制"问题与企业家成长 [J]. 商业研究，2003（1）.

[76] 邓聿文. 央企高管薪酬为什么失控 [N]. 燕赵都市报，2008，7，8.

[77] 周志轶. 经营者超额薪酬：情感、法律与律法 [J]. 赵旭东、宋晓明主编公司法评论.

[78] 诺斯. 制度制度变迁与经济绩效 [M]. 上海：上海三联出版社，1994：111-116.

[79] 诺斯. 制度变迁的理论：概念与原因 [M]. 上海：财产权利与制度变迁，上海三联书店、上海人民出版社，1994：274.

[80] 黄鹤，李仕明，兰永. 论制度变迁的实质 [J]. 经济体制改革，2001（4）.

[81] 赵玉洁，王平心. 企业经营者界定论 [J]. 学术界，2008（1）：194-198.

[82] 张维迎. 股份制与企业家职能的分解 [J]. 经济研究，1987（1）：31-37.

[83] 赵旭东. 公司法学（第二版）[M]. 北京：高等教育出版社，2006：399.

[84] Watanabe, Shigeru and Isao Yamamoto. Corporate Governance in Japan: Way to Improve Low Profitability. Corporate , Vol. 1, No. 4, Octobor, 1993: 208 - 220.

[85] Demb, Ada and F. Neubauer. The Corporate Board: confronting the paradoxes. New york: Oxford University Press, 1992: 27 - 28.

[86] 段兴民，张志宏. 中国人力资本定价研究[M]. 西安：西安交通大学出版社，2005：13.

[87] 李序南. 现代企业人力资本的内涵[J]. 武汉汽车工业大学学报，1999：(12).

[88] 饶年华. 人力资本的内涵、属性与特点[J]. 中国人力资源开发，2004（2）.

[89] 郭广辉. 论我国人力资本出资法律制度的构建[J]. 科学管理研究，2008（6）.

[90] 西奥多·舒尔茨. 论人力资本投资[M]. 北京：中国经济出版社，1987：12.

[91] Christophe Boone, Arjen Witteloostuijn. Industry competition and firm human capital [J]. Small business Econmics, 1996, October.

[92] 张冬梅. 企业经营者人力资本及其激励方式[M]. 北京：中国经济出版社，2006：37.

[93] 杨增雄. 企业家人力资本股权化制度研究[D] 复旦大学博士学位论文，2006.

[94] 舒尔茨. 报酬递增的源泉[M] 北京：北京大学出版社，2001：25.

[95] 汪丁丁. 企业家的创造性从何而来[J]. IT经理世界，2007（16）：103.

[96] Guy Frederick. Earnings Distribution, Corporate Govern-

ance and CEO Pay [J]. International Reviewof Applied Economics,2005,1 (19):51 -65.

[97] OEWillianmson. Organization of Work: Comparative Institutional Assessment [J]. Journal of Econnomic Behavior and Organization. 1980,1:5 -38.

[98] 年志远,杨春霆. 企业所有权与财产所有权 [J]. 社会科学战线,2004 (6):217 -220.

[99] Milgrom. Paul and John Roberts: Economics Organization and Managemant, New Jersey: Prentic - Hall International Inc. 191 -193.

[100] Tirole A. Formal and Real Authority in Organzization [J]. Journal of Political Economiy, 1997, 105 (1): 201 -222.

[101] ScharfsteinB. Corporate Finance, the Theory of the Firm, and Organization [J]. Econmic Perspectives, 1998, 12 (4): 168 -179.

[102] Hart A, Moore B, Property Rights and Neture of Ownership [J]. Journal of Political Econmiy, 1990, 98: 343 -357.

[103] 杨瑞龙,周业安. 企业的利益相关者理论及其应用 [M]. 北京:经济科学出版社,2000:86.

[104] 郭金林. 论特定产权、剩余产权与企业产权契约的本质 [J]. 人文杂志,2002:(1).

[105] 费方域. 企业的产权分析 [M]. 上海:上海三联书店、上海人民出版社,1998:96.

[106] 袁庆明. 新制度经济学 [M]. 北京:中国发展出版社,2005:208.

[107] 郭飞. "要素财富论"与按生产要素分配 [N]. 光明日报,2002.8.6.

[108] 马克思. 资本论第一卷 [M]. 北京:人民出版社,1972:223.

[109] 诺斯,托马斯. 西方世界的兴起 [M]. 北京:华夏

出版社，1999：7.

［110］［美］小罗伯特·卢卡斯. 经济发展讲座［M］. 南京：江苏人民出版社，2003：13 - 60.

［111］杨瑞龙，杨其静. 企业理论：现代观点［M］. 北京：中国人民大学出版社，2005：222 - 224.

［112］黄乾. 人力资本价值、外部性与产权［J］. 中南财经政法大学学报，2004（2）：4 - 14.

［113］Zingales L. In search of New Foundations［J］. The Journal of Finance, 2000：5（4）：1623 - 1653.

［114］余江，叶林. 资本稀缺性与企业权力安排［J］. 商业研究，2003（3）.

［115］EricksonTruls. Entrepreneurial Capital：The Emerging Venture's Most Important Assets and Competitive Advantage［J］. Journal of Business Venturing, 2002（17）：275 - 290.

［116］柏培文，孟宪忠. 经营者分享企业剩余的决定条件和成熟时机——基于经营才能与资本稀缺性比较分析［J］. 生产力研究，2005，10.

［117］S Cheung："The Contractual Nature of the Firms"［J］. Journal of Law and Economics, 1983, 26（1）1 - 21.

［118］A. A. Alchian & H. Demsetz：Production, Information Costs, and Economic Organization［J］. American Economic Review62, 1972：777 - 794.

［119］Jensen, M. C. &Meckling, 1976. Theory of the firm, Managerial Behavior, Agency Costs, and Capital Structure［J］, Journal of Financial Economics, Vol. 3, 305 - 360. 1976.

［120］O. E. Williamnson. The Economics Institutions of Capitalism：Firms, Markets, Relational Contracting［M］. New York：The Free Press, 1985.

［121］S. Grossman & O. hart. The Costs and Benefits of Ownership：A Theory of Vertical and Lateral Integration［J］. Journal of

Political Econnomy94, 1986: 691-719.

[122] [美] 弗兰克·伊斯特布鲁克, 丹尼尔·菲希尔. 张建伟, 罗培新译. 公司法的经济结构 [M]. 北京: 北京大学出版社, 2005: 38.

[123] Thomas Nagel. Equality and Partiality [M]. Oxford University Press, 1991: 93.

[124] 罗培新. 公司法的契约路径与公司法规则的正当性 [J]. 法学研究, 2004 (2): 71-83.

[125] 杨瑞龙, 杨其静. 企业理论: 现代观点 [M]. 北京: 中国人民大学出版社, 2005: 222-230.

[126] 杨小凯, 黄有光. 专业化与经济组织: 一个新古典经济学框架 [M]. 北京: 经济科学出版社, 1999: 207—228.

[127] 李垣等. 转型时期企业家机制论 [M]. 北京: 中国人民大学出版社, 2002: 62-68.

[128] Ross. S. The Economic Theory of Agent: the Principal's Problem. American Economic Review, 1973: 163.

[129] Hart. O. Corporate. governance: Some Theory and Implication [J]. The Economic Journal, 105, may, 1995.

[130] Kenneth J. Arrow. The Economics of Agents, in Principles and Agents: The Structure of Business, Boston, 1985: 37-38.

[131] 冯根福. 双重委托代理理论: 上市公司治理的另一种分析框架 [J]. 经济研究, 2004 (12): 16-25.

[132] 郭广辉, 杨淑君. 经理人契约期望回填机制研究 [J]. 中国人力资源开发, 2007 (8).

[132] 罗伯特·考特和托马斯·尤伦. 法和经济学 [M]. 上海: 上海三联出版社, 张景译, 1994: 1.

[134] B. R. Cheffins. Company law: Theory, Stucture, and Operation [M]. University of Oxford press, 1997: 3

[135] Alain Marciano, Jean-Michd Josslin. From Economic to Legal Competition: New Perspectives on Law and Insititutions in

Europe, Edward Elgar. 2003.

[136] 夏雅丽. 正确认识有限责任制度的利弊得失 [N]. 光明日报, 2007, 4, 17.

[137] 林秀芹. 公司有限责任制度的法律经济学思考 [J]. 公司法律评论, 2003 (3).

[138] 李寿喜. 产权、代理成本和代理效率 [J]. 经济研究, 2007 (1): 102-108.

[139] 罗培新. 公司法强制性与任意性边界之厘定: 一个法例分析框架 [J]. 中国法学, 2007 (4).

[140] 蔡立东. 公司自治论 [M]. 北京: 北京大学出版社, 2006: 93.

[141] 虞政平. 股东有限责任: 现代公司法律之基石 [M]. 北京: 法律出版社, 2001: 1-14.

[142] 于潇. 日美公司治理结构比较研究 [M]. 北京: 中国社会科学出版社, 2003: 107.

[143] 吴淑坤, 席酉民: 公司治理与中国企业改革 [M]. 北京: 机械工业出版社, 2000: 45-46.

[144] 玛格利特·M. 布莱尔. 所有权与控制——面向21世纪的公司治理探讨 [M]. 北京: 中国社会科学出版社, 1999: 2-3.

[145] 冯根福. 关于健全与完善我国上市公司治理结构几个重要问题的思考 [J]. 当代经济科学, 2001 (6): 23-28.

[146] 李维安. 公司治理教程 [M]. 上海: 上海人民出版社, 2004: 40.

[147] 魏杰. 提高企业竞争力的制度安排 [J]. 决策咨询, 2004 (6): 26-27.

[148] 郭广辉, 王利军. 我国所有权制度的变迁与重构 [M]. 北京: 中国检察出版社, 2005: 303-306.

[149] 韩翼. 公司治理机制的国家间差异: 美日欧比较及其对中国的启示 [J]. 经济社会体制比较, 2007: (3).

[150] 郭广辉，戎素云. 企业"法人财产权的反思"[J]. 价值工程，2004（5）：41-45.

[151] RECENT CASE: Corporate Law - Fiduciary Duties of Directors, Harvard Law Review, Jannuary, 2006: 119.

[152] Robert W. Hamilton . The Low of Corporations in a Nutshell (fourth Edition) West Crorp, 1996: 268.

[153] Richard Smerdom. A Practial Guide to Corporate Governance, Sweeet & Max, London, 1998: 60.

[154] 孙强，季青. 论我国独立董事制度的完善[J]. 山东大学学报，2007：（5）.

[155] 周婕，李波. 我国独立董事制度完善研究[J]. 理论月刊，2007：（3）.

[156] Michael W. Ott. Delaware Strikes Back: Newcaste Partners and the Fight For Staate Corporte Autonomy. IndianaLaw Journal, 2007（82）171-172.

[157] Mark Huggett, Gustavo Ventura, Amir Yaron. Human Capital and Earnings Distribution Dynamics [J] . Journal of Monetary Economics, 2006（53）: 265-290.

[158] 龚岩. 国外经营者年薪制的基本做法[J]. 企业改革与管理，2007：（9）.

[159] Adams J S. Toward and Understanding of inequity. Journal of Abnormal and Social Psychology, November, 1963: 422-436.

[160] David Adody , Ron Kaszsnik. CEO stock Option awards and timing of corporate Vountary disclosures [J] . Journal of Accounting the and Econnics, VOL, 29-1, 2000. 73-100.

[161] 张晶晶，丁明豪. 金融风暴祸起美式经理人激励制度[C]. 中国企业报，2008：10.7.

[162] 潘艳坤，樊昌富. 新形势下我国企业实行经理股票期权博弈分析[J]. 北方经济，2007：（1）.

[163] 贺小刚. 管理层收购：国外现状、研究及其在中国

的发展 [J]. 改革, 2002 (4).

[164] 李宝元. 中国企业改革战略格局中的 MBO 的制度逻辑解义 [J]. 财经问题研究, 2005 (7).

[165] 刘松华. 论高新技术产业人力资本出资制度体系之完善 [J]. 西北农林科技大学学报, 2006 (2).

[166] 赵旭东. 公司资本制度改革研究 [M]. 北京: 法律出版社, 2004: 147.

[167] Robert. R Pennington. Company Law, Butterworth, 8th, 2001, p. 173.

[168] Simon Goulding. Principles of Company Law, Cavendish Publishing Limited, 1996, P. 167.

[169] John W. Hardwicke & Robert W. Emerson, Business Law, 2th, Barron's Educational Series, INC, 1992, P. 317.

[170] [美] 罗伯特·C. 克拉克. 公司法则, 胡平等译 [M]. 北京: 工商出版社, 1999: 592.

[171] 薄燕娜. 股东出资形式多元化趋势下的劳务出资 [J]. 政法论坛, 2005 (1).

[172] 陈一舟. 一个人的贡献与一群人的奉献 [N]. 燕赵都市报, 2008. 7. 19.

[173] 冯根福. 中国公司治理基本理论研究的回顾与反思 [J]. 经济学家, 2006 (3).

[174] 杨河清, 王阳. 企业经营者的市场激励与约束机制 [J]. 中国人力资源开发, 2008 (7).

[175] 王洪涛. 职业经理人的产权分析 [M]. 杭州: 浙江大学出版社, 2008: 140-143.

[176] Fama, E. F. Agency Problems and the Theory of the Firm [J]. Journal of Political Economy, 1980 (88): 288—307.

[177] 周其仁. 资本市场: 企业家能力竞争的舞台 [J]. 改革与理论, 2001 (7).

[178] Henry G. Manne. Mergers and market for Corporate Con-

trol. Jounnal of Political Econmy, 1965: 110 - 113.

[179] Hart, Oliver. Corporate Govermance: Some Theory and Implications, Economic [J]. The Journal of the Royal Economic Society [ECJ] 1995. 5, 105 (430).

[180] [日] 鹤 光太郎. 用"内生性法律理论"研究法律制度与经济体系 [J]. 比较, 2003 (8): 117 - 126.

[181] 杨瑞龙. 产权的排他性、可转让性与我国现代产权制度的建立 [J]. 江苏行政学院学报, 2005 (1): 33 - 38.

[182] 江平, 邓辉. 论公司内部监督机制的一元化 [J]. 中国法学, 2003 (2).

[183] [英] 詹姆斯·哈里斯. 论西方的财产观念, 彭诚信译, 黄文艺校 [J]. 法制与社会发展, 2003 (6).

[184] Paul L, Davis. Cower' sprinciples of Modern Company Law. 5ched. Sweet &Maxwell, 2000, 234.

[185] 周友苏, 沈柯. 股权出资问题研究 [J]. 现代法学, 2005 (1).

[186] 郭广辉. 中国人力资本出资制度的建构 [J]. 河北学刊, 2007 (6): 168 - 172, 人大报刊复印资料"新思路" 2008 (2).

[187] 辛焕平, 熊慧萍. 略论我国经理市场的建构 [J]. 企业经济, 2003 (9).

后　记

　　在经历了两年多的艰辛,终于为本论文画上句号的时候,我的心中真可谓百感交集。既有对写作过程历经磨难但收获颇多的感触,又有对这其中我所得到的来自导师、同学、朋友和亲人关爱的感动,还有对不吝赐教给我的写作以无私指导的人的感激。种种思绪汇成一股暖流,那就是连绵不尽的感恩之情。这里我要向曾经帮助过我的每一个人表示我衷心的感谢。

　　首先,我要感谢我的导师冯根福教授。在论文选题、研究方案制定、实施以及论文的撰写过程中,无不渗透着导师的心血。特别是由于跨学科的原因,使导师在这篇论文上花费了更多的劳动。导师高尚的人格情操、深厚的学术功力、严谨的治学作风、忘我的敬业精神和仁厚的学者风范,使我由衷地产生敬意。如果说本论文有所创新,那也是导师严格要求的结果。在此论著出版之际,首先对导师多年来的辛勤培育和悉心指导表示衷心的感谢。

　　感谢孙早教授、张倩肖教授、杨秀云教授在预答辩中的指导和建议。这些导师敏锐的学术洞察力和高度负责的精神给我留下了深刻的印象。他们的指导开阔了我的学术视野,使论文中的一些不足得以弥补,一些错误得以及时纠正。

　　感谢西安交大李国平教授、文启湘教授、魏玮教授、冯涛教授、仲伟周教授等,他们的认真授课和指导使学生受益匪浅。感谢宋林博士和杨燕荣老师的热心帮助。

　　感谢闫冰、温军、黄建山、刘志勇等师弟在学业和生活等方面的帮助,特别是他们对学术问题的独到而深刻的见解给了我多方面的启发。

特别感谢西安交通大学为我们的学习和写作所提供良好的学术氛围和研究环境。正是这所有着百年历史的名校，以她特有的文化底蕴和始终如一的开拓精神，使我领悟了学者应该拥有的那份追求与执著。

感谢我工作单位的领导以及柴振国教授、杨淑君教授、马亚平教授、王小平教授、王利军教授等同事在我论文写作阶段所给予的大力支持。

感谢我的爱人戎素云博士及家人的支持，他们给我创造的学习条件，使我能有充足的时间完成学业。他们的不断鼓励与期盼，是我克服各种困难努力前行的不竭动力。

论文得以出版，还应感谢河北省社科规划项目和河北经贸大学学术出版基金的立项和资助。感谢中国检察出版社给我出版本书的机会，尤其要感谢安斌副总编辑的大力支持和编辑同志对本书所做的艰苦细致的工作。

最后，需要说明的是，由于工作需要的原因，这次出版的不是我个人经济学博士论文的最终定稿，而是在初稿基础上又增加了一些法律方面的内容，淡化了经济学色彩。如果有什么不妥的话，当然责任自负。

郭广辉
2011 年 3 月于滹沱河畔